novum premium

Bernhard Brändli

HOMO CAPUT

novum premium

www.novumverlag.com

Bibliografische Information
der Deutschen Nationalbibliothek:

Die Deutsche Nationalbibliothek
verzeichnet diese Publikation in
der Deutschen Nationalbibliografie.
Detaillierte bibliografische Daten
sind im Internet über
http://www.d-nb.de abrufbar.

Alle Rechte der Verbreitung,
auch durch Film, Funk und Fernsehen,
fotomechanische Wiedergabe,
Tonträger, elektronische Datenträger
und auszugsweisen Nachdruck,
sind vorbehalten.

© 2018 novum Verlag

ISBN 978-3-903155-88-6
Lektorat: Philine Fernes
Umschlagfotos: Bernhard Brändli
Umschlaggestaltung, Layout & Satz:
novum Verlag
Innenabbildungen und Autorenfoto:
Bernhard Brändli

Die vom Autor zur Verfügung gestellten Abbildungen wurden in der bestmöglichen Qualität gedruckt.

Gedruckt in der Europäischen Union
auf umweltfreundlichem, chlor- und
säurefrei gebleichtem Papier.

www.novumverlag.com

Zum 50. Jahrestag der 68er Revolution

Tabubruch

Echte Lösungen bedingen die Bereitschaft Tabus zu brechen

Für wen

Dieses Buch wendet sich an alle mehr oder weniger erwachsenen Menschen dieser Erde.

Bevor wir beginnen

Geschätzter Mitmensch, bevor wir beginnen wollen wir gemeinsam festhalten, dass du das dir bis anhin bestmögliche Leben gelebt hast, unabhängig davon, was du bisher damit bewirkt hast. Egal, was du später in diesen Zeilen liest, egal, was du dann davon umsetzt, es soll ausschliesslich noch mehr Gutes in dein bisheriges Leben bringen. Vielleicht wird dich das Mehr an Gutem gar förmlich überschwemmen; du wirst es erleben.

Ausserdem möchte *ich* festhalten, dass das, was ich als logische Konsequenzen aus dem, was ich als **unserer tatsächlichen inneren Natur gemäss, als Leben pur** also, beschreibe, keine Handlungsanweisungen sind. Dein Leben bleibt bis auf Weiteres so, wie du es dir eingerichtet hast, egal, aufgrund welcher Prämissen. Jede Konsequenz muss zuerst in dir reifen, damit du in der Verfassung bist, von Beginn weg 100 % Verantwortung für jeden deiner neuen Schritte zu übernehmen.

Alles Liebe, alles Gute
Bernhard Brändli, alias 2b,
Homo sapiens unterwegs zum Homo normalis

Der Boden für die Zukunft

Ich liebe das Leben. Ich liebe die Menschen; grundsätzlich alle. Ich liebe so Vieles, was die Menschen geschaffen haben. Ganz besonders in der Kultur – die westliche genannt – in der ich aufgewachsen und verwurzelt bin.

Vom Homo caput zum Homo normalis

Wir, die wir uns ziemlich selbstbeweihräuchernd Homo sapiens – der weise Mensch – nennen, verhalten uns im Umgang mit Leben und Natur, va auch im Umgang mit uns selbst sowie mit unsern Mitmenschen, eher selten weise. Fakt ist, wir haben uns in den letzten 10–15'000 Jahren zum fast reinen **Kopfmenschen** gemacht, mit wenig echtem Kontakt zum ganzen Wesen weiter unten; was Weisheit doch bedingt, bedingen würde.

Der Name, den ich dieser Mutation verleihe, ist zwar lateinisch nicht korrekt (zwei Substantive ‚Mensch' und ‚Kopf'), jedoch spontan verständlich, ganz im Sinn von nomen est omen. ‚**Homo caput**' sagt doch eigentlich alles ... Er entspricht genau dem, was wir Tag für Tag auf der ganzen Welt, inklusive an und in uns selber erleben. Vom ursprünglichen Leben ist tatsächlich immer weniger vorhanden, in uns und um uns. Wir Menschen haben uns de facto in eine scheinbar ausweglose Situation hineinmanövriert. Der wissenschaftlichen Szenarien, die unser baldiges Ende voraussagen, werden immer mehr.

Daher widmet sich dieses Werk der Frage, ob, und falls ja, wie wir aus dieser globalen, scheinbar unveränderbaren Verfassung des Kopfmenschen – weitgehend abgetrennt von sich selbst, sowie vom urvitalen Leben allgemein – herausfinden, und uns vom *üblichen* Menschen vorwärts zum (eigentlich ganz) *normalen* Menschen entwickeln, durchdrungen von ursprünglicher Lebenskraft, zusätzlich ausgestattet mit hervorragenden kulturellen Errungenschaften – zum **Homo normalis** eben. Das soll hier ganz konkret erörtert werden.

Lies dich!

Dieses Buch ist konkret und abstrakt zugleich. Es vermittelt sowohl konkretes Handeln als auch Hintergrund. Dabei stehst in gewisser Weise stets du im Fokus. Pardon!

Auf gehts!

Zögern heisst verlieren

Die schlechte Nachricht

Der Homo sapiens hat seine Vitalität weitgehend eingebüsst; global! Am fortgeschrittensten in den postmodernen Kulturen.
 Dieser Vorgang, den ich **«Human-down»** nenne, hat zwar uralte Tradition, beschleunigt sich jedoch mittlerweile mit jedem Jahr. Und beachte: Schwindende Vitalität geht zwingend einher mit schwindender Lebensintelligenz. Im Trend liegen wissenschaftliche Szenarien, die eine baldige Ablösung des Homo sapiens durch künstliche Intelligenz voraussagen.

Noch nicht realisiert? Schau die Vitalität und Schönheit irgendeiner andern Tierart an – ein Schwarm Vögel, ein Rudel Rehe, zwei Eichhörnchen – und dann dich/euch/uns!

Trotzdem, ich hasse die Krähen mit ihrem grässlichen Gekrächze, mit dem sie mich morgens um fünf wecken!
 Aber hallo, 2b, wie stehts denn mit deinem Gekrächze, mit dem du die ganze Menschheit aus ihrem Tiefschlaf weckst?!
 Schmunzelnde Erinnerung auch an den Zenmeister, der uns vier – Mutter, Vater, Jungs – ruhig und gelassen in den Himalaya führte; unterwegs plötzlich Steine aufhob, sie in Richtung Zikaden warf und schrie: „I hate them! I hate them!"

Die gute Nachricht

Unsere ursprüngliche, im wahren Sinn des Wortes: *tierische* Vitalität ist – unglaublich, aber wahr – tatsächlich noch vorhanden. Zwar **seit Urzeiten verdrängt, unterdrückt, entwertet, weggesperrt,** jedoch **in den Genen noch da** und grundsätzlich jederzeit bereit, im wiederum wahren Sinn des Wortes: zum LEBEN erweckt zu werden; was doch ganz logisch die Conditio sine qua non (Grundbedingung) ist, um die Wende zum **«Human-UP!»** einzuläuten. Wenn man denn wüsste, wie.

Zu gut, um wahr zu sein

Es gilt ganz aktuell, unsere Zukunft als menschliche Spezies zu sichern, und darüber hinaus die Lebensbedingungen, die unsere Gattung sich selbst, gleichsam freiwillig, auf jeden Fall mutwillig beschert, wiederum im wahren Sinn des Wortes: endlich menschenwürdig zu gestalten; heisst, unseren herausragenden Anlagen tatsächlich angemessen; und damit die fatalen Schattenseiten unserer biologischen Freiheiten vom Instinkt erstmals und gleich endgültig aufhebend. *Das* ist dann lebensintelligent!

Um den überall auf der Welt zu beobachtenden, zermürbenden Human-down-Prozess in den Human-UP!-Prozess umzulenken, müssen folgerichtig zwingend die erwähnten ursprünglichen menschlichen Lebensressourcen in uns allen berührt, geweckt und befreit werden, damit sie das Leben der Menschen in fantastischer, vitaler und eben: *naturunterstützter* Weise fruchtbar beeinflussen können. Ohne geht gar nichts; bloss die bekannte Fortsetzung von Illusionen.

Schlichte Logik: **Ein wirklich LEBENDIGER, lebensintelligenter und kultivierter Mensch baut keinen solchen Mist**; benutzt vielmehr seine im Tierreich einzigartigen, herausragenden Fähigkeiten, um die Gattung ohne Widersprüche effizient voranzubringen. **Nichts wird dann mehr entwertet; weder das Ihr, noch das Du, noch das Ich**.

Dies wäre schon seit tausenden von Jahren möglich – nämlich seit der Sesshaftigkeit –, würden wir nicht alle (!), vielleicht ungewollt, auf jeden Fall systematisch Sabotage am LEBEN betreiben. (*Das ursprungsnahe, uneingeschränkte, mit Blick auf sämtliche andern Lebewesen eigentlich ganz normale LEBEN, betone ich mittels Grossschrift*).

Also, soweit alles klar.

Bloss: Klingt so fantastisch und gleichzeitig so simpel, dass es nicht realisierbar erscheint. Wir sind es nämlich nicht gewohnt, das Gute wirklich zu nehmen; nein: Wir verbieten es uns! Und konstruieren mit martialischer Hingabe und ungeheurem Einsatz täglich so neue, wie immer wiederkehrende Probleme. Schau, womit sich die jeweils nationale Politik in diesen unsagbar reichen und technisch beinahe perfekt eingerichteten Ländern Jahr für Jahr von neuem befasst! Als ob wir erst am Anfang der Wohlfahrt stünden. Desgleichen die Wirtschaft; sowie sämtliche sozialen Institutionen. Haarsträubend. Und so etwas von peinlich. Eben: Das wirklich Gute, inklusive *endlich die grosse Entspannung*, das darf nicht sein. Auf keinen Fall! – Und genau dieser Umstand bedroht auch den Erfolg des Human-UP! Denn du wirst dabei förmlich überschwemmt mit Gutem. Was machst du dann damit?

Beachte zudem die dem Ganzen zugrundeliegende Logik: Das bedeutet, dass die (Wieder-)Befreiung der urmenschlichen Ressourcen *der* **Ausweg** ist. Ja, **der einzig mögliche!** Eben die Conditio sine qua non. Na und? Die Schwerkraft wirkt auch nur in eine Richtung. Schau hin! Alle bisherigen Bemühungen bestätigen die geschilderte Logik in dramatischer Weise. Aktuell scheint die Lage nämlich aussichtslos. Kein noch so grosses und anfänglich vielversprechendes Bemühen hat im Endeffekt auch nur den Ansatz von tiefgreifender Revitalisierung oder eine andere Art von echter Lösung gebracht. Von politischen Versuchen nicht zu reden; aber auch ganze Wissenschaften, die nur dem Helfen gewidmet sind, werden förmlich überschwemmt von der Lawine des Niedergangs, ausgelöst durch die stetig zerbröckelnde Vitalität. Die immensen Kräfte, die seit tausenden von Jahren systematisch gegen echte Lösungen wirken, zerstörten bisher jede Anstrengung bereits im Ansatz. Was blieb, waren im besten Fall gut gemeinte: *Illusionen*; unter vielem anderen auch enthalten in Bettelbriefen, von denen wöchentlich mehrere in meinem Briefkasten landen. Sisyphos pur eben; heisst endloses Bemühen ohne echtes Ergebnis.

Was also braucht es, damit das Unternehmen gelingt, und der weitgehend degenerierte Homo sapiens langsam **zum «Homo normalis» mutiert**? Oha! Wie bitte? Mutiert? Ja, das ist die angesagte Dimension: **Eine Mutation; auf Basis der reaktivierten, ursprünglichen, längst verloren geglaubten Ressourcen des Homo sapiens, veredelt mit seinen besten kulturellen Errungenschaften.**

Ich freu mich jetzt schon drauf. Na ja, wird wohl erst nach meiner Zeit Wirklichkeit.

Et voilà

Meine persönliche Not ist zugleich das unerhörte Privileg der Sache, nämlich dass sich mein beharrliches Forschen, Experimentieren und Entwickeln – basierend auf meinem unerhörten Anspruch an dessen Qualität – weitgehend fernab der Aufmerksamkeit der Öffentlichkeit vollziehen konnte; also, da ignoriert, auch nicht bekämpft wurde. Und mit wahrlich gutem Recht darf gesagt werden, was zählen schon die (finanziellen) Nöte eines Einzelnen, wenn es um das Schicksal der gesamten Menschheit geht.

Mit anderen Worten: Der Ausweg ist gefunden. **Das MEGATOOL**, das es bringt, funktioniert (endlich) zu 100 % (na ja, mal sehen …).
   Also:

Bahn frei für die globale «Human-UP!»-Bewegung!

Okay, vielleicht nehme ich besser meine Finger von der Sache; nicht, dass ich noch in die Mange gerate. Also, das wärs; ab nach Hause. –

... Nützts nichts, so schadets nicht

Nun gut, damit das wenigstens ein richtiges Buch wird, zumindest dem Einband gerecht, schreibe ich halt noch etwas wild drauflos. Auch wenn das Wesentliche bereits gesagt ist. Brauch ja bloss ein bisschen von den Hintergründen und der Lösung zu erzählen.

Das Erste

Selbstredend gilt es als Erstes, auch an diesen hier so schamlos propagierten Ausweg die Anforderung zu stellen, dass dieses Vorgehen beweisen muss, dass es tatsächlich funktioniert; grundsätzlich für alle nachvollziehbar; grundsätzlich überall, heisst, bei allen Menschen (puh, manchmal nicht so einfach!). Und dies absolut nachhaltig; sich somit grundlegend von sämtlichen bisherigen Versuchen unterscheidet. So muss das sein, wenn das zwar simpler Logik gehorchende, jedoch unermesslich anmassende Postulat besteht, dies sei *der* Ausweg aus der Falle, in die sich der Homo sapiens hineinmanövriert hat. Na ja, am besten beweisen wirs gleich an dir.

Gleich einsteigen

Es ist denkbar einfach, in den Human-UP! Prozess einzusteigen und somit Teil einer globalen Bewegung und schliesslich **selber zu einem echten, absolut nachhaltigen Beitrag zu werden**; egal, wo auf der Welt und in welcher Kultur du daheim bist. Das finde ich ja gerade das Beste daran. Du brauchst an deinem Leben nichts willentlich zu verändern, musst dir nicht überlegen, ob und was für Probleme du hast; spielt alles keine Rolle. Sei so wie du bist. Mach weiter so wie du lebst. Lerne einfach, den **«PrimärProzess»** zu praktizieren und entdecke die phänomenale Wirkung der **«Leitplanken»**; heisst: Lerne **das MEGATOOL** (Werkzeug) anzuwenden! Die Veränderungen in Richtung Human-UP! passieren von selbst, **wenn du exakt den Anweisungen folgst**. Dafür kriegst du Unterstützung. Einfach anfragen.

Du brauchst auch nicht zu verstehen, was die Hintergründe des Ganzen sind, die ich hier ausbreite. Du kannst dir also die restliche Lektüre des Buches schenken.

Melde dich bei normalrevolution.com. Deutschsprachige können uns auch direkt über die Website der regionalen Community, normalrevolution.ch, erreichen.

Steig ein! Der Zug fährt ab.

Human-down

Der zunehmende Verlust des LEBENS

Also denn, für die Nimmersatten

Der Umstand, dass bisher kaum jemand bereit war, sich mit der Behauptung nur schon auseinandersetzen, selber die Ursache der fatalen Human-down-Entwicklung zu sein, führte dazu, dass ich in den letzten zwanzig Jahren gänzlich unbehelligt forschen und erproben konnte. So fahre ich nun fort, in angenehmer Weise erfüllt vom Fehlen jeglicher Zuversicht. Mithin also losgelöst von widersinnigen Empfindungen, wie Hoffnung oder gar Anspruch. Ja, überhaupt losgelöst vom zukünftigen Schicksal der Menschheit. Was mich nicht davon befreit, Tag für Tag in Tränen zu stehen ob dem, was sich dort drin in der (Matrix-)Welt ereignet.

So werf ichs denn hin zum Frass. Friss oder stirb.
Oder, wie wärs mit: Friss und LEBE?!

Meinst du, du schaffst das?

Hier wird nicht in üblicher Weise Politik gemacht im Sinne von ‚Wir die Guten, sie die Bösen'; bzw ‚Ach, wir armen Opfer!'
Nein, hier wird alles in Frage gestellt. Alles!
(Immerhin auch beantwortet. Alles! Und zwar durch die Sache selbst).
Fragt sich, willst du dich dem öffnen? Wenn garantiert wird, dass auch *du* in Frage gestellt wirst? Tatsächlich? Dann ziehe ich den Hut vor dir – Chapeau!

Da simma man jespannt

Oder doch eher ver-spannt. Alle Menschen leiden unter chronischen Verspannungen; in unterschiedlichem Ausmass, jedoch durchgehend. Das ist doch absurd. Das Leben beginnt ... und verspannt sich, von erheblich bis krass, und schränkt sich damit ein, von erheblich bis krass. Was soll das? Kein anderes Tier würde das tun, kein anderes Tier *könnte* das tun; es sei denn, es befindet sich unter enger menschlicher ‚Obhut'. Ein wider-natürlicher Vorgang, dem sich die gesamte Menschheit unterwirft, als ob das ganz selbstverständlich wäre, ja, so sein müsste; Gründe allenfalls aussen sucht; doch bitteschön nicht bei sich selbst. Was soll daraus werden? Was kann daraus werden? Ganz bestimmt kein erfolgreiches LEBEN. Human-down eben.

Zu (Un-)Sinn und Zweck dieses exklusiv menschlichen Verhaltens werde ich mich im Folgenden eingehend äussern. Hier nur mal soviel.

Unter dem Einfluss chronischer, krass lebensfeindlicher Botschaften von aussen wie von innen (Gene), beginnt sich der kindliche Organismus zu krümmen und zu verbiegen; schiebt zB das Becken nach vorn, um die innere Kraft zu hemmen, verdreht die Beine, um den Arsch zusammenzukneifen, zieht die Schultern zusammen, um sich zu schützen, beugt den oberen Rücken, verursacht dadurch zusätzlich einen Nackenknick, um das ‚da unten' nicht mehr zu spüren, verspannt die Augen, um das Schlimme, Lebensfeindliche nicht mehr klar und unausweichlich zu sehen, ... – Damit gibt der heranwachsende Mensch einerseits bereits durch seine un-natürliche Form der systematischen Lebensfeindlichkeit seiner Gattung den erwarteten Ausdruck. Andererseits schränkt er, ebenso systematisch, durch die Verspannung seine (Er-)Lebensfähigkeit ein. Und schliesslich handelt es sich bei dieser Reaktion um *Bewältigungsstrategien*; neben vielen andern, die eher das Denken, Fühlen und vor allem das Handeln betreffen. Was da bewältigt werden soll, sind die äusserst schmerzlichen Einflüsse, die sich gegen das LEBEN stellen, das geboren wurde und sich nun naturgemäss äussern und entwickeln möchte. Ein chronisch angespannter Muskel schränkt das Fühlen ein, bis zur vollständigen Abstinenz der Wahrnehmung des jeweiligen Bereiches. Verspannungen in Torso, Hals und Nacken schränken zusätzlich das Atemvolumen sowie die Atemfähigkeit ein. **Auf diese Weise gelingt es dem Kind, die unerhörten Schmerzen zu ertragen, die der systematische und chronische Kampf gegen seinen Lebensdurst verursacht; und schliesslich gelingt es ihm so zu überleben.** Zu mehr reicht es allerdings nicht. Denn diese Verspannungen schränken wie erwähnt sein (Er-)Leben systematisch ein, was doch genau (Un-)Sinn und Zweck der Sache ist. Willst du deine sexuelle Erlebnisfähigkeit verlieren? Kein Problem, brauchst bloss dein Becken zu verspannen. Möglicherweise werden dadurch auch deine Verdauungsorgane beeinträchtigt. Seis drum, der Kampf gegen das Leben geht vor. Und so weiter und so fort. – Mit dem Verlust der Fähigkeit zu spüren, wer wir sind und was in uns vorgeht, verlieren wir selbstverständlich auch die Fähigkeit, uns dem Leben angemessen zu regulieren. Stell dir vor, ein Fuchs geht zur Ernährungsberatung oder ein Löwe zum Psychiater, weil er unter Burnout leidet. Ach ja, wegen Zeckenbissen liess ich neulich mein Blut untersuchen; bei Gelegenheit gleich mit Blick auf mehrere Aspekte. Meinte der Arzt: „Von den Cholesterinwerten her könnten Sie sich nicht besser ernähren". Na also.

Summa summarum laufen da also etliche Milliarden Gestalten durch die Welt, **vollgepfropft mit erheblichen bis riesigen Schmerzen**, die sie allein durch chronische Anspannung ihrer Struktur, mithin *Verdrängung*, überhaupt ertragen können. Und was passiert, wenn sich die Verspannung in so einem Muskel zu lösen beginnt? Ja, eben: Du spürst zuerst den darin verpackten Schmerz. Das ist dann auch der Preis für das **seit tausenden von Jahren erstmalige, unerhörte Privileg, wieder ganz zu LEBEN:** Es tut weh. Vorerst mal, nämlich genau so lange, bis sich die jeweilige chronische Verspannung von innen her vollständig gelöst hat. In Bezug auf die Menschheit kann man da bloss sagen:

selber *schuld*. Und in Bezug auf dich ganz persönlich heisst die schlichte Konsequenz: Du bist 100% selber *verantwortlich* dafür, dass das – schliesslich auch von dir – angerichtete Lebensdrama dem wirklichen LEBEN Platz macht; nichts und niemand kann dich davon befreien. Heisst, nur du selbst kannst dich befreien. Immerhin wirst du hier erfahren, wie. Punkt.

Back and forth

Endlich begeistern sich wieder viele Menschen für neue Lösungen, möchten echte Paradigmenwechsel herbeiführen. Ausgezeichnet! – Bloss, bei allen bisher aus solchen Initiativen resultierenden zT fantastisch anmutenden Fortschritten behaupten sich Not und Krise ungerührt. Selbst in den reichsten Ländern beschäftigen ständig Krisen irgendwelcher Art die Gemüter der Menschen; Wirtschaft und Politik werden geradezu davon dominiert. Sollen wir auch noch das überstrapazierte Gesundheitswesen erwähnen? Fantastische Technologien, doch das Ausmass an Leiden breitet sich ungehemmt weiter aus. – Noch nie, zumindest in der jüngeren Menschheitsgeschichte, ist es einfach ohne Vorbehalt begeisternd vorwärts gegangen mit irgendeiner menschlichen Gesellschaft dieser Erde. Nein, es war und ist stets ein ständiges Vor und Zurück. Dabei sollte das doch naheliegend und selbstverständlich sein bei einer so cleveren Gattung, nicht?

Versteh doch!

(Dieses plus das später folgende Kapitel «Schau hin!» sind Auszüge aus dem Essay «Schattenland», gleichsam die Urfassung dieses Epos hier; bisher ausschliesslich in elektronischer Form erhältlich, normalrevolution.com).

Wenn die Birne einer Lampe kaputt ist, funktioniert diese Lampe nicht. Da hilft es nichts, an der Lampe etwas zu verbessern – ein besserer Standort, ein neuer Schirm, eine andere Farbe, eine bessere Einstellung: Die Lampe funktioniert nicht. Du musst die Birne wechseln!
Es hilft nichts, am Leben der menschlichen Gattung etwas zu verbessern. Unser Leben funktioniert nicht. Von Grund auf nicht. Die Birne ist kaputt!
Manche beklagen den Hunger. Andere engagieren sich für mehr Wohlstand. Wieder andere kämpfen gegen Diktaturen und Ausbeutung. Wieder andere kämpfen für die Rechte der Frauen. Und wieder andere propagieren Fitness und gesunde Ernährung. Diese Initiativen sind alle irgendwie gut. Nur: Sie helfen kaum. Denn unser Leben funktioniert von Grund auf nicht. Nehmen wir zB den Hunger. Kaum ist irgendwo der Hunger zu Ende, beginnen diese Menschen häufig, sich gegenseitig abzuschlachten. Oder der Hunger tritt unvermittelt anderswo auf. Wie ein Floh: Wenn du dich kratzt, sitzt er schon woanders. Das heisst, der Hunger ist heute keine Geissel mehr, die die Existenz der Gattung bedroht. **Hunger ist – global gesehen – der Ausdruck davon, dass das Leben und daher auch das Zusammenleben der Menschen nicht funktioniert.** Hunger wird erzeugt. Zumindest leichtfertig von uns Menschen hingenommen. Und so vielsagend wie grotesk: Er nimmt zurzeit wieder *erheblich* zu. Brrr! Die andern Beispiele – alle Beispiele! – führen zum selben Ergebnis. Keine der möglichen Verbesserungen bringt unser Leben zum Funktionieren. Keine! Wie die Realität seit eh und je und auch heute Tag für Tag beweist.
Zahllose Menschen glauben fest daran gut zu funktionieren – jahraus, jahrein. Sie sagen sich und anderen täglich: „Mir geht es

bestens. Ich habe das Leben im Griff." Ich kenne einen Mann, der hatte mit 50 bereits zwei Herzinfarkte. Den zweiten entdeckte man, als er bereits wegen einer andern Erkrankung auf der Intensivstation lag. Er hatte eine Scheidung hinter sich, die Trennung von der nächsten Freundin. Er war Konkurs gegangen, geschäftlich und privat. Er verlor sein Haus. Er hat chronische nervöse Zuckungen, ist noch 10 % arbeitsfähig, bezieht Invalidenrente. Sein Leben ist mehr als in der Scheisse, es ist ziemlich vorbei. Wenn ihn aber jemand fragt, wie es ihm geht, dann sagt er stets dasselbe: „Ja, da war dies und das. Aber jetzt geht es mir beestenns." Auch schon mal sowas in der Art gehört? Oder selber geäussert?

In Wahrheit ist unser Leben, gemessen am möglichen, *normalen* Lebensstandard, von haarsträubender Qualität. Normal nenne ich das Lebensniveau, das unserer Gattung naturgemäss entsprechen würde. Es würde uns in den gleichen Rang mit den andern Tieren stellen. Mit ein paar tollen Spezialeigenschaften: splendido! Plus ein paar schöne kulturelle Entwicklungen: wunderbar! – Das Leben der andern Tiere – sowie jenes der Pflanzen – funktioniert nämlich tatsächlich bestens. Soweit nicht äussere Bedingungen dies beeinträchtigen. **Wir Menschen sind de facto punkto Lebensqualität weit hinter allen andern Lebewesen klassiert.** Wir knechten und deklassieren uns *freiwillig* oder zumindest *mutwillig*. Doch wir haben die meiste Macht im Tierreich. Ebenso verhält es sich *innerhalb* unserer menschlichen Gesellschaften: An der Macht sind meistens Tiere ... ähm Menschen, deren Leben extrem schlecht funktioniert; das heisst, innerlich kolossal schwache Menschen, die sich in der Tiefe als vollkommenes Nichts fühlen. Eben deshalb drängen sie ja an die Macht! Auch für sie/dich gilt ausnahmslos: sich hinlegen und sich ins LEBEN atmen – und alle haben bald weit Besseres vor.

Leider nein

Was habe ich eben gefordert? Verstehen? Ist wohl ziemlich übertrieben. Der Homo sapiens jüngerer Prägung ist doch … *der bloss wissende* Mensch. Man hätte ihn daher besser ,**Kopfmensch**' – **Homo caput,** passt doch – getauft. Denn das Wissen, das den Homo sapiens seit Langem prägt, beinhaltet den weitgehenden Ausschluss des Spürens und echten Fühlens und damit des multidimensionalen Erlebens seiner selbst sowie der Umwelt – unabdingbare Voraussetzungen für Verstehen. Das bedeutet, wir sind abgetrennt von einem Grossteil unserer faktischen Existenz. Na ja, ist doch ganz praktisch; das *zweidimensionale* Wissen wird nicht durch Widersprüche gestört, die Gedanken sind frei … Parallel können sich in dieser Verfassung Mythen aller Art entfalten, bar jeder Überprüfung durch die Wirklichkeit; und dies kann problemlos ganz partnerschaftlich platziert werden neben dem ,wissenschaftlichen' Wissen. – Was hat Albert Einstein jetzt schon wieder über den gewordenen Homo sapiens gesagt? *(Siehe später).*

Auch diese im Effekt bedrohliche Erscheinung nimmt im Zuge der sich rasant beschleunigenden Lebensuntüchtigkeit der einzelnen Individuen logischerweise stetig zu. Beinahe vollständig begnügt sich der Homo sapiens mittlerweile mit aneinandergereihtem Wissen; dies immerhin in gewaltigem Ausmass. Nur nützt ihm das im Endeffekt wenig. Er verzichtet auf das zugegeben wesentlich anspruchsvollere, da stets mehrdimensionale **VERSTEHEN**. Ein gleichsam zweidimensionaler ,Beweis' genügt jeweils, um die ,Wahrheit' einer ,Erkenntnis' oder die Schlüsse, die aus Untersuchungen gezogen werden, glaubhaft erscheinen zu lassen. Meine stete Freude an wohltuenden Ausnahmen inklusive. Mit Wehmut erinnere ich mich an eine Begegnung während meiner Zeit an der Pädagogischen Hochschule, wo unser Schularzt, der mich mit seiner Freundschaft beehrte, mir eines Tages anvertraute: „Schau Bernhard, als Arzt bin ich nur vertrauenswürdig, kann ich nur dem wirklichen Wohl meiner PatientInnen dienen, wenn ich meinen Beruf dem Verstehen widme.

Nur dann kann ich die richtige Intervention abschätzen. Das blosse Wissen hat da wenig Wert." Insofern beinhaltet der Titel des vorherigen Kapitels einen unerhörten Anspruch.

Und doch, ich stehe dazu: **Verstehe!** Erweitere deine Wahrnehmung generell und lerne, dich wieder komplett zu spüren; auch das, was um dich herum ist. Befreie dein Bewusstsein von all diesen Mythen und Illusionen, die dir bloss schaden, dich de facto des LEBENS berauben. Wage es, wage *dich*! Lerne wieder zu verstehen. In diesem Buch erfährst du, wie du dazu kommst. Trage dies dann als persönlichen Anspruch durchs Leben und du wirst nicht bloss verstehen – und damit **menschlich hochkompetent und unabhängig** –, du wirst auch wieder vom Atem des LEBENS erfasst werden, von dessen fantastischer Kraft und berührender Schönheit.

Freut euch des Lebens ...

Ist das nicht toll, dass wir Menschen so merkwürdig genügsam sind, was die *innere*, mithin die echte Lebensqualität angeht? 10 % des Möglichen reichen uns – oder darfs noch etwas weniger sein? Bestätigen auch die Hirnforscher.

Und wir nehmens hin; vermeiden bisher alles, was Konsequenzen hätte, den Schein entlarven und endlich auflösen würde für ein ungeheuer viel besseres, echtes LEBEN. Dabei wärs so einfach ...

Warum wohl? Woher diese absurde und vor allem unnötige Bescheidenheit?

Das fragen sich die Hirnforscher wohl auch. Auf den folgenden Seiten finden sie, findest du die Antwort.

Ja ja, freut euch des Lebens ...
Depression – bloss ein Beispiel; und ein weiterer Tabubruch

(Alle neuen Begriffe, die in diesem Kapitel erwähnt sind, werden später erklärt und anhand konkreter Beispiele illustriert).

Depression bedeutet, das Leben wird unterdrückt. Heisst, **Depression betrifft alle Menschen**. Die als Krankheit definierte Erscheinung ist bloss die Spitze des Eisberges.

Depression ist der untrügliche Ausdruck eines unerfüllten, ja letztlich sinn-losen Lebens und damit einer extrem geringen inneren Lebensqualität.

Auch Depression ist selbstverständlich exklusiv menschlich.

Depression ist einer der grössten Skandale eben dieser menschlichen «**Matrix**». *(Matrix? Schon mal den Film «Matrix» gesehen? Ohnehin hier bald mehr dazu).*

Wie kommt eine Spezies dazu, sich derart fehlzuentwickeln, dass deren Mitglieder ein sinnloses Leben führen und sich innerlich vom Leben abwenden? Sämtliche im Verbund damit auftretenden massenhaften Symptome eingeschlossen. Plus, **sich Tag für Tag abertausende umbringen**, weit entfernt vom Ende ihres Lebenszyklus. Suizid, eine ebenfalls exklusiv menschliche ‚Fähigkeit'!
Das ist ungeheuer! Unentschuldbar! Eine unendliche Schmach für unsere Gattung!

Ein Lob auf die Medizin, die zwar oft deutlich des Guten zu viel tut, weil jede Klinik, jede Praxis ein profanes Profit-Center ist. Doch ohne wären wir längst ausgestorben. Na ja, hätts geschadet?

Die Psychiatrie, medizinische Hilfswissenschaft, eigentlich dazu da, eine Brücke zur Psychologie zu bauen, zeichnet sich vor allem durch ihre Hilflosigkeit aus und versucht – im Kontext des permanenten Zwangs zu ihrer Rechtfertigung durchaus verständlich – die Hilflosigkeit mit einer Medikamentenflut wettzumachen bzw zu vertuschen. Paradebeispiel: *Antidepressiva!* Richtig wäre, statt die Ursachen zuzudecken und mechanisch bzw chemisch *dagegen* anzukämpfen, **das Symptom *für das LEBEN* zu nutzen**. Aber eben, gewusst wie ... *(lies später «Das GROSSE Paradoxon»).* Der Psychiatrie fehlt eben das Eine: das **MEGATOOL.** Oder, anders gesagt: Nur das MEGATOOL bringts, gibt der Psychiatrie Sinn. Statt sich selber gelegentlich zu ersetzen, kann sie das **«NormalProjekt»**, mit **«Atembombe-PrimärProzess»** (= MEGATOOL) zu ihrem neuen Berufsinhalt, -sinn und -zweck machen, und so mit den dort immerhin versammelten, durchaus wertzuschätzenden Kräften und Kompetenzen irgendwann tatsächlich Nutzen erbringen. Und davon nicht wenig!

Und selbstredend nehmen heute die offiziell als Krankheit definierten Depressionen ebenfalls rasend schnell zu, insbesondere Kinder und Jugendliche sind zunehmend involviert in diesen Horror, den das Matrixleben systematisch serviert: Sinnlos **Stress über Stress** à discrétion. Und absolut pervers: **je wohlhabender und komfortabler das Leben, desto mehr.** Die Eltern kommen bereits total gestresst und kaputt nach Hause, müssen noch schnell kochen, aufräumen, mit dem Nachwuchs Hausaufgaben machen, über den Tag reden, ihn zu Veranstaltungen fahren; während die Kinder und Jugendlichen bereits ihrerseits förmlich im Stress ertrinken, den ihnen der permanente Blick auf ihr Handy bereitet, plus die hundert Anlässe, Vereine usw, an denen sie teilnehmen müssen (ua, damit die Eltern beide den ganzen Tag arbeiten können). Horror des postmodernen Alltags.

Zusätzlich sind die Symptome, zusammengefasst in ‚Depression', schlichter Ausdruck einer Welt von **«Opfelern».** Opfeler? Ein spezieller und klärender Begriff aus meiner Schublade *(eben: später).*

Not macht erfinderisch

Da pflegen, ja hätscheln wir also emsig unsere riesige innere Not, bloss damit wir weiterhin erfinderisch bleiben?
Tja, dann müssen wir halt dafür sorgen, dass wir auch ohne Not erfinderisch sind. Wär doch seit Längerem wieder mal ein neuer Kulturschritt.

Sisyphos lässt grüssen

Wir können uns als Homo caput noch so viel Mühe geben, noch so viel investieren, wir werden keines der anstehenden Probleme wirklich lösen. Das gilt auch für die individuellen Beziehungen. Scheint ein Problem endlich gelöst, entsteht daraus bald schon das nächste. Sisyphos pur eben.

Schau hin!

Zwar konsequent ignoriert, verdrängt, jedoch Tatsache ist: Das Leben der (sesshaften) Menschen hat vor langer Zeit aufgehört zu funktionieren. In unsern Breitengraden lange vor den idealisierten, aber in Wahrheit rabiaten Diktaturen der Antike (die griechische funktionierte nur dem Schein nach besser). Das Leben in dieser Kultur hat bereits vor mindestens 10'000 Jahren aufgehört zu funktionieren. Was seither geschah – in der üblicherweise als ‚Geschichte' betrachteten Periode – taugt folgerichtig nicht als Vorbild. Nirgends.

Ein erheblicher Teil der zivilisatorischen Entwicklungen ist wunderbar und nützlich. Sie helfen unserem Leben; doch erst dann wirklich, wenn wir gleichzeitig unser Leben ganz zum Funktionieren bringen. **Dann bereichern sie unser Sein auf dieser Erde, statt uns davon wegzuführen.**

Was ist denn nun so kaputt an unserem Leben, dass all die vielen Verbesserungen nichts an der Tatsache zu ändern vermögen, dass unser Leben nicht funktioniert?

DAS GROSSE TABU1
Angst muss sein

Das wichtigste Vorhaben der Menschheit heisst ‚ausweichen'; heisst, das Ersetzen der Wahrheit durch Illusionen. Daher gilt im Kontext der Matrix:
Nur wenn die Wahrheit dir Angst macht, ist sie etwas wert.

DAS GROSSE TABU2
Endlich wirds gebrochen

Es verdirbt uns letztlich alles: **Das bestgehütete Geheimnis des Homo sapiens und somit das grösste Tabu aller Zeiten.** Ich bringe es auf den Tisch; und breche es hiermit.

> Dieses GROSSE TABU ist **das globale, längst in den Genen verankerte, exklusiv menschliche, jedoch zumeist unbewusste Erleben, von Grund auf unwert zu sein.**
> Ich nenns Unwertempfinden, kurz: **UWE**.

Puh! Verrückt, nicht? Doch der Gründe dafür gibts wahrlich genug. Trotzdem, zugegeben, nicht ganz einfach, das anzuerkennen; hättest vielleicht besser mit dem Kapitel «Gleich einsteigen» aufgehört. – Dieses UWE im Alltag wahrzunehmen ist allerdings einfacher als Zähne putzen. Falls du dir zB noch nie als Dummkopf o. ä. vorgekommen bist, heisst das bloss, du bist dir noch nie begegnet.

Dieses UWE ist längst tief verankert in unseren Genen; heisst, wir sind da gänzlich machtlos, bringen es bereits ins Leben mit, können es nur noch durch unser Handeln offen bestätigen oder dann möglichst verstecken. Doch bereits jedes winzig kleine **Schamgefühl** entblösst es und fördert es unverkennbar zu Tage (beachte Begriffe wie ‚Schamlippen'!); ebenso jegliche Art von **Hemmung**. Schon mal was von **Ehrgeiz** gehört (um jeden Preis nach Ehre und Anerkennung streben)? Was ist Spitzensport anderes als Kompensation des UWE? Junge, grundsätzlich lebenshungrige Menschen opfern fast alles für die ersehnte Anerkennung. Bereits die geringste **Selbstentwertung**, wie sie im Alltag laufend stattfindet, bzw die **Fremdentwertung**, wie sie in *jeder* Diskussion, überhaupt in praktisch jeder Auseinandersetzung sowie im Gespräch über andere gepflegt wird, beweisen die Existenz des UWE. Denn generell gilt, sich besser wähnen als andere, das tut jemand bloss, um zu verdrängen, dass er/sie sich in Wahrheit schlecht(er) findet. Kein anderes Tier würde sich, dich, einen Artgenossen oder irgendetwas anderes entwerten, selbst wenn es dich jagt und frisst; im Gegenteil: „Schmeckt!"

Bleibt noch zu erwähnen, dass im Schnitt die Entwertung durch Männer sattsam gewohnten Frauen der Wahrnehmung des UWE näher sind, als die zwanghaft als stark, oder gar als ‚unbedingt stärker und überlegen' auftretenden Männer. Ach ja, auch jedes Vergehen gegen die Mitmenschlichkeit, mithin also jeder Vertrauensbruch, Verbrechen ohnehin, sind krasser Ausdruck des UWE. Wem kannst du wirklich trauen? Ich meine: *wirklich*! Dir? Vergiss es!

Generell gilt: Sämtliche Hinweise auf das UWE werden in unserer so willkürlich wie zwanghaft, doch immerhin ziemlich perfekt konstruierten Scheinwelt – die ich Matrix nenne – durch irreführende **Pseudoerklärungen und Rechtfertigungen** systematisch kaschiert. Fehlte noch, dass das ruchbar wird! Darunter Dauerstress, chronischer Schlafentzug, systematischer Raubbau an Körper, Seele und Geist, jegliches Machtgehabe, Geldgier, permanente Ablenkung, Narzissmus jeglicher Art, und und und ... Reichts zur Einsicht? Auch die Wissenschaft hält gern her dafür, in der Funktion als gleichsam unantastbare Institution. Das Ganze wirkt wie ein Regelwerk, in dem eine Flut von akut lebensfeindlichen Verhaltensweisen wie Zahnräder ineinander übergreift und, trotz dadurch verursachtem, **immensem, vollkommen unnötigem Leiden,** kein Ausweg daraus möglich scheint. Wie willst du die für wirklich LEBEN nötigen zehn Stunden schlafen, wenn du jeden Morgen um halb sechs aus den Federn musst und abends um sechs nach Hause kommst?

Aufgabe: Sei schlau; oder mach dich schlau – und unabhängig! – und finde weitere untrügliche Hinweise, oder gar Beweise für das in uns wie ein Virus grassierende UWE. Es gibt unzählige!

DAS GROSSE TABU3
Wies dazu kam

Ja, und woher stammt dieser exklusiv menschliche Wahnsinn? Das UWE entstand im Nachgang zur Sesshaftigkeit, als unglückliches Resultat der damit einhergehenden, völlig misslungenen **Genderauseinandersetzung**; oft und gern Gender*krieg* genannt. Ich äussere mich später näher dazu *(«Human-down – der Start»)*. Das bedeutet, aus purer Not geboren, dann über tausende Jahre entwickelt und dann weitere tausende Jahre gepflegt, getarnt, verdrängt. Aus biologisch durchaus verständlichen Gründen. Und trotzdem angesichts der haarsträubenden Folgen unendlich dumm (Gruss an Albert E.!). Höchste Zeit, dass dieses Tabu endlich gebrochen wird.

Bedenken wir jedoch: **Das Tabu wirkt in uns allen**, prägt all unsere Handlungen – individuell wie sozial. Schwer zu ertragen, damit konfrontiert zu werden. Ganz besonders, wenn die Handhabe fehlt, damit konstruktiv umzugehen. Okay, ich beuge mein Haupt; mache es in diesem Buch daher den LeserInnen möglichst einfach; und, na ja, zeige ganz nebenbei den Ausweg aus der Falle.

Und dafür ist es allerhöchste Zeit! Bewegen wir uns doch auf eine existenzielle Schwelle zu. Wir müssen handeln, rasch handeln, und vor allem: **vollkommen neu handeln**. Ich werde mich also nicht bedeckt halten, sondern frank und frei sowie ganz konkret erzählen, wie die Menschheit diesen wahrlich erschreckenden Umstand ab sofort für ihr Wohl verwenden kann, um schliesslich die Schwelle zu einem weiten, freundlichen, hellen Raum zu überschreiten: zum **«NormalRaum»**.

DAS GROSSE TABU4
Das UV21

Dieses Unwertempfinden wütet einem Virus gleich im Homo sapiens. Alle Menschen, die Teil einer sesshaften Kultur sind, bzw durch sesshafte Kulturen zumindest mitgeprägt sind – das heisst heute: ALLE Menschen, also bald acht Milliarden – tragen es in sich, sind gleichsam damit angesteckt. Dieses Quasi-Virus – wie erwähnt, längst in unsere Gene implantiert – durchdringt unsere Struktur und ist stets bereit, aktiv zu werden. **Bereits die geringste Reizung aktiviert es**; ein mentaler Angriff (‚Verletzung'), eine Niederlage, ja, ein simpler Fehler; oder auch das Gegenteil: ein unerwarteter Erfolg, ebenso notorischer Erfolg (‚Starstatus'), ja, ein simples Kompliment (das uns peinlich ist), und das Unwertvirus wird aktiv und bestimmt unser Verhalten.

Da es wie ein Virus funktioniert, nenne ich das Unwertempfinden (UWE) auch «UV21».
UV21 steht für ‚Unwertvirus, entdeckt Anfang des 21. Jahrhunderts, zum Verschwinden gebracht im 21. Jahrhundert'. Na ja, mal sehen.

Hast du die **Aufgabe** gemacht? Jede Wette, du kannst mir sofort ein Dutzend Beispiele dafür nennen; von dir, von Bekannten, aber auch aus der Zeitung, den unzähligen dort abgebildeten Dramen; unter anderem von der Weltpolitik und ihren Folgen; du wusstest einfach bis anhin nicht, was da abgeht; und vor allem nicht, dass die Logik im Hintergrund so einfach ist. Für letzteres entschuldige ich mich in aller Form, ihr Herren Männer!

DAS GROSSE TABU5
Mea Culpa

Die Menschen vor ihrem UWE zu schützen, obwohl ich längst Bescheid wusste, gehört zu meinen dümmsten Fehlern, meinem eigenen UWE geschuldet.

DAS GROSSE TABU6
Kein Problem!

UWE? UV21?

Das **anzuerkennen**, was du hier über das globalmenschliche Unwertempfinden gelesen hast, ist überhaupt kein Problem. Es ist ja eh so. Du wirst deswegen weder schlechter, noch schwächer, noch nimmt es dir irgendetwas weg. Im Gegenteil, nun endlich kannst du was Tolles draus machen. Das nun zu wissen ist also bloss dies: **ein unerhörtes Privileg** – deine Chance, meine Chance, unsere Chance. So what?

DAS GROSSE TABU7
Das Matrixwundertool

Und ohnehin, du brauchst dir keine Sorgen zu machen; denn, egal, was du hier über dich liest, egal, was du dazu denkst, dabei empfindest: **Du hast recht. Immer.** Das beginnt damit, dass du vermutlich sagen wirst: „Ich, unwert? Nein, keinesfalls!" Kein Wunder, wurde dieses UWE zum entscheidenden Antrieb, eine in sich logische, jedoch vollkommen widersinnige, ja absurde Scheinwelt – die sg «**Matrix**» – zu konstruieren, in der wir immer recht haben, egal, was wir gerade denken, vorhaben oder tun. Entsprechend geriet das recht haben zum wahren **Matrixwundertool**. **Nichts ist uns wichtiger, als stets und überall recht zu haben/ zu bekommen.** Denn mit nichts Anderem verteidigen wir DAS GROSSE TABU effizienter, kaschieren unsere wahre Schwäche besser. **Damit ist nebenbei auch gleich die ganze Politik erklärt, von ganz links bis ganz rechts.** Schon mal die Schweizer Politsendung „Arena" geschaut? Alles klar?

Dieses zwanghafte Verhalten ist zwar, zugegeben, total naiv; oder sollte ich besser sagen: dumm? Doch du wirst dafür sorgen; wetten? Zumindest, bis …

Die phänomenale Wirkung des so einfachen wie verrückten Tools, das ich hier der Welt präsentiere, und in der Folge – **nach Jahrtausenden der absurden Selbst- und Fremdunterjochung** – endlich die Auflösung des Unwertempfindens, UWE, sie beginnt damit, dass du **der Möglichkeit zustimmst, dass du grundlegend unrecht hast.** – Ich beginne gleich selber. Gibt es einen rechthaberischeren Menschen als mich? Kannst du dir vorstellen, wieviel ich investiert habe, um stets und immer und überall recht zu haben? Kannst du dir also vorstellen, welche tatsächliche Schwäche hinter diesem Wahnsinns-Zwang steckt? Wieviel Angst? – Immerhin hats wenigstens was gebracht …, wenn wirs denn richtig nutzen. Nutzen? Was hat das ganze «NormalProjekt» *(siehe später)* bisher bei mir bewirkt? Na ja, zumindest soviel, dass mir das recht haben mittlerweile ziemlich egal ist. Tatsache ist und bleibt: Ich habe immer wieder mal unrecht; und hatte das selbstredend auch schon grundlegend bezüglich meiner Sicht der Welt. Daher: Wann immer dir bei der Lektüre etwas aufstösst, kannst du jederzeit sagen: „Der hat bestimmt unrecht." Vielleicht hast du ja recht.

Wobei ...

Vielleicht gehts auch so

Was habe ich eben geschrieben? ‚*Die endliche Auflösung des Unwertempfindens, UWE, beginnt damit, dass du der Tatsache zustimmst, dass du grundlegend unrecht hast.*'
Wie gross ist da wohl die Wahrscheinlichkeit, dass du sagst: „Niemals!"
Nun, bis du soweit bist, deinem unrecht haben zuzustimmen, geht es vielleicht auch auf die alte Weise.

Grob gesehen gibt es drei Möglichkeiten, mit dem UWE zu kutschieren.
1. **Szenario:** Du bist dermassen weit von dir/vom Leben entfernt, gefangen in deinem Kopf – Homo caput eben –, in Illusionen sowie im Zwang, um wahrlich jeden Preis stark zu erscheinen, dass du bewusst rein gar nichts davon wahrnimmst, dass du dich eigentlich unwert fühlst, bzw noch nie auf die Idee gekommen bist, dir geläufige Phänomene, wie zB das Verstecken deiner Genitalien, ihrer wahren, eigentlich banalen Bedeutung gemäss einzuordnen. Historisch gewürdigt *(siehe später),* ist dies das zweifellos häufigste Ausgangsszenario auf der ganzen Welt. Und, zugegeben, nicht ganz einfach für konkrete persönliche Schritte in Richtung «Human-UP!». Ein beliebtes Votum aus dieser Ecke, um das sich Einlassen zu vermeiden, lautet: „Das ist interessant, was du da sagst; doch es gibt verschiedene Wege nach Rom." Als weitere Varianten kommen hinzu betontes Desinteresse, Ignorieren, sich negativ darüber auslassen ... – Trotzdem, da gibts eine Lösung auch für dich; selbst für dich.
Gib dir recht; verharmlose, ignoriere, entwerte das Ganze weiter und sage dann, ganz erhaben: „Ach, bloss ein bisschen atmen, das kann *ich* mir locker leisten."
2. **Szenario:** Du beweist der Welt laufend, dass du unwert bist, indem du, vielleicht unbewusst, doch umso wirksamer dafür sorgst, dass andere – Partner, Freunde, Kollegen, alles auch in weiblicher Gestalt, bzw die Welt dich (zumindest immer wieder

mal) entwerten. Sag dir dann einfach, ganz verantwortlich: „Ja, stimmt, ich sorge dafür, dass ich entwertet werde; was beweist, dass ich mich tatsächlich unwert fühle, und das, was da geschieht, mir darin bloss recht gibt."
3. **Szenario:** Du hast es geschafft, du bist allseits beliebt, verehrt, bewundert. Und nun beweist du dir selbst, dass du trotzdem unwert bist, indem du dich, zumindest ganz privat, entwertest; mental, indem du dich herabminderst, fertig machst; wie zB zahlreiche Reporte von Schönheitsköniginnen bezeugen, die sich selber hässlich finden; und/oder durch dein Handeln, indem du dir notorisch schadest; dich bis zur Erschöpfung antreibst, kaum schläfst, wahllos frisst, säufst, Drogen nimmst, dich nicht bewegst oder wie auch immer; Verhaltensweisen, aus denen unter anderem zahllose bewunderte Stars aller Sparten auswählen. In diesem Fall brauchst du das bloss anzuerkennen, indem du dir sagst: „Klar, mein Verhalten beweist ja, dass ich in Wahrheit unwert bin." Kannst von mir aus noch hinzufügen: „Habs ja schon immer gewusst." Dann hast du doppelt recht.

Du siehst also, du kannst das UWE anerkennen, während du dir weiterhin recht gibst. Das Weitere, nämlich die geforderte minimale innere Stärke, um der Tatsache recht zu geben, dass du grundlegend unrecht hast mit deiner Selbstwahrnehmung und den daraus resultierenden Konsequenzen, das ergibt sich allmählich fast von selbst, hast du dich erst auf den Weg zum Human-UP! gemacht. Also soweit alles klar und voll easy. Sei so, wie du bist. Habe recht!

Das recht haben wieder ins Recht eingesetzt

Wir wollen das Kind nicht mit dem Bad ausschütten … Es ist fürwahr kein Zufall, dass ausgerechnet dieses absurde ‚um jeden Preis recht haben müssen' zum Matrixwundertool avancierte. recht haben gehört zu den wertvollsten Eigenschaften, vornehmlich sg ‚höherer' Lebewesen; heisst, je grösser die Handlungsfreiheit dank entwickeltem Intellekt, desto wichtiger wird es, eine Situation über das unmittelbar Erscheinende hinaus – zB langfristig – richtig einzuschätzen. Desto wichtiger für die Gemeinschaft sind also jene, die es schaffen, zB eine sich abzeichnende Gefahr zu erkennen; und desto grösser deren Auszeichnung und Attraktivität. Leider gerade mit ein Grund, weshalb Gefahr weiterhin allüberall ohn Unterlass mutwillig heraufbeschworen wird. Ja, mit Sicht auf die kulturelle Entwicklung des Homo sapiens ist die Tatsache, dass **Menschen, bevorzugt Männer, untereinander weiterhin eine Gefahr bedeuten** – welchem Mann kann man selbst heute trauen? – ein absoluter Skandal und entlarvend sowie unendlich peinlich für diese Spezies, die sich doch so toll vorkommt.

Mit dem recht haben kann man also demonstrieren, dass man ein hochpotentes Individuum darstellt, attraktiv genug, um als Verantwortliche(r) für menschlichen Nachwuchs ausgewählt zu werden. Dumm ist bloss, dass das unter uns Matrixmenschen auch mit Scheinrechthaben funktioniert; ja, sich das recht haben bei uns Menschen weitgehend von der Realität gelöst hat; eben zum blossen Werkzeug wurde, um die wahre innere Schwäche und vor allem das UWE zu kaschieren. Der brutale Mörder hat in seinen Augen genauso recht, wie der streitende Politiker, die keifende Nachbarin, das depressiv daniederliegende Häufchen Elend, der schlachtende Diktator, der allwissende Arzt, der lebensferne Guru, die strafende Mutter, der herrische Lehrer und ebenso die dämliche Lehrerin, der Polizist, der Demonstrant in der Strasse, der abgehobene Wissenschaftler, das schreiende Mädchen, der stumme Junge … Und nichts bringt bis heute jemanden – geschweige denn ganze Völker! – dazu, diesen

Standpunkt aufzugeben; egal, was der konkret bewirkt. Grund? Unrecht haben ist mit UWE gleichbedeutend mit Nicht-Existieren, sprich sich umbringen; stellt also eine fundamentale Bedrohung dar. Kurz: Das Motiv von uns Matrixmenschen für das recht haben *müssen* entwertet die diesbezüglichen Fakten und macht sie häufig irrelevant. Die Sache tritt dabei in den Hintergrund. Unrecht haben wird kategorisch mit Hilfe neuer Rechtfertigungen, bevorzugt mit Schuldzuweisungen, abgewimmelt.

Konsequenz: Mit Lebensintelligenz hat dieses Zwangsverhalten ganz selten zu tun. Beispiel einer gelegentlichen Ausnahme: Wissenschaft. Doch auch da gilt: Je mehr der Homo sapiens zum reinen Kopfmenschen mutierte, desto weniger zählte das mehrdimensionale, wesentlich anspruchsvollere *Verstehen*. Auch die Wissenschaft begnügte sich zunehmend mit linearer Logik, das heisst, mit bloss zweidimensionalem Wissen; Wissen-schaft eben. Eine soweit korrekte Untersuchung, schon ist das recht haben gesichert. Und wenn das bald darauf mit anderem/neuem Wissen widerlegt wird, führt das bloss zu einem Streit unter Wissenschaftlern, wer nun recht hat. – Auch hier gilt: Gelobt seien die Ausnahmen! –

Und ich? Dass ich mich lediglich als Beitrag verstehe und daher im ursprünglichen Sinn darauf achte, meine Verantwortung wahrzunehmen; mich zum Beispiel verpflichtet fühle, meine Aussagen zu prüfen, bis ich mit jedem Satz, den ich hier schreibe, vor dem Leben und vor der Natur recht habe, das selbstverständlich jederzeit und überall bereit bin zu beweisen – bzw mich allfällig verbleibenden Irrtümern dankbar und ohne zu zögern stelle –, und damit schliesslich eine wahre Weltrevolution ausgelöst, ja, eine neue Epoche der Menschheit eingeläutet wird – wenns denn endlich läuft –, das ist das Eine. Dem gegenüber steht: **Jede und jeder will sich vorerst mal *selber* im Recht sehen**; und dies **ganz besonders, wenn es um das eigene Selbstbild, plus das der Welt vermittelte *Image* geht**, das hier grundlegend in Frage gestellt wird. Selbst jeder potenzielle Verleger, mit diesem Manuskript vor der Nase, ist damit zuerst einmal persönlich herausgefordert. Alle Achtung, dass dieser, der dieses Buch gedruckt hat, sich diesen Umständen stellte.

Respekt, bitte!
Die Vergangenheit im Auge

Gehen wir weiter in Richtung Hintergrund.

Wenn wir uns nun aufmachen, das Debakel, zu welchem die *Sesshaftigkeit* geführt hat, durch neue, endlich menschen-würdige Strukturen aufzuarbeiten, so gilt es, zuerst der ungeheuren Herausforderung den angemessenen Respekt zu zollen, welche der grundlegende Wandel in der Existenz der menschlichen Gemeinschaften damals mit sich brachte. Es handelte sich um **eine quasibiologische Veränderung** und folglich einen ebensolchen Anspruch.

Human-down
Der Start

Mit der **Sesshaftigkeit**, auch **Neolithische Revolution** genannt, verbinden wir bahnbrechende Vereinfachungen und Sicherungen der menschlichen Existenz. Wir übersehen noch so gerne, welch unerhörte Herausforderungen damals auf den Homo sapiens zukamen. Tatsache ist:
Die Herausforderungen übertreffen die Vereinfachungen im Endeffekt bei Weitem.

Konkret: Der Übergang zur Sesshaftigkeit veränderte bei den Männern die Art der Kraft, die im Alltag benötigt wurde. Zuerst schwanden mit der abnehmenden Auseinandersetzung mit wilden Tieren und allenfalls ‚Fressfeinden' aus der eigenen Gattung die Schnellkraft und Kampfbereitschaft, mithin die Virilität; ebenso die reaktionsschnelle, superintelligente Cleverness; und auch die taktische Finesse, profan Schlauheit genannt. Auch die rohe Kraftausdauer, geübt im regelmässigen Unterwegs-Sein, reduzierte sich, da in der Landwirtschaft mehrheitlich die Frauen übernahmen, bzw unter Druck übernehmen mussten, während die Männer, zunehmend ihrer Vitalität beraubt, förmlich den ganzen Tag herumhingen – sess-haft eben (dieses Szenario habe ich verschiedentlich persönlich beobachtet, besonders eindrücklich in einer zivilsationsisolierten Kommune in Kenia). Die Frauen, ohnehin eher auf ausdauernde, ruhige Tätigkeit ausgelegt, erfuhren dadurch *vorerst* weder eine substantielle Schwächung ihrer Physis noch ihrer mentalen Verfassung; durch die erzwungene Daueraktivität hingegen einen erheblichen Teil ihrer Sexyness; passten dadurch leider wieder ganz gut zu den männlichen Exemplaren der Gemeinschaften. Die Männer nutzten ihre biologisch gewachsene (Kopf-)Cleverness immerhin für das Entwickeln immer besserer Arbeitshilfen – schwächten damit jedoch nach und nach die Physis aller Gattungsmitglieder insgesamt; die immer mehr werdenden Händler natürlich inklusive.

Dazu kommt – beide Geschlechter betreffend –, dass Domestizierung und Anbau, sich parallel zur systematischen Ausweitung der Fantasiekonstrukte entwickelnd, zunehmend dazu beitrugen, uns Menschen von der Natur zu entfremden; schliesslich entscheidend verstärkt durch die unsäglich lebensfremde Anmassung, uns nicht mehr als Tiere zu verstehen, vielmehr dem ‚Tierreich' schon aus Prinzip überlegen zu sein. **Der Homo sapiens, vorerst vornehmlich männlicher Prägung, wurde – degenerierte! – allmählich zum KOPFMENSCHEN – Homo caput –** der, von sich selber abgetrennt, die schwindende Lebenstüchtigkeit mit Illusionen und Techniken im weitesten Sinn kompensierte. **Die Frauen** andererseits erfuhren *vorerst* durch die Sesshaftigkeit (Landwirtschaft, wachsende sippenübergreifende Kooperation) nicht nur keine wesentliche Schwächung, sie erhielten gar zusätzlich mehr **Unabhängigkeit von uns Männern**. Beachte: Im Ackerbau erhöht nicht Verteidigung der Futterquellen, sondern breit angelegte Kooperation die Produktivität. **Die Bedeutung der Frauen wuchs, während wir Männer gleichzeitig allmählich in jeder Hinsicht schwächer und somit unattraktiver wurden.**

Wir Männer, statt in kreativer Not neue Lösungen zu finden und anzubieten, kompensierten offenbar bloss. Neben einer wahren Flut von neuen energiesparenden Illusionen reagierten wir mit roher Gewalt, um weiterhin stark ... zu erscheinen. Was Frauen betrifft, um diese gefügig zu machen, ja zu unterwerfen. Was das zunehmend epidemische Schlachten von ‚Konkurrenten' oder einfach nur von ‚Bösen' (da zB Andersgläubigen) betrifft, um gegenüber den Frauen weiterhin als unverzichtbar zu erscheinen. Damit häuften wir Männer ein unfassbares Mass an Schuld an; im Kleinen wie im GROSSEN; die jeweils direkt Involvierten fühlten sich nicht bloss, *sie wurden tatsächlich unwert*; heisst, dem Ausschluss und so dem verdienten Tod zu überantworten.

Unsere verminderte männliche Attraktivität und demzufolge stete Angst, abgewählt zu werden – mithin unsere persönliche, konkrete Unwerterfahrung – kompensierten wir logischerweise auch beim Sex, indem wir – ebenso lächerlich – exklusive Besitzansprüche anmeldeten, zB auch bei Abwesenheit; und jederzeit bereit waren, auch da Gewalt anzuwenden. Worauf die Frauen begannen, die

Männer und insbesondere die Sexualität zu entwerten, schliesslich zu verfluchen. Während wir, nicht bloss mannigfaltig geschwächten, sondern folgerichtig auch schwach erscheinenden Männer eh unsere natürliche, unbelastete Beziehung zur Sexualität verloren hatten; es ging – und geht uns dabei bis heute – im Wesentlichen bloss ums *Image* der Stärke.

Das Resultat: Ein kolossales inneres wie äusseres Desaster, geprägt von Stress, Lüge, Rechthaberei, Schuldzuweisung, Machtstreben, Unterdrückung, Trauer, Ohnmacht, Hass; und schliesslich totaler Verschlossenheit, was wiederum bedeutet, abgetrennt zu sein von der eigenen inneren Natur. – Und zusätzlich ein Durcheinander: Zwischenmenschliche Unordnung; für die Menschheit keine klare Orientierung (ausser im religiösen oder anderswie ideologischen, sprich vollkommen unwirksamen, bzw ausschliesslich schädigenden Wahn); alles ist kompliziert, jede ‚Lösung' generiert neue Probleme. – **Natürliche Ordnungen hingegen wären/sind einfach, ergeben selbstverständlich funktionierendes Zusammenleben, sind vollkommen nachhaltig.**

Ja, das ist das Milieu, in dem die Kinder aufwuchsen … und aufwachsen! All diese gegen das Leben gerichteten Botschaften bereits in sich drin; mit der Zeit – heisst heute längst! – in den Genen. Und genau letzteren Umstand darfst du durchaus auch als *Entlastung* nehmen; dein Einfluss als Elternteil ist bezüglich der grundlegenden Verfassung der Nachkommen begrenzt. Und, noch wichtiger: Das gilt auch umgekehrt! Du darfst vollständig darauf verzichten, deinen UWE-geprägten Eltern irgendwelche Vorwürfe zu machen. Kümmere dich JETZT um dein eigenes LEBEN, verdammt! Übernimm 100 % Verantwortung für die Person, die du jetzt bist; SOFORT! Inklusive der Konsequenzen daraus! Dafür darfst du deinem Ursprung – und damit der ganzen Matrix-Chose – auch mir nichts, dir nichts **untreu werden**. Ja, du *musst* deinem ganzen Ursprung untreu werden, wenn du eine Chance auf LEBEN haben willst. Okay, biologisch ein No-Go; ausser … man verfügt über das MEGATOOL AB-PP. Tja.

Begonnen hats schon vorher

All diese desaströsen Vorgänge waren nur möglich in einem damals, beim Beginn der Sesshaftigkeit, bereits entscheidend gestörten Verhältnis zur rohen Natur, bzw in der allmählich dominierenden Flucht in Illusionen – beider Geschlechter! Ja, auch der Frauen! Die sind in Sachen Illusionen ja richtig guuut. Jämmerlich auf der Strecke blieben lodernde Vitalität, sprühende Lebensintelligenz und die freie, tägliche Lust und Gier. Nur logisch: Auch diesbezüglich machen die Frauen keine gute Figur; aber gar nicht.

Die Formel lautete stets: **Illusionen ersetzen LEBEN**. Davon abgeleitet: Je weniger Leben, desto mehr Illusionen. Ganz einfach. Und klar, das wird am besten in der Kindheit eingebaut. Kinder können nicht unterscheiden zwischen Illusion und Wirklichkeit. Kinder glauben ihren primären Lehrpersonen.

Konsequenz: die Matrix

In der Zeit nach der Sesshaftigkeit, weit davon entfernt, dieser quasibiologischen Herausforderung gerecht zu werden und das Geschlechterverhältnis in lebensintelligenter Weise neu zu regeln, wurde – ursprünglich keineswegs in böser Absicht, sondern bloss um die entstandene Not abzuwenden, bzw zu verdrängen – allmählich das geformt, was ich **Matrix** nenne; ein rein aus der Fantasie geborenes, in sich vollständiges, vom realen Leben abgehobenes, gleichsam wasserdichtes System der Regelung gesellschaftlicher Beziehungen sowie der individuellen Lebensweise; ein weitgehend frei erfundenes Regelsystem, in dem man frei nach Fantasie stets und immer recht haben kann. Eine Welt von und für **durchwegs VerliererInnen**, konstruiert und angetrieben von nicht deklarierten, un-sinnigen Bedürfnissen: unsere Menschenwelt; die Welt des Homo caput. Kaputt eben.

Vor 20 Jahren, in einer frühen Phase meiner, wörtlich: grenzenlosen Expedition in die Abgründe der Menschheit, als ich die innere Struktur des Homo sapiens zu decodieren begann, nannte ich die seit der Neolithischen Revolution gewordene, lebensfremde menschliche Verfassung **«die Bühne»**, auf der das Leben nur noch als blosses Theater gespielt wird, mit frei erfundenen Handlungen, Regeln und Gesetzen. Der bald darauf erschienene Film «Matrix» – eine verborgene Matrix (Logik) regelt die Erscheinungen – inspirierte mich dann zum Namenswechsel.

Zum Matrix-Konstrukt gehören prominent willkürlich geschaffene Pseudoinstitutionen, gleichsam *Kulissen*, welche die lebensfeindlichen Verhaltensweisen absichern, rechtfertigen, gar als naturgegeben erscheinen lassen sollen. Konsequenz: Echte Lebensvernunft zählte immer weniger bis nichts. Und das dauert bis heute praktisch unvermindert an.

Das zweite GROSSE TABU
Oh Sh...!

Welcher Tabubruch ist nun grösser? Der mit dem allgemein menschlichen UWE? Oder der folgende?
‚Niemals kann man Probleme auf dieselbe Weise lösen, wie sie entstanden sind.'
Diese Einsicht von *Albert E. (siehe gleich)* setzt an bei einer der markantesten Fähigkeiten des Homo sapiens: beim **Mentalen** (*Y.N. Harari* nennt dies ‚die kognitive Revolution'). Genau dieses Mentale hat uns dahin gebracht, wo wir heute sind; im Guten, aber eben auch im Schlechten. Beide halten sich zumindest die Waage. Ergo:
- JEDE TIEF-GREIFENDE LÖSUNG DIE AUF DEM MENTALEN BERUHT, hat gerade soviel Gutes, dass es für Hoffnung und Illusion reicht ... und SCHEITERT ERBARMUNGSLOS.
- KEINE LÖSUNG DIE AUF DEM MENTALEN BAUT WIRD UNS MENSCHEN WEITERBRINGEN.
- **Das bloss Mentale**, abgetrennt von sich selber, **hat keine Kraft.**
- Das Mentale ist vollkommen ausserstande, unsere verrammelten, bereits verloren geglaubten, ungeheuer wuchtigen natürlichen Ressourcen zu befreien. Wie denn? Durch denken? Diese Befreiung ist jedoch Bedingung, um das Human-UP! zu ermöglichen; was bedeutet, die schliessliche Vereinigung von urvitaler Natur und Kultur – der Homo normalis eben. Natürlich (!), das Mentale wird nicht ausgeschlossen. Es trägt bei zur Verarbeitung und sozialen Umsetzung des durch **gewaltige körperlich-emotionale Prozesse** Gewordenen.

Kurz: Der Homo caput ist ausserstande für echte, wirksame Lösungen iS von vital und nachhaltig lebensfördernd. Wie die Geschichte des Homo sapiens-caput eindrücklich zeigt. Tragisch. Doch nun gibts ja dies, was du hier erfährst und entdeckst. Punkt.

Künstliche Intelligenz (KI)

KI ist bloss die logische Fortsetzung des Homo caput. Der Abstand vom abgetrennten Menschen zur Maschine ist gering.

Ergo, wenn bloss der Kopf regiert kann man ihn ebenso gut durch eine Maschine ersetzen. Die ganz logische, nahe liegende Zukunft also.

Dasselbe gilt mittelfristig auch für die Fortpflanzung. Endlich brauchts keinen Sex mehr zur Zeugung. Künstliche Befruchtung machts. Und die Kinder nimmt man dann per Kaiserschnitt raus; keine natürliche Belastung für Mutter und Kind.

Am Schluss reicht auch dafür der Kopf.

Tolle Perspektive …

Energiesparen hat eine lange Tradition

Jedes Lebewesen ist bestrebt, aus existenziellen Gründen möglichst wenig Energie zu verbrauchen. So ist es kaum verwunderlich, dass auch die Homines sapiens in jener Situation mit ihren unerhörten Herausforderungen nach möglichst einfachen, möglichst bereits verfügbaren Lösungen suchten. **Der Anspruch hiess immerhin, die Geschlechteridentitäten neu zu entwickeln sowie die Aufgabenverteilung entsprechend anzupassen.** Was lag also näher, als der Einsatz eines besonders effizienten Energiesparmittels, über das der Homo sapiens verfügt: *die Fantasie*. Fatalerweise wurde diese an sich wunderbare Fähigkeit bereits damals wohl seit mindestens hunderttausend Jahren auch in krass lebensdummer Weise eingesetzt: durch das Nutzen der Freiheit, Fantasie der Wahrheit gleichzusetzen; somit als Basis für Mythen und Illusionen, welche als Hilfsmittel dienen sollten, um die Herausforderungen, welche die Natur uns bereitete, scheinbar energiesparend zu bewältigen. – Diese selbst- und fremdmanipulative, und von der Sache her betrachtet lächerliche Art, die Fantasie zu benutzen, explodierte offenbar förmlich mit der kulturellen Entwicklung, genannt Sesshaftigkeit. Nicht ganz unverständlich, angesichts der zahlreichen Ansprüche, die diese an sich so geniale wie äusserst fruchtbare Entwicklung mit sich brachte. Denn da brauchten wir uns ja nicht weiter anzustrengen; einfach ein neues Fantasieprodukt erstellen; schon ist die Angelegenheit nach Wunsch geregelt.

Darunter sticht ein Fantasieprodukt besonders hervor. Wir Männer wurden, wie erwähnt, mit der Sesshaftigkeit und damit der zunehmenden Unabhängigkeit von Jagd und Sammeln, immer bedeutungsärmer und die Frauen immer dominanter; sie begannen zunehmend das Leben der Gemeinschaften ... eben: zu dominieren. Was war naheliegender, da vergleichsweise energiesparend – und erst noch unsere immense Angst besänftigend –, als die Frauen einfach unserer-, männlicherseits, zu dominieren und die ganze Angelegenheit in unserem vermeintlichen Interesse zu regeln? Wir brauchten bloss ein männliches Phantom zu erfinden, das allem überlegen ist, und frei von Lebenssinn in seinen ‚unergründbaren' Entscheidungen. Dieses genuin lebens- und entwicklungsfeindliche Konstrukt mit Namen Gott (in irgendeiner Form) durchzusetzen war, dank unserer physischen Überlegenheit – inklusive die logische Verfügungsgewalt über die sich rasch entwickelnde Waffentechnik –, ebenfalls durchaus energiesparend. Ganz nach der Losung: ‚Bist du nicht willig, so brauch ich Gewalt'. Daraus resultierte **die wohl erbärmlichste Illusion von allen: jene der männlichen Überlegenheit.**

Und die superintelligenten Frauen? Sie knieten sich bald schon ganz eigen-willig hin, in der absurden Hoffnung, ausgerechnet durch diese, bald dieses männliche Überwesen Erlösung von den profanen irdischen Plagen zu erlangen, welche ihnen zuerst einmal die Männer bereiteten. Denn **Frauen sind stets in der Ambivalenz gefangen zwischen der blinden Verehrung der übermächtigen Männer (Kind-Vater) und dem Hass auf eben diese (Frau-Mann).** Echte, erwachsene Liebe? Was ist das? Wen? Auch ihre verbliebene Lebensintelligenz war leider nicht ausreichend – oder war es bloss ihre Vernunft? –, um die, de facto immense Schwäche sowie brachiale Dummheit demonstrierenden, bald überall ertönenden Schlacht-Rufe gegen sg ‚Feinde' zu durchschauen, und sich zumindest zu weigern, darin einzustimmen.

Wenn ich dabei der brachialen Handlungen einer holden Erzsébeth gedenke – das Frauenmonster per se –, die Anfang des 17. Jahrhunderts auf Lockenhaus im Burgenland und anderswo scheints mindestens 650 junge, stets nackte Frauen persönlich zerbiss, zerstach, verbrannte, schächtete – und mit diesem Gebaren damals bloss die Spitze eines Scheiterhaufens abbildete –, so liegt auf der Hand: Sie tat das als hohe Adelige – neben zweifellos perversen erotischen Regungen – um sich als vollkommen Unwerte nicht selber umbringen zu müssen.

Energie vergeuden auch

Der selbst heute weiter ungerührt zunehmende, unfassbar lebensfeindliche Umgang mit unserer eigenen Lebensenergie gehört zu den offensichtlichsten und dramatischsten Zeichen unserer weitgehenden Entfremdung vom Leben sowie unseres Selbsthasses. (*siehe später, oder umfassend im Buch «**Ruhe!Punkt.**», Restexemplare im NormalVerlag, normalrevolution.com*). Er hat seinen Ursprung in der kontinuierlich schwindenden Lebensintelligenz und befeuert seinerseits prominent die schwindende Vitalität. Mangelnde Lebensintelligenz ist zwar, wie erwähnt, keine Erfindung der Sesshaftigkeit. Bedenken wir nur den bereits erwähnten, viel älteren, naiv-dummen Einsatz der Fantasie im Umgang mit der Natur. Der ist zwar einerseits verständlich (Ohnmacht gegenüber der Natur), andererseits ebenso unverständlich (lebensdummer Einsatz der menschlichen Freiheiten). Allerdings erfordert eine vollkommen verrückte Paradoxie, wie sie dieses absurde Verhalten ausdrückt, nämlich **gesteigerte Sicherheit und Wohlstand mit gesteigertem Stress und zunehmender Selbstausbeutung zu beantworten**, bereits einen solch verminderten Grad an Lebensintelligenz, dass alles dafür spricht, dass dieses akut lebensfeindliche Verhalten in den dramatischen Ereignissen, wie sie die Sesshaftigkeit einläutete, ihren Ursprung hat.

Als Randnotiz und Schlaglicht auf die aktuelle Situation sei erwähnt, dass Lebewesen, die sich energetisch auszehren, automatisch ihre Vitalität und damit ihre Potenz verlieren; sie können einfach nicht mehr. Ein Halleluja auf Viagra. Brrr, peinlicher geht nicht. Nun ist das jedoch ganz praktisch, wenn man die Sexualität eh entwertet. Das betrifft Frauen und Männer gleichermassen.

Und was veranschaulicht die haarsträubende Beschleunigung des Verlusts an Virilität besser, wie die krasse Abnahme der Spermienkonzentration binnen weniger Jahre? Was früher vielleicht tausend Jahre benötigte, geschieht heute in zwanzig. Bleibt zu prüfen, wies mit der Entwicklung der Empfängnisfähigkeit der Frauen steht; oder mit dem Ausbleiben der Periode bei jungen Frauen (weil sie sich zu mager gefastet haben). Du meine Güte, was sind das für Aussichten?! Na ja, es wimmeln ja genug Exemplare unserer Spezies auf dem Globus herum; und wenn eh demnächst die Roboter übernehmen ...

Und Sie, Herr Brändli?

Bereits mit 22 produzierte ich ein heftiges Burn-out. Ich hatte vier Jobs gleichzeitig. Als Lehrer führte ich eine dreiklassige Oberstufe, obwohl ich nur für Unter- und Mittelstufe ausgebildet war (Gruss an die Frau Bundesrätin, die damals im selben Schulhaus die Unterstufe besuchte). Ich war aktives Mitglied von zwei geografisch ganz verschiedenen Sektionen der *Revolutionären Marxistischen Liga (RML)*. Trotzdem, als ich als Linker bereits nach einem Jahr dem Schulpräsidenten meine Kündigung unterbreitete, brach er in Tränen aus, was mich selber sehr bewegte. Grund für die Kündigung: Ich baute parallel zum Job in der Staatsschule als bereits gewählter Schulleiter eine neue Privatschule auf *(Freie Volksschule im Kanton Zürich)*. Mehrmals pro Woche fuhr ich mit dem Auto in alle Himmelsrichtungen … und spät nachts wieder zurück nach *Merenschwand*. Da waren dann noch die Freundin, meine breitgefächerte Leidenschaft für Musik, inklusive Mitgliedschaft in einem renommierten Chor, der Bergsport, …

So spannend das alles war, dieses ruinierende Verhalten wies mich klar und eindeutig als blind bemühten Idioten aus, der seine primären Bedürfnisse nach Regeneration und Wohlergehen vollkommen ignoriert *(siehe Buch «****Burn – ohne Out!****»)*. Als ich schwacher Mann dies erkannte, die neue Stelle als Schulleiter kündigte, und schliesslich – wesentlich später – mein Verhalten endlich als absurd *an*erkannte, wurde es zu meinem ersten Anliegen herauszufinden, ob es möglich wäre, diese kapitale Lebenslüge – später realisierte ich: *aller* Menschen – aufzugeben, anzuerkennen, dass ich mit meinem Verhalten und Getue grundlegend unrecht habe, und als nun anerkannt total schwacher Homo caput einen Weg finden würde, um wirklich echt stark zu werden; der in meinem Fall männlichen Würde als Tier endlich angemessen. Das dauerte. Doch irgendwann … voilà!

Und …, aber klar doch: Ich bin immer noch dran, und täglich durch meinen eigenen Prozess gefordert.

Und … ich kann mir für die Menschheit mittlerweile nichts Schöneres, Erfüllenderes, Belebenderes, kurz: Besseres vorstellen, als eben diesen hier vorgestellten PrimärProzess.

Lieber Albert

Du bist eines der grössten Genies der Matrixgeschichte. Das hast du nicht nur bewiesen, indem du scheints 10 Stunden pro Nacht geschlafen hast, sondern auch mit Statements wie diesem: **„Es gibt zwei Dinge, die sind unendlich: das Universum und die Dummheit der Menschen. Wobei, bei ersterem bin ich mir nicht sicher."**
Selbst wenn du das nicht genau so gesagt haben solltest, die Menschheit gibt dir auf jeden Fall recht.
Ben Affleck versuchte sich deiner würdig zu erweisen, als er sagte: „Wir Amerikaner sind das dümmste Volk der Erde." Nun, darüber kann gestritten werden; obwohl ... zurzeit geben die sich wahnsinnig (eben!) Mühe, genau dies der Welt zu beweisen.

Wir können uns nicht Jahrtausende systematisch schwächen, zB Tag für Tag auszehren – und zwar, je (erfolg-)reicher wir werden, desto mehr (sic!) – und glauben, unsere Lebensintelligenz bleibe erhalten, geschweige denn unsere Vitalität.
Ach nein, es ist ja umgekehrt: **Der komplette Verlust unserer Lebensintelligenz** war und ist bis heute die Ursache für solch absurdes, selbstschädigendes, akut lebensfeindliches Tun. Na ja, immerhin floriert dadurch der sg ‚Gesundheitsapparat' (hübsches Wort, so richtig lebensfreundlich), und wie! Seis ihm gegönnt.

Wobei, was ist jetzt dümmer? Dass wir das tun, oder dass wir das nicht mal bemerken? Der so zwangsläufig verlorene Kontakt zu sich selbst wird fleissig ersetzt durch: *Illusionen*. Da war doch dieser beispielgebende Matrixpionier und Zeitgenosse von dir, Albert, dieser *Henry Ford*, Idol von unzähligen Wirtschaftsführern, der scheints sagte, *schlafen sei verlorene Zeit*.

Leider bin ich keine Ausnahme. Gibt es ein dümmeres Vorhaben, als die Menschen über den Umstand aufklären zu wollen, dass sie sich in Wahrheit unwert fühlen?

Doch schliessen wir, ganz optimistisch, diese Ehrerbietung mit einem weiteren Zitat aus deinem genialen Hirn, welches unverhofft diesem ganzen Buch – heisst, meinem Werk – zugrunde liegt. Wir wären bestimmt dicke Freunde geworden. ‚Züritütsch' hast du ja wohl einigermassen beherrscht:

„Niemals kann man Probleme auf dieselbe Weise lösen, wie sie entstanden sind."

AB-PP LIVE
Initiation

Jacqueline: „Vielleicht wärs cool, wenns Erfahrungsberichte von AnwenderInnen im Buch hätte. Immer mal wieder ne Seite dazwischen."
2b: „Super Idee: Erfahrungsberichte! So im Sinn: ‚Jetzt rede ich … sind lauter Vagabunden … Ich heesse Enterich …' (Bettelstudent)"

AB-PP steht für Atembombe-PrimärProzess. Unter dieser Überschrift werden nun also periodisch Erfahrungsberichte von Menschen eingestreut, die ein NormalProjekt praktizieren. Dies dank der Anregung von Jacqueline, die hiermit die Gelegenheit erhält, zu eröffnen.

AB-PP LIVE
Jacqueline

Irgendwie magisch: Obwohl ich mittlerweile deutlich mehr zu tun habe, habe ich doch mehr Zeit wie zuvor.

Überleben, was denn sonst?

Da ist nur eine Kraft, die stärker ist als das UWE des Homo sapiens postneolithisch: **die nackte biologische Überlebenskraft.**

Sie hat bewirkt, dass wir Menschen, obwohl sich beide Geschlechter selber die Zugehörigkeit, ja, das Lebensrecht absprechen, trotzdem überleben. Danke!

Aber eben, so besagt die schlichte Logik:
MEHR ALS NUR GRAD ÜBERLEBEN IST FÜR UNS MENSCHEN NICHT (mehr) DRIN.

Der Rest ist Firlefanz, bloss da, um die Wahrheit zu vertuschen. Nachhaltigkeit null. Lass dich besser auf was Echtes ein. Deine Chancen sind ab sofort intakt.

AB-PP LIVE
Ursula

heute bleibe ich nach dem erwachen noch etwas liegen: bin sehr müde, ja erschöpft. meine glieder schmerzen. der atem plätschert unkontrolliert vor sich hin. ein erbärmlicher HAUCH jener menge, die während der AB oder wenn ich nur schon bewusst ins becken atme, hinunter strömt. jämmerlich. die emotionale verfassung ist von ANGST geprägt. ANPASSUNG das daraus resultierende, logische verhalten. ich spüre die angst, die ich als kind hatte: ich werde aus der familie ausgestossen, wenn ich zu lebendig werde. das bedeutet tod. also hiess damals mein ent-schluss: lieber das atemvolumen reduzieren und damit die lebendigkeit eindämmen, um zu ÜBERleben. das ist heute noch in mir. tränen.

Schmankerl aus 2b's Küche

Mit der Rubrik ‚Schmankerl' wühle ich zwischendurch ein bisschen in meiner Schatztruhe bzw Vorratskammer und serviere immer wieder mal eine Tapa; heisst, einen Aphorismus; Einsichten eben, wie sie sich im Lauf meines Lebens ergeben haben.

Schmankerl
Lebenstüchtigkeit

Aus zwei wird eins. Vitalität plus Lebensintelligenz resultieren in Lebenstüchtigkeit. Dort muss alles hin, was wir heute tun; absolut erste Priorität!

Oh, Mann!

Was haben wir Männer alles angerichtet in der Welt; es ist zum Schaudern. Und tun es nonstop weiter. Unzählige Bewaffnete ziehen seit Jahrtausenden ungerührt als ‚legale' Krieger oder was auch immer durch die Welt und schlachten, morden, was das Zeug hält. Nichts hält sie zurück; denn das könnten bloss Männer; und die – vor allem die mächtigen – sind als kolossale Schwächlinge selber auf Kompensation aus, auf SCHEINstärke eben. Deren im Wahn versteckten Hass agieren dann die Untergebenen für sie aus. Ich möchte die Zeit vor der Sesshaftigkeit nicht idealisieren; doch, dass dort Waffen massenhaft gegen Mitglieder der eigenen Gattung gerichtet wurden, davon sind mir keine Zeugnisse aus früherer Zeit bekannt. Und wie stehts – ein anderes Beispiel – mit der väterlichen Gewalt gegen die Kinder? Was denkst du zB, weshalb diese Jungs so geil darauf sind, zum IS zu reisen? Dort können sie ihre schreckliche kindliche Ohnmacht kompensieren und sich nun an ‚Freiwild' grausam rächen? Schon mal was über diese Hintergründe gelesen? Nein? Eben.

All dies widerlich Lebensfeindliche geschieht bloss, weil wir Männer unter allen Umständen stark erscheinen wollen; egal in welcher Rolle. Und dies oft auf die absurdeste, eben lebensfeindlichste und dümmste Weise – aber auf jeden Fall stets, überall, und … ja: jeder Mann auf seine Weise.

Und bisher haben wir rein gar nichts zur Wiedergutmachung unternommen. Die Schuld wächst und wächst. Ein weiterer Verweis auf die immense innere, selbstverschuldete Schwäche von uns Männern. Auch in unserem Projekt haben wir wiederholt erfahren, wie Männer, sobald ihre Schwäche droht offenbar zu werden, sich davonmachen. Sie scheinen in der Mehrzahl schlicht zu schwach, um sich mit der Wahrheit auseinanderzusetzen.

Was sind denn das für Aussichten?! Ist es ein Zufall, dass eine Frau die Ausgrabungen der Sklavenopfer in Lagos, Portugal, in Angriff nahm, um „ihnen endlich eine Stimme zu geben"? Liebe Frauen, ihr habt da einen Riesenjob. Den ihr allein mit der ‚trotzallem'-Liebe zu uns A… erledigen könnt. Sorry.

Kontrapunkt

Nun gut, die Biologie entschuldigt uns Männer. Ein Stück weit. Sind Männer nicht stark, überleben sie nicht. **Biologische Überlebenskraft pur** also.

Dies funktioniert offenbar auch dann, wenn das Stark-Sein bloss zum Schein existiert, mithin pure Illusion ist; wie beim Homo sapiens postneolithisch durchwegs der Fall.

Denn, tief in uns drin sagen wir uns seit Geburt: „Ich bin nichts wert; also habe ich kein Lebensrecht; gehöre folgerichtig auch nicht dazu." Da fährt die Überlebenskraft ein und antwortet: „Ich bin stärker als das, was du dir da vorsagst!" Und so bauen wir dann unsere globale Existenz auf einem unauflösbaren Widerspruch. In uns drin hassen wir uns, lehnen uns ab und handeln auch entsprechend; schwächen uns auf vielfältige Weise; beuten uns zB ohne Not gnadenlos selber aus, oder degenerieren unseren Körper, bis er schlicht nur noch ‚grusig' (rundum hässlich) ist. Kein anderes Lebewesen würde je so etwas tun. Wir missachten unsere primären Bedürfnisse, bis wir keine Ahnung mehr davon haben; wir zerstören unablässig uns selbst sowie unsere tiefe, echte Lebensqualität, inklusive Umgebung; und inklusive unsere Sexyness! Wir schwächen uns faktisch jeden Tag mehr; Training irgendwelcher Art und Gesundheitsideologien hin oder her. Nach aussen aber tun wir so, als ob alles bestens wäre, wie stark und fit wir doch seien; am liebsten allen und allem überlegen. Und genau mit dieser Lüge rauben wir uns die Fähigkeit, stets zu prüfen, was unser Weiterleben tatsächlich fördert. Es ist dieser unerhörte Widerspruch, der uns tagein tagaus stresst, der zu diesen absurden Verhaltensweisen führt, wie sie der männliche Homo sapiens – Homo kaputt eben – weltweit zelebriert, im Kleinen wie im GROSSEN; und die – es sei gelobt – die lebensvernünftigeren unter den männlichen Homines ebenfalls beklagen; in ironischem Einklang mit den in dieser Hinsicht weitgehend ohnmächtigen, sich jedoch längst ähnlich verhaltenden Frauen.

AB-PP LIVE
Viktor

angst essen seele auf

wachliegen, fühlen, wie diffuse angst sich von den füssen her ausbreitet, hochkriecht, zelle um zelle, sie wogt in meinem körper, erfasst die genitalien, frisst sich in meine eingeweide, drückt mir das herz und den atem ab ... bitte nicht in den kopf! gedanken stellen sich der angst entgegen. nur zum bett raus, weg von dieser leeren angst!
ich bleibe liegen. das denken will die kontrolle übernehmen. ich verbiete es durch atmen. so bin ich denn nur noch angst, bewegungsunfähig. unendlich lange, so scheint mir.

Mann und Frau
Der Unterschied

Das nächste Tabu. Was ist der Unterschied zwischen Mann und Frau als verbindliche Angehörige des Homo caput? Ha!

- **Frauen** bestehen im Verborgenen aus und werden gelenkt von **WUT** pur.
- **Männer** bestehen im Verborgenen aus und werden gelenkt von **ANGST** pur.

Stark? – Angst!

Jedes Jahr werden **Millionen Mädchen** beschnitten, so dass sie nie mehr in ihrem Leben sexuelle Lust empfinden können.

Wie unendlich schwach müssen Männer sein, die dies als Sicherheit installieren, damit ‚ihre' Frau niemals Lust nach einem anderen Mann empfindet. Halt eben: **UNENDLICH schwach**. Und – ehrlich – so sehen die auch aus. Was da dann konkret privat abgeht ... ist doch Wurst. Hauptsache, Mann hat es geschafft, eine zu besitzen. Bravo!
Unfassbar.

Was zwischen Mann und Frau abging und abgeht

Die postneolithische Aktions-/Reaktionskette zwischen den Geschlechtern heisst:

- **Männer**: Schwäche – Angst – *Verschluss* – Aggression – Gewalt – Unterdrückung.
- **Frauen**: Dominanz – Wut – Angst – Schmerz – Ohnmacht – Hass/böse – *Verschluss*.

Was bewirkt *Verschluss*? Heisst abgetrennt von sich selber. Heisst abgetrennt vom *Fühlen*. Ohne Fühlen jedoch kein echtes *Spüren*. Ohne Spüren kein echtes *Verstehen*. Was bleibt ist denken; Kopf; Homo caput eben. Heisst Gefühlsaufwallungen bedeuten fast durchwegs Drama; gleich unechte, nicht authentische Gefühle.

Denken, reflektieren kann durchaus gescheit sein, gar klug. **Was jedoch stets fehlt ist ein wirksamer Schutz vor Illusionen.** Dafür würde es die Verbindung zum Ganzen brauchen, Voraussetzung für Lebensintelligenz.

Das also ist der Homo caput: **da ohne Verbindung zur eigenen inneren Tiefe, ausserstande für echte Lösungen.** Dies seit Jahrtausenden.

Auch du, Frau

Die zunehmend schwächelnden Männer, die sich zudem im Sinne der Kompensation mit Hilfe ihrer körperlichen Überlegenheit unangenehm, oft bedrohlich aufspielten, führten bei den Frauen, in Korrelation zur gleichzeitig wachsenden Bedeutung des eigenen Geschlechts, **zur verständlichen Entwertung dieser Geschlechts-‚Partner'**; und das bedeutete wohl den Beginn des ganzen Desasters, genannt UWE und Matrix.

Dies offenbarte sich logischerweise prominent im Umgang mit der für das Überleben entscheidenden Sexualität. Wer will denn mit einem unnützen Schwächling schlafen?! Der andern Logik folgend, jener der physischen Überlegenheit, wurde die grundsätzlich mit brachialer Energie gesättigte Sexualität prompt zum bevorzugten Schauplatz, wo die Männer, ihre ‚Überlegenheit' gegenüber den Frauen mittels Gewalt demonstrierten. Die Frauen ihrerseits wichen nicht nur logisch der nackten Gewalt; sie waren gar so nett – oder eher vernünftig? –, dem Diktat der Männer zu gehorchen, indem sie sich selbst entwerteten und so die Männer stark erscheinen liessen. Oder sollten sie ab jetzt mit Gorillas vögeln, oder nach irgendwo verbliebenen Neandertalern fahnden? Damit schwächten die Frauen nach und nach auch sich selber substantiell; und – Horror für die Kinder! – wurden der Unterdrückung gegenüber vollkommen loyal. Schau dich doch mal ein bisschen um in der Welt.

    Diese Logik prägte schliesslich generell das Verhältnis zwischen Mann und Frau. Denn was sagt die Überlebenskraft den Frauen?

    „Dich aufzulehnen ist lebensgefährlich, also arrangiere dich!"

    Einleuchtend? Sonst flieg doch mal mit Easyjet nach …

So definierten sich die Frauen – biologisch ganz vernünftig – nach unten; ein schleichender Prozess – eines ergibt sich aus dem andern. Die Alternativen – Gorilla oder Neandertaler – waren nicht sehr realistisch. Wollten die Frauen zum Weiterleben beitragen, mussten sie halt mit diesen unattraktiven Typen Kinder haben. Die gleichwohl praktizierte Entwertung der Männer, effizient transportiert über den männlichen Nachwuchs, geriet gleichsam zur stillen weiblichen Rebellion.

Heute, in unserer westlichen Kultur, wo die Auseinandersetzung zwischen den Geschlechtern in der Regel weniger rabiat vonstatten geht, ist mit der klassischen Frauenbewegung zumindest der offene ideelle Kampf der Frauen gegen die Männer und deren Macht möglich, wenn nicht gar Mode geworden. Absolut verständlich, doch von Lösung natürlich keine Spur. Das bedeutet für die betreffenden Frauen schlicht, die Männer – und ohnehin – zu verlieren.

Konsequenz: Die hilflose Reaktion der Männer auf die drohende Bedeutungslosigkeit, aufgrund der unumkehrbaren kulturellen Entwicklung (Sesshaftigkeit), hiess: Unterdrückung; plus nun ihrerseits massive Entwertung der Frauen. Dies führte schliesslich dazu,

dass der Homo sapiens durch die Neolithische Revolution nicht stärker wurde, sondern schwächer; massiv schwächer!

Beide Geschlechter entwerten und schwächen sich sowohl selbst als auch gegenseitig; das geschieht zumeist vollkommen unbewusst und ist, wie bereits erwähnt, als primäres Kulturgut längst in den Genen installiert. Die logische Folge: Ein Degenerationsprozess, der bis heute unvermindert anhält; sämtlichen fantastischen, vorwiegend technischen Errungenschaften (danke, Männer!) zum Trotz.

Kurzschluss

Unsere Menschenwelt ist seit der Neolithischen Revolution vollkommen verkehrt rum organisiert. Die Männer rissen alles an sich. Die Frauen hatten sich mit dem zu begnügen, was wir Männer ihnen übrig liessen. Was dazu führte, dass die Männer sich an Positionen befinden, bzw sich in Domänen bewegen, wo sie gar nicht hingehören; heisst, biologisch inkompetent sind. Wen wunderts, dass das vollkommen schief herauskam.

Die Rache der Frauen

Nicht bloss das Kochen, selbst das Kinder-Kriegen wird von uns Männern dominiert. Gibt es also einen Bereich, den wir Männer nicht an uns gerissen haben und ihn dominieren? Überlege!
...
Ja, es gibt noch diesen: die Betreuung und Aufzucht der Kleinkinder. Dort muss also der Ort des Dramas sein, der Ort der Kompensation für die brutal erzwungene Ohnmacht der Frauen. Der Ort, wo sie ungestraft so richtig böse sein können. Et voilà, die Rache der Frauen liess nicht auf sich warten. Du Frau wirst unterdrückt, entwertet und krass eingeschränkt, zT gar versteckt und weggesperrt. Was gebietet dir die Logik der Ohnmacht? Räche dich dort, wo du Macht hast: bei den männlichen Kindern! Sie erfahren ungefiltert deinen Hass auf die Männer; dabei stets im Wissen: Das bin auch ich. Selbst die Mädchen wissen: Ich bin auch mein Vater – und entwerten sich selbst. Und die Mütter verstärken Letzteres, indem sie den Mädchen beibringen, dass sie als weibliches Geschöpf eh unwert und damit zu recht unterlegen seien. Das nennt man dann Teufelskreis – als ob *der* etwas dafür könnte. A propos: Du kennst den Satan noch nicht persönlich? Lies **«Die Quintessenz»,** Version ‚**scharf mit allem'**; dort lernst du ihn von seiner besten Seite kennen! (www.quintessenz.jetzt).

Angst macht Kontrolle leicht

Und da gibts dann noch den Privathaushalt, den die Frauen in der jüngeren Zeit, zufolge der physischen Abwesenheit der Männer, kontrollieren. Kommen diese erschöpft nach Hause, offenbart sich deren wahre Schwäche. Dieses Spiel wurde nicht beendet, als die Frauen in jüngster Zeit vermehrt begannen, ebenfalls tagsüber wegzugehen; sie bleiben im Schnitt, zumindest vorläufig, innerlich trotzdem (etwas) stärker als die Männer; und der Haushalt blieb trotz allem ihre Domäne. – Und die Frauen triumphieren, kosten das aus; laben sich an der in der männlichen Tiefe seit … ja, seit wann wohl, rumorenden Angst vor ihnen; soweit sies überhaupt spüren. Doch nur ganz privat das Ganze, bitteschön!

Für mich als Kind war die Verhaltensschizophrenie meines Vaters – zuhause gegenüber der Mutter ‚schwach' kontra auswärts ‚stark' – sowie der Kompensationsdurst meiner Mutter durch allumfassende häusliche Kontrolle, kombiniert mit ihrem gegenüber mir als jüngstem Kind und Vertrauten offen gelebten Hass auf meinen Vater und die Männer überhaupt, der blanke Horror. Immerhin gabs – nebst Gott – auch Männer, die meine Mutter verehrte, wenn nicht gar anbetete; was für mich den Pseudoausweg öffnete, auch ein solcher zu werden … im Geheimen jedoch stets verpflichtet, auch meinem Vater recht zu geben, der mich nicht liebte, sondern bloss duldete.

Summa summarum
Schwach oder stark?

Schwach1
Wie schwach musste der Homo Sapiens bereits sein, um zu versuchen, mit reiner Fantasie systematisch die Realität zu manipulieren? Wie schwach mussten wir also sein, um mit unserer Fantasie eine Institution zu schaffen, die stärker, also mächtiger ist, als wir Menschen; und …
a: diese dann postwendend als – selbstredend männlichen – Paten zu benutzen, der unsere Überlegenheit im Tierreich bestätigt, und also beliebige Rechte einräumt (,mach dir die Erde untertan'); b: seinen erlauchten Vertretern fast beliebige Macht und Willkür über die Homines des eigenen Glaubenssystems einzuräumen. – Eine offene Frage bleibt, wie weit diese jeweils selber an ihr Märchen glaub(t)en; oder ob sie bloss cool die Dummheit der Gläubigen ausnutz(t)en. Grüss dich, ‚immenso Phta!', ich meine, da muss man ja singen …
c: als perverses Recht zur gewalttätigen ‚Missionierung', zur Landnahme, ja, zum offenen Krieg gegen andere Glaubenssysteme zu missbrauchen.

Schwach2
Das bezüglich Lebenstüchtigkeit logische Resultat der Sesshaftigkeit zuerst uns Männer betreffend; schliesslich, mit unserem fatalen Umgang damit, die kolossale Schwächung ausgedehnt auf die gesamte Persönlichkeit sowie auf beide Geschlechter.
    Fakt: Wir Menschen – ALLE ALLE ALLE! – sind, zumindest innen, ungeheuer, kolossal, total schwach. Und was uns Männer betrifft: Unsere Angst, das einzugestehen, ist unermesslich. Okay, biologisch begründet. Also kein Vorwurf. Jedoch tonnenweise Schuld; aufgrund der ebenso unermesslichen Probleme, die in erster Linie wir Männer seit der Sesshaftigkeit aus so überlebenstreuen wie lebensfeindlichen Motiven heraus verursachen. Sowie, beinahe öfter als nicht, beharrlich bestrebt, das Empfinden unwert zu sein zu bestätigen, durch das Schaffen entsprechender Tat-

sachen, sprich: **Verbrechen gegen die Mitmenschlichkeit** in allen Varianten und weltweit. Ich bin mir ziemlich sicher, dass es genau dieses UWE ist, weshalb sich *so absurd viele Menschen* legitimiert wähnen, tatsächliches Unrecht zu begehen; im Sinne von: „Wenn ich eh schon unwert bin, kann ich auch als Unwerte(r) handeln." Natürlich vollzieht sich auch dieser Schluss vollkommen unbewusst; heisst, sowohl individuell als auch gesellschaftlich erfolgreich verdrängt. – Ungeachtet dessen heisst von der Sache her die zwingende Konsequenz für Täter aller Couleur: „Ich fühle mich nicht bloss unwert, ich BIN unwert, gehöre ausgeschlossen, dem baldigen Tod überantwortet" – nicht mehr ganz so einfach in einer global von Menschen besiedelten Welt. Beziehungsweise: „Ich schulde lebenslange Wiedergutmachung; das einzige, was für mich und mein Leben jetzt noch zählt."

Ende Feuer
Schwach, ein düsteres Beispiel.

Wir sg christlichen Westler sind gar derart schwach, dass wir uns weigern, uns bei den Opfern für die so selbstherrlichen wie grausamen Kreuzzüge unserer sg christlichen Vorfahren zu entschuldigen (solche Beispiele existieren selbstredend auch in den anderen Kulturen); und jene Menschen dann endlich in Ruhe zu lassen, heisst, aufzuhören, uns weiterhin so selbstherrlich wie egoistisch (gewinnsüchtig) dort einzumischen. Danach könnten wir deren Entschuldigung für *ihre* brutalen Eroberungszüge einfordern.

Doch, vom Ganzen keine Rede; nix parix, wie wir zu sagen pflegen.

So zelebrieren diese halt weiterhin ihre Opferrolle, während wir auf deren Angriffe mit der alten Masche der martialischen Überlegenheit reagieren und uns weiter in deren Angelegenheiten einmischen; was ihnen bloss recht gibt und den aus der Ohnmacht geborenen Hass weiter schürt. Matrixlogik pur: kolossal dumm eben.

Scheiss drauf, ich tue es!

Ich beuge mein Haupt und sage euch:

„Das mit den unvorstellbar anmassenden und unermessliches Leid verursachenden Kreuzzügen meiner Vorfahren – mit denen ich selber niemals hätte etwas zu tun haben wollen – tut mir unendlich leid. Das war eine veritable Schweinerei. Punkt."

Wie wärs nun, wenn wir – beide Seiten – dieses dunkle Spiel beenden, uns stattdessen alle auf den Rücken werfen und ATMEN; wie verrückt atmen. Solange, bis das ursprüngliche Leben wieder aus uns herausquillt. Ganz gemäss der Logik ‚**Atme und LEBE!**'.

Zugegeben, klingt ziemlich schräg; doch genau das hilft.

Du wirst in diesem Buch noch genau und konkret erfahren, was das soll, wie das geht und was es bewirkt. Also, let's go on!

AB-PP LIVE
Ursula

im ausklang einer intensiven atembombe kam unverhofft und – für jede meiner zellen völlig klar spürbar – „ich bin NUR ein mädchen". es war eine botschaft, die mir über viele, viele generationen übermittelt wurde. sie hatte nichts damit zu tun, dass ich für meine eltern hätte ein knabe sein sollen. nein, für mich war seit meiner geburt und schon vorher klar, dass ich als mädchen und später als frau weniger wert bin als männer. ungeheuer! dies mit jeder faser zu spüren, war UNGEHEUER! und gleichzeitig hat es mich enorm entlastet.
danach war mir klar, dass dies nur möglich war, weil sich die männer ebenfalls unwert fühlen. während die frauen unterdrückt wurden/ werden, fühlten/fühlen sich die männer ‚pseudo'-überlegen. da ist nichts echtes, nichts lebendiges, nichts kraftvolles. nur leere und scheisse.
im grunde ist es nicht nur die verkehrte geschlechterrolle, welche ich als falsch empfinde, diese ist nur eine folgeerscheinung. sondern, es ist vor allem die tatsache, dass wir uns ALLE – frauen UND männer! – wertlos fühlen! DAS ist falsch und hat verheerende folgen. auch die, dass wir uns mittlerweile alle dem LEBEN gegenüber schuldig gemacht haben!
sicher ist: mit der echten inneren befreiung ‚steigen' die frauen aus der entwertung ‚auf' und die männer von ihrem pseudopodest ‚herunter', so dass schlussendlich beide ebenbürtig auf gleicher ebene stehen und zusammen in echter kooperation die anstehenden aufgaben lösen.
was soll eine (frauen-)bewegung bewirken, die auf dem aufdecken der misstände und dem daraus folgenden bewusstsein baut, während in der tiefe jeder einzelnen frau – in jeder faser, jeder zelle, in den genen! – die selbstentwertung fröhlich und ungehindert weiterlebt? was, ausser recht haben, sich von den männern abgrenzen, sich vom LEBEN abtrennen? sie trägt zum neverending teufelskreis bei, ja befeuert diesen sogar. ☉

Her mit dem Ersatz

Gabs Ersatz für die unerhörte Schwächung?
Klar: **Macht und Geld!**
Und die Frauen leider so naiv, ihre mehr als berechtigte Gleichberechtigung mit denselben Mitteln, sprich Illusionen anzustreben. Daraus wird rein gar nichts Nützliches werden.

Macht?
Macht über andere auszuüben soll die tatsächliche Persönlichkeitsschwäche verbergen. Die passende Formel:
‚**Je grösser der Drang nach Macht, desto krasser die innere Schwäche'**.
Das gilt in der Politik, in der Wirtschaft, wie auch privat. Schau sie dir an! Ah, sorry, du siehst das nicht?! Ein Jahr NormalProjekt und du lächelst verstehend; und zunehmend unabhängig – von beidem.

Wieso Geld?
Geld wurde von Männern erfunden und schliesslich zum allgemeingültigen Tauschmittel erhoben. Soweit ganz praktisch. Clever besonders auch im Interesse des Images, sprich der Kompensation der Schwäche: Nahrungsmittel, Behausungen, Frauen persönlich in rauen Mengen horten, um stark zu erscheinen? Peinlich. Geld? Kein Problem.
  Ansonsten **kann Geld NICHTS!** Geld berechtigt zu nichts, ausser sich damit etwas zu kaufen. Geld hat keine Macht. Und mit LEBEN hat Geld schon gar nichts zu tun. Im Gegenteil, es verführt zu … zu was wohl? Zu ILLUSIONEN natürlich. Frage die, die Geld haben! Die dazu passende, logische Formel:
‚**Je mehr Geld jemand *hortet*, desto grösser die innere Schwäche, die kompensiert werden soll'**.

Summa summarum:

> **Die Welt des Homo kaputt funktioniert**
> **ALLEIN nach GELD UND MACHT.**

Früher dominant Macht, heute dominant Geld. All die innerlich schwächsten Männer weltweit rennen dem Geld nach. Sowas von peinlich.

Schmankerl
Ideen bloss

Schöne Ideen sind wie Blumensträusse. Sie gereichen zur Zierde und welken bald.

Schmankerl
Geld

Geld, die Wahrheit: Geld bedeutet nichts.
Ausser: **angenehm.**

Wieviel Geld?
Zuwenig Geld ist unangenehm. Zuviel Geld ist unangenehm.
Alles streng reguliert durch den naturbedingten Lebenssinn.

(Siehe das Buch «Geld oder Leben!»; normalrevolution.com).

Hass macht dumm

Nein, Hass macht nicht bloss blind und in diesem Sinn dumm. Hass, über Jahre gehortet, zerstört auch den Intellekt an sich, das Urteilsvermögen, die Fähigkeit zu verstehen; vor allem, wenn der Hass bereits in der Kindheit entsteht. Wie wärs mit einer diesbezüglichen kleinen Untersuchung an dummen – pardon, leistungsschwachen, pardon leistungsbeeinträchtigten – Kindern, um schliesslich besser zu verstehen, was Menschen in jeder Hinsicht, also auch schlicht intellektuell, dumm macht?

Perfektes Matrixbeispiel dafür sind, neben zahllosen Individuen, auch jene politischen Parteien, die mit Hass operieren. Hass macht dumm.

Hass besteht zu 90 % aus Ohnmacht (mehrheitlich aus ohnmächtiger Liebe) und zu 10 % aus Kompensation. Denn in der Verfassung der Ohnmacht sehnt sich jedes Lebewesen nach Stärke. Wird dieses Verlangen in hassvolle Aggression umgesetzt, beweist das genau dies: Tatsächlich bin ich/bist du/sind die Betreffenden in dieser Situation schwach. Diese Schwäche wird bloss mit Pseudostärke kompensiert. Wenn dann noch dummes Handeln dazukommt, du meine Güte. Kein gutes Omen für eine Revolte irgendwelcher Art. Denn diese innere Verfassung ändert sich kein Jota, sollte der Aufstand ‚erfolgreich' sein. Die Kompensation hat einfach recht gekriegt; und sich in der Regel dazu wieder selber schuldig gemacht. Der Teufelskreis dreht sich.

Später in diesem Buch steht geschrieben, dass die erfolgreiche Lektüre dieses Buches wohl eine Portion Rebellion in deinen Adern bedingt. Vielleicht sollte ich besser schreiben: sowohl den Wunsch als auch die Bereitschaft zum Wandel. Denn, eine Rebellion, die dem Hass, sprich der Ohnmacht entspringt, scheitert. Garantiert! Egal, wo auf der Welt und wann in der Geschichte. Prüfs nach! Mach mal einen historischen Ausflug nach Russland, nach China, nach …, nach …

Positives Beispiel: Die 68er Revolution. Sie gelang. Wenn leider, mangels MEGATOOL PrimärProzess, ebenfalls ohne jede Nachhaltigkeit. Auch wir haben uns damals unserer inneren Schwäche verweigert; blieben in der Illusion stecken. Doch immerhin, hat Spass gemacht. Und es gab kaum Gewalt und daher kaum Opfer. Und was war die Basis des Aufstands? Wir sagten einfach: „Tschüss! Wir machen etwas Anderes; etwas ganz Anderes." Das passt dann perfekt auch für die NormalRevolution. Okay, wie wärs noch mit toller Musik? ZB *Muse*, für den Anfang.

Hass und Wut

Nochmals kurz: Hass = 90 % Ohnmacht, 10 % Kompensation. Aus Hass wird nie – NIE! – irgendetwas Nützliches. Die ungeheure Ohnmacht, die Hass generiert, fleht nach Kraft, nach Stärke. Doch, alles Unsinn. Gibts nicht. Im kurzen Moment der Rache, okay. Doch dann ... nichts. Bloss Zerstörung; des Lebens in sich selbst sowie rundum.

Was ist nun der Unterschied zwischen Hass und Wut? Im Gegensatz zum gerade beschriebenen **Hass – der notabene nur beim Homo sapiens vorkommt**; dafür massenhaft! – ist **Wut ein primäres Gefühl**. Sie entsteht als Antwort auf Bedrohung oder Verletzung; auch Dritter; letzteres ist dann die Rache.

Organisationen, wie zB der IS, operieren ausschliesslich mit Hass. **Die Attentäter sind keine Spur von wütend.** Innerlich voll mit ohnmächtigem Hass auf ihre gewalttätigen Väter, vernebelt durch Ideologie – vermittelt durch wiederum pseudoallmächtige ‚Führer' –, plus Drogen, um einfacher blind handeln zu können, kompensieren sie ihre individuell wie sozial genuine Ohnmacht mit kaltem Töten.

Doch auch Wut kann man beim Homo sapiens, der sein Leben weitgehend über Illusionen definiert, mit ideologisierten Beschuldigungen leicht künstlich generieren; schon wird der ‚Feind' getötet. Das typische Verhalten der kriegerisch überlegenen, ursprünglich jedoch unbeteiligten Gegner von IS etc.

Alles in allem ein ungeheuer wuchtiges Thema. Umso mehr höchste Zeit, dass wir uns daran machen, das Ganze zu differenzieren. Das heisst, wir führen den Hass mittels PrimärProzess zur eigentlichen Ursache und lösen ihn somit in nichts auf. Dann gilt es, die echte Wut wieder zu lernen; was wiederum heisst, diese lediglich angemessen, heisst zum Schutz des Lebens einzusetzen.

AB-PP LIVE
Bernhard

Obwohl in meinem Handeln das ungefähre Gegenteil von aggressiv, kenne ich den Hass doch aus dem ff. Ich mache einen Fehler, verpasse eine Gelegenheit, verzichte aus Naivität, sprich Angst, auf nötige Kontrolle und bezahle zu viel oder verliere Geld – schon beginnt in mir drin die Maschine zu laufen: „Ich hasse dich, ich hasse euch, ich hasse mich, ich hasse alle!"
Das geht auch ohne Anlass, vor allem als Kopf-PP in nächtlichen Wachphasen (siehe später).
Dazu passt dann ganz gut: „Geht weg; lasst mich in Ruhe; weg, weg weg!"
Und zweifellos auch das Muster, dass ich im Bett plötzlich eine Waffe in der Hand habe und um mich schiesse; okay, in der Fantasie. Geschah das früher praktisch jeden Morgen, gleichsam als Automatismus, so hat sich dieser Reflex in den letzten zwei Jahren unerwartet auf höchstens 5–10 % reduziert; mittlerweile ist er fast ganz verschwunden. Ähnlich erging es dem Hassmotor, der fast nur noch im Stand-by-Modus läuft. Angenehm.

AB-PP LIVE
Ursula

Je mehr ich ins Becken und damit ins Ge-SCHLECHT hineinatme, desto wacher wird mein HASS AUF MÄNNER. Häufig begleitet von tatsächlichem schlecht Fühlen, in Form von Übelkeit. Während der Atembombe werde ich regelmässig von Brechreiz überrascht. Mir fällt erst jetzt auf, dass ich in den letzten 40 Jahren während der Periode nie ins Becken geatmet habe. Dem bin ich konsequent ausgewichen. Heute überwinde ich mich, tue es, und es tauchen Bilder auf, dass Frauen früher als ‚unrein' galten, wenn sie menstruierten und zB deshalb den Gottesdienst nicht besuchen durften. (Da kommen mir gleich all die Kirchtürme in den Sinn: Alles Phallus-Symbole! Wahnsinn!). Noch heute begleitet mich eine leise Scham, wenn ich Blutflecken von mir auf einem weissen Leintuch entdecke. Als ich Kind war, hat meine Mutter ihren unendlichen Hass gegen Männer offen ausgelebt. Ich spürte die Not meines Vaters, der, in einem Haushalt mit vier Weibern, der brachialen, destruktiven Wucht scheinbar ohnmächtig ausgeliefert war. Ich liebte ihn sehr, stellte er doch den einzigen sicheren Hort in meinem Zuhause dar. Also entschied ich schon früh, es für ihn anders als meine Mutter zu machen und verdrängte meinen eigenen tiefen Hass erfolgreich. Ich blieb dem Vater treu, verzichtete aufs Weggehen, auf Sex, auf das LEBEN. Erst jetzt mit dem konsequenten Hinunteratmen wird er wach: der unendliche, brachiale, mörderische Hass gegen ALLE Männer. Ich breche damit ein Tabu in mir selber und es kostet mich Mut, diesen auszudrücken.

Auf dem Weg zur asexuellen Gesellschaft

Alle anderen Tiere sehen Zeit ihres Lebens ziemlich optimal aus. Die Unterschiede bezüglich allumfassender Fitness – also auch bezüglich körperlicher Verfassung – sind, verglichen mit den gigantischen Unterschieden beim Homo caput, gering. Zur Fortpflanzungszeit werden entsprechend die Weibchen durchwegs begehrt; und selbstredend bedrängt. Aber wie! Schrecklich, #MeToo! Die dann stattfindende Auswahl der besten Gene – meist durch die Weibchen! – bewegt sich, verglichen mit uns Menschen, auf dem Niveau ‚Peanuts'.

Lassen wir mal *sexuelle Gewalt* aussen vor; sie ist per se Ausdruck einer sexuell durch und durch kaputten Gesellschaft. Wenn du es nicht schaffst, eine Frau, die dir gefällt, erfolgreich zu bezirzen, solltest du mal einen Blick auf dich selbst werfen, Mann! Abgesehen von diesem absoluten No-Go sind wir heute mit einer vollkommen absurden, ja, lächerlichen Situation konfrontiert. Da ziehen sich ‚Weibchen' – auch gutkleinbürgerlich verheiratete und ganz moralisch gläubige – in der Öffentlichkeit extra geil an, präsentieren ihre Sexyness von der bestmöglichen Seite; ja, wem denn? Machen also ganz objektiv die Männer an. Demonstrieren damit als gewöhnliche Tiere in Tat und Wahrheit, dass sie ‚zu haben' sind. Und, wenn sich dann ein Mannsbild an sie ranmacht, sie ev gar berührt, passiert der grosse Aufschrei ‚sexuelle Belästigung!'

Na und? Kann man da bloss fragen. Was hast du dagegen, wenn du dich geil anziehst und Männer dir signalisieren, dass du ihnen gefällst? Das wolltest du doch, oder!? Deshalb hast du dich doch so angezogen; oder weshalb denn sonst? Aha, der Frauen wegen? Okay, kurzes Schlaglicht auf das GROSSE TABU und den Vergleich Frau-Frau …

In dieser Hinsicht immerhin sind die strengen Moslems konsequent.

Was also ist geeigneter, um den stillen Hass auf die Männer laut herauszuschreien?

Wie könnte sich die darin lauernde, so krasse, wie *generelle* Sexualfeindlichkeit treffender entblössen?

Kurz: Wir befinden uns, wie stets mit dramatischer Beschleunigung, auf bestem – na ja – Weg zur asexuellen Gesellschaft. Oder wäre der Begriff ‚**antisexuell**‘ treffender?

PS: Auch hier wäre die (echte) Lösung übrigens einfach; ganz nahe liegend; ja, fast schon niedlich.

AB-PP LIVE!
Jacqueline

NormalHumor
2b ein paar Tage zuvor, mdl.: „Frauen sind in ihrer Anlage eher kurzsichtig, Männer eher weitsichtig; das zeigt sich perfekt am Autokreisel …"

J: Guten Morgen! Und gratuliere, du hast es geschafft, dass ich nun jedes Mal, wenn ich mit dem Auto auf einen Kreisel zufahre, an dich denke. Ich bin eine Pfeife im Autofahren. Aber weisst du was: ist geil! – Wir sollten's machen, wie in Arabien: Keine Frauen am Steuer!
2b: GENAU! Im NormalRaum machen wir das so. ☻
J: Ein Schleier wäre auch nicht schlecht.
2b: Jaja, von diesen Tschinggen (Italiener) … ähm, Arabern können wir nur lernen.
J: Ja, Vollverschleierung, unbedingt!

PS (2b): Nutzen wir die Gelegenheit, um, vielleicht etwas unkonventionell, in diese Angelegenheit hineinzuleuchten. Tatsache ist, mit dem Verschleierungszwang wird die Frau zwar unterdrückt, jedoch nicht entwertet. Im Gegenteil, sie wird aufgewertet – scheusslich matrixhaft natürlich. Wer sich hingegen selber ganz öffentlich entwertet, ist der Unterdrücker! Das gilt generell für Unterdrücker. In diesem Fall tut er der Öffentlichkeit seine panische Angst, ja, seine Gewissheit kund, dass die Frau, die er besitzen will, ohne Schleier und mit sexy Robe sich bald mit einem attraktiveren Mann, mit besseren Genen, verbinden würde. – Wer also zuerst Unterstützung mit einem wunderbaren NormalProjekt verdient, ist der Unterdrücker; damit er alsbald echte Stärke entwickelt und über diese einst peinliche, für alle sichtbare Offenbarung seiner Angst und Schwäche nur noch lächelt; sich endlich wirksam um seine eigene Attraktivität kümmert; und natürlich die Frau entschleiert.

Auf der andern Seite erkennen wir so viele verschleierte Frauen, die über die Tatsache hinaus, dass sie sich seit Generationen

an die Unterdrückung gewöhnt haben, ganz aktiv den Vorteil zu nutzen scheinen, dass sie selbst – die ihre Weiblichkeit mit ihren unförmigen Roben zusätzlich, bzw vollends verstecken – sich generell nicht um ihre Attraktivität zu kümmern brauchen. Wenn sie dann mit vierzig, nach dem jahrelangen erzwungenen Herumsitzen, kaum mehr gehen können, und auch sonst kaum mehr etwas von der Weiblichkeit übrig ist – das erkennt der Fachmann auch hinter der Kleiderfestung – braucht ihnen selbst das nicht unangenehm zu sein.
Nein, ich möchte nicht wissen, was da jeweils zuhause so abgeht.

PS vom PS: Der per se schwache Unterdrücker – komm, steig in die Atembombe ein; das hilft! – stabilisiert seine Macht und seinen ‚Reichtum dank Unterdrückung' gern, indem er die Unterdrückten auch noch mehr oder weniger versklavt und ausbeutet. Hier haben wir es dann allerdings mit klarer Entwertung zu tun. Andere ausbeuten, sie für ausschliesslich narzisstische Bedürfnisse benutzen, ein unerhört anmassendes Handeln von total persönlichkeitsschwachen Homines; sowie damit einhergehend eine Riesenschuld. Dass sich daraus dann ua diese scheusslichen Kriege ergeben, wo die ausgebeuteten Geknechteten beim Erfolg postwendend die Unterdrücker unterdrücken – weil sie eben auch schwach sind –, das durchtränkt mit seiner tragischen Matrixlogik (UWE!) die ganze Geschichte des Homo caput. Kaputt eben.

Was darfs denn sein: herrlich oder dämlich?

Wie soll denn nun das Ganze werden? Ganz herrlich oder dumm und dämlich?

Clever haben wir Männer das arrangiert, nicht? Ich bin begeistert ...

Eben: Wer hat hier das Sagen?

Frauen *oder* Männer, oder Frauen *und* Männer? Auch in der «NormalGesellschaft» überleben Frauen ohne Männer ebenso wenig, wie umgekehrt! Grob gesehen baut das Zusammenleben der ‚Normalen' Homines auf folgender neuen Rollenverteilung:

- **Die Frauen haben das Sagen** (und von mir aus auch weiterhin das Schwatzen).
- **Die Männer haben zu tun** (was weiterhin mal heissen kann: ‚Nicht jetzt, ich habe zu tun').

Nur damits klar ist, das hat rein gar nichts mit dem matrixbedingten, aus höchster Not geborenen (privaten) Kontrollwahn der Frauen über die Männer zu tun! Und ebenso wenig mit der lebensfeindlich und oft so körper- wie sexualfeindlich demonstrierten Pseudostärke von Frauen; inklusive Frauen-Bewegung (na, was bewegt sich denn da echt? Nichts!). Und wir Männer sind, wenns dank NormalProjekt dann mal soweit ist, alles andere als schwach oder gar abhängig, vielmehr endlich und in jeder Hinsicht echt, ja so richtig: saustark. Und mega lebensintelligent. Endlich! Wird auch Zeit. Das bedeutet dann auch, die Frauen schenken den Männern vorbehaltlos die verdiente – nur die verdiente! – Wertschätzung.

Kurz:
Im «NormalRaum» führen und verwalten in erster Linie Frauen; und wir Männer dienen zu, als ebenbürtige Dialogpartner, mit unserem unverzichtbaren Wissen und Können.
   Bedenke die dafür nötigen Umwälzungen!

- Politik? Dieser armselige, narzisstische, männerdominierte Mist. Abschaffen.
- Verwaltungsräte? Ach, dieses männerdominierte Ensemble von machtabhängigen Schwächlingen. Auflösen.

Und Frauen, die es an solche Positionen schaffen, zeichnen sich im Kontext der Matrix in der Regel bloss als ‚bessere' Männer aus; heisst, als noch härter, gefühlloser und vor allem: kleinlicher!, denn ihre männlichen Konkurrenten.

Verstehst du jetzt, weshalb das eine Revolution ist, was wir da angattigen (anstossen)?

Doch, keine Sorge, **wir lassen alles so, wie es ist**. Was kümmerts uns? Das wird sich alles ganz von selbst, von innen heraus bewegen; zB, weil das Personal für den alten Mist fehlt; da auch machthungrige Schwächlinge und Profinarzissten ins NormalProjekt eintauchen und binnen Kurzem erfahren, wie überlegen echtes LEBEN gegenüber diesen lächerlichen Pseudolösungen ist. Jawohl.

Lies diesbezüglich einfach gelegentlich weiter im Buch «Vision21». Dort werde ich unter anderem beschreiben, wie die NORMALWirtschaft funktioniert. Heisst, vergiss ‚Kapitalismus'; vergiss ‚Sozialismus'; vergiss das Gelaber, es gebe keine Vorschläge für ein neues, besseres Wirtschaftssystem; der akut lebensfeindliche, widerliche Kapitalismus sei daher die nun mal bestmögliche ‚Lösung'. Pah! Lächerlich! Verlass dich drauf, ich werde ganz konkret; und bleibe dabei doch ganz einfach; die Natur ist nicht kopfig!

Ein kurzes Zitat: „Für diesen fundamentalen Paradigmenwechsel braucht unsere Wirtschaft weder angehalten, noch zerstört zu werden. Das macht sie notabene, systembedingt, regelmässig selber! So dumm darf ein neuer Ausweg nicht sein."

Und du, 2b?

Stimmt, ich führe schon seit ich denken kann. ZB durfte ich, statt mit sieben, bereits mit fünf zu den Kinderpfadfindern, den Wölfen. Mit sechs wurde ich Vize-Leitwolf, noch vor dem offiziellen Eintrittsalter. Ein Jahr später wurde ich Leitwolf und führte ein Rudel. Ähnliches spielte sich in der Schule ab.

Als Jugendlicher und junger Mann hatte ich wegen meiner Dauer- und Überallführung auch innere Konflikte. Ich verpasste mehr als einmal durch Krankheit eine Prüfung und fand eh, dass ich das Geforderte nicht wirklich beherrsche. Das galt später auch für meine Fähigkeit als Lehrperson. Doch die andern zweifelten jeweils nicht an meiner Kompetenz und schenkten mir stets die Graduation, bzw Anerkennung – was meinen inneren Konflikt nicht besänftigte.

Immerhin war es mir stets zuwider, dominant zu führen. Noch und noch äusserten sich TeilnehmerInnen an SAC-Touren und Outdoor-Seminaren *(3x3outdoor.ch)* angenehm berührt, sie hätten gar nicht gemerkt, dass ich führe, ausser dem Umstand, dass ich in der Regel ohne Aufhebens voraus ging. Es sei einfach stets aufgegangen. Na ja, immerhin gehts da öfter um Tod und Leben. Von ersterem blieben meine Veranstaltungen glücklicherweise verschont.

Diskrete Führung also: die ideale Mischung von (Angst basiertem) mich Anpassen und (Überlegenheit, sprich Pseudostärke demonstrierender) Verantwortung für eine Sache und/oder andere übernehmen.

Selbstredend führte ich auch in meiner therapeutischen Praxis; dann im Lebensbildungsinstitut «Lebensschule2», in der E-Management Bewegung «Ruhe & Aktivität», und schliesslich im NormalProjekt, das von mir aus gerne demnächst in die Bewegung «NormalRevolution für Human-UP!» münden wird.

Und nun, heute? Nicht die Bohne! Seit einem Jahr, seit das MEGATOOL Atembombe-PrimärProzess (AB-PP) so richtig durchschlägt *(siehe später),* übernehmen zunehmend die Frauen in der ‚NormalCommunity' und im ganzen Projekt. Und ich darf emsig zudienen; ohne auch nur im Geringsten geschwächt zu werden, oder an Respekt, geschweige denn an Liebe zu verlieren; im Gegenteil. Ich bin begeistert! ES FUNKTIONIERT! Bei allen Beteiligten. Und kein Mensch hat das auch nur eine Minute lang angestrebt. Halt **sich ankündende postneolithische Natur-Kultur**. Vergesst jeglichen Kampf gegen irgendwen oder etwas! Das ist bloss lebensdumm. Die richtige, tiefgreifende, lebenszugewandte Revolution passiert ganz automatisch; einfach so. Und getränkt mit Liebe, Fürsorge und Solidarität. **Dein NormalProjekt** *(siehe Seite 163)* **reicht dafür**. – Ist das nicht cool? Da kann ich doch nur voller Zuversicht rufen: Auf zum Homo normalis!

Zur Person siehe auch die Website 2-b.ch

Kampf der Gleichberechtigung
Ein Aufruf

Gestatten, ich heisse Tramp, der Trampel. Oh, ah, ähm … Früher mal, ja, da gings um Grundrechte; und okay, gehts global noch zuhauf. Doch hier und heute geht es nicht um Gleichberechtigung oder solche Phrasen. Damit ist ja dann stets gemeint, dass beide Geschlechter dasselbe tun. So ein Blödsinn! Dann können wir ja die Geschlechter gleich aufheben! Tschau Sex und ähnliche abscheuliche Dinge … brrr! „Endlich!" sagst du. Nein? Aha, bin ich aber froh.

Dort, in der kaputten, lebensfeindlichen Matrix, auch der Frauen – in der Hölle der erdauerten Ohnmacht weilend –, zählen bis heute nur die Männerdomänen: Macht und Geld; aha, hatten wir doch schon. Dort gibt es nichts, das wirklich zählt! Dummdämlich, auch für die Frauen.

Und worum geht es dann? **Es geht um die dem Geschlecht angemessenen Rollen.** (Die ehemalige Frau an meiner Seite hat mal einen Versuch in diese Richtung lanciert; der hiess: «*Ganz Frau*»; matrixkonform zwar, doch immerhin).

Ja, richtig, wir Männer müssen uns dann schon sehr anstrengen, damit wir noch etwas zu sagen haben. Wenn wir erst mal aus dem bescheuerten Sattel klettern – merke: Die Kraft hast nicht du, Mann, bewahre! Die Kraft hat das Pferd! – und uns verneigen. Ich meine, was soll die Gattung mit diesen globalen Schwächlingen?

Und nun, ihr Frauen, wollt ihr euch wirklich selber billig mit sogenannter ‚Gleichberechtigung' abspeisen? Euch ins gleiche lebensängstliche Nest setzen wie wir Männer? Das sich häufiger denn nicht als pure Lebensfeindlichkeit erweist. Die meisten Männer werden sich vorerst an ihrer notorischen Schwäche festklammern und sich weiterhin ganz auf die Kompensation verlegen: Geld, Macht, Waffen, Show und Ideologien. Da könnt ihr euch drauf verlassen. Ausnahmen seien gewürdigt. Ihr Frauen aber habt nichts, woran ihr euch festhalten müsstet. Nichts! Also werdet stark; und jeden Tag etwas unabhängiger von uns Männern. Entwickelt das LEBEN, euren Körper, euren Sex *uneingeschränkt*. Werdet frei von jeder Scham. Stellt euch mal vor, was dann mit eurer ‚Scham' passiert (die verbreitete, klassische UWE-Bezeichnung für Vagina/Scheide). Volle Fahrt voraus! Zeigt den Kindern, wies geht (könnt euch ein bisschen an den diesbezüglichen Restbeständen, zB in Norwegen, orientieren). Werdet von oben bis unten, von innen bis aussen obergeile, schöne, starke, lebensintelligente Frauen. Und wir Männer werden rasch merken, wie lächerlich wir uns gemacht haben. Wie total schwach und unattraktiv wir sind. Uns wird vor lauter Angst nicht mal mehr der Schwanz stehen. Spermien hats eh kaum noch drin. Wir werden kriechen. Und ihr werdet streng auswählen. All die hässlichen, machtgeilen, sich an Pseudostärke festklammernden männlichen Exemplare des Homo caput werden einsam sterben, so sie sich nicht frühzeitig auf die Socken machen; aber hallo.

Und wie kriegt ihr das hin, ihr Frauen? Ihr seid ja selber vollgepfropft mit Selbsthass und Ablehnung von Lust und Leben.

Ganz einfach und genau gleich wie wir Männer: Ihr schmeisst euch ins NormalProjekt. It's your only chance. And that means: **It's *our* only chance!**

Noch nicht gemerkt? *Ihr* **seid die Avantgarde.** Nutzt eure Ohnmacht. Löst euch von den billigen Ansprüchen. Verzichtet auf all das Pseudogetue, das wir Männer inszenieren. *Das* macht euch unabhängig. Frei für uneingeschränkte Entwicklung in Richtung LEBEN; aber voll! Ganz im Sinn und Zweck des NormalProjekts und schliesslich der NormalRevolution – sprich der wahren Interessen unserer Gattung. Entwickelt eure **«allumfassende Fitness» («Vollfitness»); heisst vollkommen fit in jedem Lebensbereich**, um als Avantgarde tatsächlich zu taugen.

Es wird Zeit, endlich neue – *taugliche!* – Slogans zu entwickeln.

Also: **Auf zum Homo normalis!** Und ihr Frauen geht voraus.

Okay, Mist, dass ich, als ausgerechnet Mann, der allererste war, der sich kompromisslos in die eigenen innersten Abgründe wagte. Ein T7-Abstieg in die innere Hölle. Na ja, Mut zum Risiko ist eher Männersache. Seis drum. Der Weg ist nun erschlossen. Und ausreichend gesichert.

Schmankerl
Kompromisse

- Wer weder für Neues offen, noch fähig ist zum Dialog, dem bleiben immer noch Kompromisse.
- Kraftvolle, innovative Lösungen entstehen ganz ohne Kompromisse.

Aus unterstützen mach ersetzen

Es gehört zu den primären Antrieben des männlichen Homo sapiens, sein Leben durch Techniken und Werkzeuge zu unterstützen, zu vereinfachen, zu sichern. Soweit so wunderbar. Ich bin ein Technik-Fan. Zunehmend jedoch wurde dieser Antrieb eingesetzt, um verlorene Vitalität und Lebensintelligenz zu *ersetzen*. Und schliesslich sowie hochaktuell!, um diese aktiv *weiter zu schwächen*. Das war das No-Go! Dadurch ging der Human-down-Prozess erst richtig los, und wir verloren zunehmend die Kontrolle über das, was wir da produzieren.

Wie dumm von uns! Ich erinnere mich an eine Studie mit Waldarbeitern in Sibirien. Sie bastelten aus den unmöglichsten Dingen ihre Arbeit vereinfachende Werkzeuge, bzw Ersatzteile für ihre Maschinen. Als eine neue Strasse gebaut wurde, und die Nachschubwege zu funktionieren begannen, verloren sich diese Fähigkeiten binnen weniger Jahre. Natürlich fehlte auch ihnen die Verbindung zu ihrer Urvitalität und damit das kritische Bewusstsein, mithilfe dessen sie den Erhalt ihrer Lebensintelligenz aktiv gesichert hätten.

Heute sind sämtliche Wissenschaften in diesen unheil-vollen Prozess eingebunden; auch Medizin und Psychologie. Hobbys, wie Fitness, aktiver Aufenthalt in der Natur und freiwillige körperliche Herausforderungen aller Art sollen diesem Trend entgegenwirken. Gut! Muss sein. Doch ohne Chance. Die Technik lullt uns vollkommen ein. Es bedarf eines äusserst kritischen Urteilsvermögens, plus einer enormen Lebenskompetenz, um auszuwählen, was wir benutzen und worauf wir verzichten; was nicht bloss bequem und praktisch ist, sondern uns in Wahrheit schwächt. Als Ganzes also: **Technik zu nutzen und dabei unabhängig zu bleiben**. Das Bestreben, dieses Urteilsvermögen ohne tiefen, LEBENDIGEN Kontakt zur ursprünglichen Vitalität zu erlangen, ist eine Illusion; und führt zu weiteren Illusionen, statt diese aufzulösen.

Die Festung

Nun ists halt mal so. Die Männer haben sich in ihrer angestammten Domäne bewährt, und eine Riesenfestung ums LEBEN herum gebaut; geschützt durch viele schreckliche und manchmal verziert mit hübschen: Illusionen. Und die Frauen haben fleissig mitgeholfen; geputzt, ausgeschmückt, und akribisch *kontrolliert*, dass ja keine Lücke bleibt, wo das LEBEN durchdringen könnte; fehlte noch. **Echte Gefühle? Was ist das?**

Kultur versus Natur?

Nein, wir können nicht zurück und so leben wie ‚damals'. Doch, uns bloss mit Kultur begnügen, als reiner Ersatz für Natur, das geht nun gar nicht. Was nun?

Dies:
Wir befreien die normale Natur in uns Menschen. Und, neben den selbstverständlichen hier verschiedentlich erwähnten natürlichen Attributen schaffen wir die kulturellen Bedingungen, die es erstmals in der Menschengeschichte erlauben, die fantastischen kulturellen Errungenschaften – wohlgemerkt: der modernsten menschlichen Kulturen! – mit der ursprünglichen menschlichen Lebenstüchtigkeit zu verbinden; eben: Vitalität, plus Lebensintelligenz.

Das bedeutet, wir werden neben den kulturkonformen Aktivitäten locker mehr als ausreichend Zeit und Mittel zur Verfügung stellen, um die vitalisierenden Herausforderungen unserer Urvorfahren in dem Mass zu simulieren, dass die normale, naturgeforderte Lebenstüchtigkeit zumindest erhalten bleibt.

Und das Zusammenleben *aller* Menschen ist dann geprägt von **Gattungssolidarität, Gattungsliebe, Gattungsloyalität** – das Rudel ist einfach grösser geworden.

Schmankerl
Grossmut

- Die Treppe zur Fülle hat drei Stufen: **Hingabe –> Demut –> Grossmut.**

- Das kulturelle Schlüsselwort der Zukunft heisst: **GROSSMUT**.

- Mit Grossmut und **Grösse** verhält es sich wie mit militärischen Graden: Den Grossmut muss man abverdienen; hat man sich lange genug bewährt, wird einem Grösse geschenkt.

Bewege dich

Ach wir und unsere Illusionen! Schau bloss mal kritisch deine Körperhaltung an und deine Art, dich zu bewegen; und sage dir und mir dann, was das mit einer vitalen Spezies zu tun haben soll. Ernüchterndes Faktum: Verglichen mit ganz normalen andern Tieren, bzw gemessen an einem durch und durch vitalen Exemplar Mensch, sehen wir im Schnitt zwischen hässlich und scheusslich aus. Dies besonders mit jedem Jahr, das wir älter werden. Bewege dich, und demonstriere mal, wer du *jetzt* bist und was du kannst!

In dieser Hinsicht sind auffällige Unterschiede zu beobachten, je nach Dauer, welche die unterschiedlichen Kulturen bereits sesshaft sind und damit im Human-down Prozess gefangen. Aufschlussreich. Gerade gestern habe ich so ein schwarzes weibliches Biest gesehen und erlebt. Ihr Körper, ihre Ausstrahlung; wie sie stand und sich bewegt hat; einfach so, nichts ‚gemacht': fantastisch! Bezeichnenderweise erst ungefähr 18-jährig; ich möchte sie lieber nicht um die 40 sehen; geschweige denn mit 60. Und leider nimmt auch die globale Dichte solcher Musterexemplare menschlicher Vitalität rasch ab, wenn ich mir Bilder, zB aus Afrika, über Jahrzehnte verteilt, vergegenwärtige.

Andererseits sind jene ‚jüngeren' Kulturen noch weit mehr – nein: total! – in Mythen und Illusionen gefangen; mental so jung wie Kinder eben; der noch rudimentären Bewusstseins- und Kulturentwicklung geschuldet; was ihre Lebenstüchtigkeit in ähnlichem Ausmass beschneidet – teils weniger, teils gar mehr; dies trotz noch besserer Gene.

So gerät denn das Schwinden des Bedürfnisses nach Religion zu einer der reifsten und zukunftsträchtigsten Erscheinungen in unserer ‚alten' Kultur. Dies, trotz der vorerst billigen Flucht in andere Glaubenssysteme, wie Esoterik, Pseudogesundheitswahn, usw

Da kann die Devise nur lauten:
Ja, bewege dich!
Diesmal von ganz innen bis ganz aussen.
Und zeige dann der Welt, wer du bist, wie du aussiehst und was du kannst.

Vollfit
Und wieder ein grosses Tabu

Vollfit bedeutet, du bist fit in absolut jeder Hinsicht, körperlich-emotional-mental. Ich nenne das auch **«allumfassende Fitness»**. Das bedeutet, du bist rundum lebenstüchtig (vital und lebensintelligent), also auch bezüglich deiner körperlichen Verfassung zunehmend dem urvitalen Tier Mensch gleichend. Das heisst dann eben auch:

Egal was du dir und der Welt erzählst, deine Erscheinung zeigt sofort und untrüglich, wer du wirklich bist. Du verkörperst dich selbst.

So können wir ganz einfach die körperliche Verfassung eines Menschen kritisch begutachten, mit der biolog... eben: logischen Verfassung des vollvitalen Tiers «Homo» abgleichen und daraus zuverlässig auf dessen tatsächliche Vitalität und damit auf die überhaupt mögliche innere Stärke schliessen. Keine Lügen, keine Illusionen möglich. Nackte Tatsachen eben. Und das egal in welchem Alter; einfach jeweils kritisch angemessen.

Puh! Und schon wird wieder ein Riesentabu gebrochen.
Du stehst da und wirst erkannt.
Zur Überprüfung kombinieren wir das Ergebnis mit der emotionalen Offenheit *in allen Bereichen* sowie der mental lebensintelligenten Verfassung. Schon kennen wir mit ausreichender Sicherheit den persönlichen Status bezüglich Vollfitness.

    Im NormalProjekt kann man daraus ebenfalls ganz einfach deine bereits erfolgten Befreiungsschritte auf dem Weg zum Homo normalis ableiten, weiblich oder männlich.

Kurz:
Vollfitness ist *die* Anforderung und somit *die* Herausforderung für jeden Menschen.

PS: Nein, keine matrixtypische Entwertung. Wir nutzen die Wahrheit über dich, um dich zu unterstützen und zu fördern.

Götterdämmerung

Ein einziges Mal, nämlich soeben, habe ich das Wort Religion bisher erwähnt. Nun werde ich doch noch deutlich.

Bereits als Maturand habe ich im Vorwort zu einem Buch übers Christentum gelesen, dass nichts und niemand so viele Menschen getötet hat, wie das Christentum. Trotzdem wird etwa Vorläufer Moses, ein simpler, widerlicher Massenmörder, weiterhin durch den Namen Gottes geadelt. Und selbst ernannte Gotteskrieger töten heutzutage, was das Zeug hält, wo immer es ihnen gerade beliebt. Unzählige Männer haben zuhanden dieser Rechtfertigung ihre monumentale Persönlichkeitsschwäche durch nackte, brutale Gewalt kompensiert. Und Pate stand ihnen stets ein religiöser Wahn, oder eine andere bescheuerte Ideologie, sprich: ein «Mindkonzept».

Also heisst die klare Devise:
Religion: raus aus dem Wahn!
Wer auch immer nur das Geringste auf das Leben hält, verzichtet auf diesen widerlichen Wahn, diese widersinnige, dumme Rechtfertigung für LEBENSFEINDLICHKEIT PUR!
Und mit der Religion wirf doch gleich sämtliche anderen Wahnsysteme, von links bis rechts, über Bord!

....

Gut gemacht, bravo!

Soll ich jetzt noch mit einfachen Worten ergründen, wie Religion überhaupt entstehen konnte? Mmh, sprengt wohl den Rahmen dieses Buches. Zudem habe ich das vorerst bloss mündlich in mir, als Referat ...
    *Bediene dich doch zuerst mal des Essays «**Der nackte Jesus**» (NormalVerlag, normalrevolution.com); da steht schon einiges dazu drin.*

Wie Religion überhaupt entstehen konnte

Na ja, sch… drauf; wenn einer inkonsequent ist, dann ich. Beuge ich mich halt der Anstrengung.

Also, los! Mach dir mal ein Bild! Rund um uns rum die gigantische Natur, die bis ins Weltall reicht. Mitten drin, winzig klein, alles was sich Leben nennt. Und mitten in diesem (von mir) sg «*NormalRaum*», gaaanz winzig, die vom Homo sapiens aufgebaute Matrix. **Worum gehts da, im Leben?** Tja, ganz schlicht: **ums Überleben und ums Weiterleben.**

– Überleben heisst, sich **ernähren,** plus sich vor der Unbill der Natur, inklusive anderer Lebewesen **schützen.**
– Weiterleben heisst, sich erfolgreich **fortpflanzen.**

That's it! Mehr ist da nicht.

Weiter gehts mit dem Bild. Dieses Leben badet mitten in der Natur in einem riesigen Pool; und der heisst **OHNMACHT**. **Ohnmacht bestimmt unser Verhältnis zur Natur**; und natürlich (!) das Bestreben, dieser möglichst beizukommen, die Natur unseren Bedürfnissen gemäss zu nutzen, zu kontrollieren. Doch zieht Hurrikan Irma auf, ist nichts mit Kontrolle. Insofern baden auch wir Menschen weiterhin in diesem saukalten oder süttigheissen (siedend-) Pool der Ohnmacht, trotz einiger, letztlich leider wenig bedeutender, und doch (leider nur zum Teil) schöner Erfolge bezüglich Bewältigung der natürlichen Herausforderungen.

Ohnmacht ist also die Ausgangslage für sämtliche Lebewesen. Daran hat sich bisher nichts Wesentliches geändert; allen tollen Ideen und Fantasien zum Trotz.

Kommen wir also zu diesem Puzzleteil, genannt Tiergattung Mensch, und schauen, was die denn von andern Lebewesen unterscheidet, sie unverkennbar, ja halt einzigartig macht.

Da ist zum Ersten und wohl das Bedeutendste: der faszinierende Vorgang, dass sich **die menschliche Gattung im Laufe ihrer Entwicklung von einem Teil des Instinktzwangs befreit** hat.

Näher zu beschreiben, wie das ging, überlasse ich den Anthropologen (und erinnere mich mit noch wachem Entsetzen, dass die Bezeichnung des Menschen als Tier, wie sie mein Freund im Geiste, *Desmond Morris*, vor 50 («Der nackte Affe»), bzw vor gut 20 Jahren («Das Tier Mensch») in die Welt setzte, noch damals selbst wissenschaftlich bloss als ‚These' galt; unglaublich!). – Auf jeden Fall ging diese gewonnene Freiheit – **ein beharrliches Ringen um Licht oder Schatten!** – logisch einher mit der **Ausbildung der Reflexionsfähigkeit**; heisst, sich Gedanken über Dinge und Erscheinungen machen zu können und daraus wirksame Schlüsse zu ziehen.

Vor rund 100'000 Jahren dürfte diese Reflexionsfähigkeit, die uns zunehmend von anderen Tierarten unterschied – und durchaus auszeichnete –, in einem Ausmass ausgebildet gewesen sein, dass es möglich wurde, komplette Fantasiegebäude zu bauen, die ihrerseits nicht zwingend irgendetwas mit der Wirklichkeit, sprich, mit der simplen uns eigenen, plus der uns umgebenden Natur zu tun hatten.

Das war **die Geburtsstunde der Religion**. Unter anderem.

Nachdem ich mich in diesen Zeilen bereits recht ausführlich zu den Konsequenzen daraus geäussert habe, kann ich mich nun kurz fassen.

Bleibe im Bild: Wir Menschen baden immer noch im Pool der Ohnmacht. Die Fähigkeit, übermenschliche Wesen zu erfinden, erschien damals als probates Mittel, die quälende Ohnmacht zu verringern sowie durch frei erfundene Handlungen, wie beten, opfern – wieso nicht gleich Menschen?! – diese ‚*Mächte über alles*' im eigenen Interesse zu manipulieren; dies durchaus auch im Interesse des *Energiesparens*. Weiteres Reflektieren war dann unnötig.

Wichtige Eigenschaft für diesen menschlichen Umgang mit der Ohnmacht war die – wesentlich weniger intelligente – Fähigkeit, an diese Konstrukte tatsächlich zu **glauben**.

Das Ignorieren der nicht eintretenden Wirkung, bzw das Ersetzen von deren Fehlen durch rechtfertigende Erklärungen –

letztere prominent an frei fantasierten Saboteuren festgemacht, die man dann konkret vernichtete – würde ich als den ersten ‚Sündenfall' bezeichnen. Das war nicht mehr bloss ein zunehmend lächerliches, kleinmütiges Spiel; das war **Lebensfeindlichkeit und -dummheit pur**, inklusive **unerhörte Anmassung und Überheblichkeit**. Das war der Anfang systematisch widernatürlichen, zerstörerischen Handelns und damit das Schaffen willkürlicher, echter Schuld; somit der Ursprung des tatsächlichen Unwerts; der sich auf Kosten des grundsätzlich unschuldigen Unwert*empfindens* in sämtlichen menschlichen Kulturen ausbreitete.

Die grandiose, in diesem Ausmass einzigartige menschliche Fähigkeit der Reflexion geriet ab jenem Moment mindestens ebenso häufig zur Schwäche. Einmal mehr wird hier das *selbst heute noch* unverminderte Ringen um Licht oder Schatten der biologischen Freiheiten sichtbar. Denn, mit dem wachsenden Verständnis der Natur und ihrer Eigenarten wäre es logisch gewesen, dass die Glaubenssysteme eins nach dem andern realistischen Einschätzungen Platz gemacht hätten. Tatsächlich waren zahlreiche Mythen diesem Klärungsprozess unterworfen und verschwanden durch die Zeit; das vornehmliche Verdienst der sich ausbildenden Wissenschaft, genannt ‚Aufklärung'. Doch die Religion nicht. Weshalb?

Zum Besonderen der Religion gehört eben, dass sie mit der Sesshaftigkeit, deren Konsequenzen ja eines der Hauptthemen dieses Buches, ja **das faktische Hauptthema der Menschheit** sind, zu einem so kolossalen wie ungeheuerlichen **Machtinstrument** der grundlegend ohnmächtigen Männer *innerhalb* der Gattung wuchs. Heisst, die Gefahr, durch simple Reflexion, sprich, Konfrontation mit der erkannten Wirklichkeit sanft lächelnd ersetzt zu werden, wurde und wird heute noch von deren Vertretern jeweils rasch erkannt, und der drohende Verlust von – übrigens angemasster, durch nichts zu rechtfertigender – Macht von notorisch persönlichkeitsschwachen Menschen (sorry! Ist halt einfach so; sagt hier der Fachmann) durch das schlichte Verbieten des Denkens wettgemacht. So hiess bis in die mittlere Neuzeit dieses natürliche Phänomen der Reflexion im hehren Christentum ‚Ketzerei' und wurde mit dem Tod bestraft. Wo könnte das anschaulicher nachvollzogen werden, als im auf mich hervorragend authentisch wirkenden Werk «*Der Name der Rose*» (Buch und Film). Danke Umberto! – Und eben, tragisch aber wahr: Das Grundphänomen dauert selbst in den fortschrittlichsten Kulturen bis heute an; und die Beseitigung von Sektenkonkurrenten mittels Mord und Totschlag ereilt uns ganz aktuell im 21. Jahrhundert fast täglich mittels Weltpresse. Internet und Mobiltelefone selbstverständlich dort stets inklusive – moderne Zivilisation eben, nicht?

Diese rigide Abtrennung von reflektierender Vernunft und bewusst naivem Glauben muss man schon fast wieder als Fähigkeit betrachten. Sie kann nur auf dem Totalverlust von Lebenstüchtigkeit basieren und somit auf der vollkommenen Abtrennung von sich selbst, bzw der eigenen inneren, kritischen Lebensvernunft; eine spezielle, beklagenswert häufige Form von – in diesem Fall **horizontaler – Schizophrenie** (der Schnitt verläuft direkt über den Augenbrauen: Kopfmensch). Letzteres zeigt sich, als kurioses Unikum, in der Existenz gläubiger Naturwissenschaftler.

So beobachten wir anhand des Phänomens Religion, wiederum im Nachklang zur Sesshaftigkeit, in der Entwicklung des Homo Sapiens einen ziemlich verrückten *Paradigmenwechsel*: Religiöse Menschen benutzen für ihren Umgang mit dem Leben exakt dasselbe Ausmass an Reflexionsfähigkeit – heute muss man eher sagen: an Reflexionsbereitschaft –, wie unsere Vorfahren vor hunderttausend Jahren; als wenn sie noch da leben würden. Doch, was uns zu jenem Zeitpunkt grandios vor andern Tierarten auszeichnete, kann man unter den aktuellen Bewusstseinsbedingungen nur noch als … ja, wie würdest du dem sagen? … bezeichnen.

Doch, nun entspanne dich wieder. Wenn du es geschafft hast, 100'000 Jahre mentale Entwicklung zu ignorieren, wird dein **«Mindset»** – deine fixen Ideen, Einstellungen, Haltungen – auch diese paar Zeilen unbeschadet überstehen. Halleluja!

Endlich: Die wahre Sekte

Auch über das Sektenwesen und -getue habe ich mittlerweile aberdutzende Seiten geschrieben; bitte um Nachsicht, dass ich mich hier kurz halte.

Bisher kaum beachtet: Katholiken = Sekte, Protestanten = Sekte, Schiiten = Sekte, Sunniten = Sekte, und so weiter. Simple Feststellung zur Sache. Noch nicht bei dir angekommen? Gibt es überhaupt eine aktuelle Religion, die keine Sekte ist? Der Unterschied zwischen dem üblichen Verständnis und der Tatsache: grösser oder kleiner – sonst nichts.
Und du? Magst du das Getue mit den Sekten? Benutzt du den Begriff auch gerne, um andere zu entwerten und dich verzweifelt daran festzuklammern recht zu haben, dich besser zu fühlen? Dann machs doch mal mit einer der oben genannten Sekten; heisst ja wohl: mit dir selbst.
Ohnehin und ganz besonders in diesem Fall gilt: **Bravo, du gehörst dazu ... zur wahren Sekte!** Und das geht so:

Aus dem Tiefschlaf erwachend ist mir ein Bild aufgetaucht.
Hol zuerst nochmals das Bild hervor, womit ich das Entstehen der Religion erläutere; *das Bad im Pool der Ohnmacht*. Bereichere das Bild, indem du die klitzekleine Matrix innerhalb des bereits winzigen Lebens im gigantischen Raum der Natur als *zerknülltes Papierbällchen* wahrnimmst. Wow! Herzig, nicht? Nun nimm etwas Abstand, und du erkennst, dass **die ganze MATRIX schlicht eine in sich abgeschlossene Abtrennung – eben: Sekte – innerhalb des Lebens ist, bzw des NormalRaums, heisst: der Natur.** Winzig zwar, doch immerhin mit der stattlichen Zahl an Gläubigen von sieben (oder mittlerweile acht?) Milliarden. Und selbstredend mit allen sektenüblichen Ritualen der Selbstrechtfertigung.

Alle Räume in der Natur sind offen; bloss die Matrix, wohl eher irgendwo am Rand der riesigen Natur gelegen, verschliesst sich der Wirklichkeit; auf dass die Fantasien über das menschliche Leben unbedrängt blühen können.

Innerhalb dieser wahren Sekte ist das ganze Getue mit Religion insgesamt übrigens eine Nebenerscheinung; so wie ich das anhand der Bewusstseinsentwicklung erläutert habe, **das schlichte Ausblenden der biologisch gewachsenen Reflexionsfähigkeit**. Dazu gehört auch die krude Erscheinung verschiedener Gotte. Jede Religionsgemeinschaft hält sich ihren eigenen Gott, ohne sich ernsthaft Rechenschaft darüber abzugeben, dass das vollkommen widersinnig ist; da bloss eine recht haben kann; sprich den wahren Gott, oder auch mal Götter anbetet (haben jene das immer noch nicht gecheckt mit dem Monotheismus, dem Übervater?). Religionstoleranz geht in diesem Kontext nun gar nicht; eben so, wie das in der guten alten Zeit noch war ... na ja, sie dauert da und dort noch an. Denn, das wäre ja der Beweis des reinen Fantasieprodukts. Um Himmels willen! Es gibt doch nur einen Gott! Alle anderen fünf oder wieviel Milliarden haben unrecht!

Doch, wie gesagt, innerhalb des ganzen Ideologiegebäudes der Matrix ist das eine Randerscheinung. Eine praktische Hilfe nur, die umfassend installierte faktische Lebensfeindlichkeit zu rechtfertigen; eine weitere Stütze bloss, im gigantischen Bemühen, das UWE zu überspielen, zu verdrängen, unsichtbar zu machen. Das simple Produkt einer gescheiterten Gattungsfortentwicklung; nämlich der Neuregelung der Geschlechterbeziehungen, plus des bewussten Erhaltens der Lebenstüchtigkeit.

Wow, dieser Aufwand, bloss um die Niederlage zu vertuschen. Schon etwas lächerlich anmutend, nicht? Und ziemlich peinlich für eine so ‚starke' Gattung.

Also los, ermanne (...) dich! Entsage dem Glauben! Schwöre dem Glauben ab! Befreie dich vom Glauben! Falle vom Glauben ab! Oder was auch immer ...

Kurz: Öffne sorgfältig den Papierknäuel, sodass das Blatt sich im Raum etwas ausbreitet, und das, was da drauf geschrieben steht, sich dem NormalRaum, mithin der Wirklichkeit aussetzen, dem Abgleich standhalten muss sowie sich endlich den logischen, dringend nötigen Konsequenzen stellt. **Erkenne schliesslich, dass das Leben um dich rum stets da war, und du stets Teil davon warst, wenn auch wirksam davon abgeschottet.** Und beginne, dich des LEBENS nun wirklich zu erfrauen ... ähm, zu erfreuen!

Ach ja, dieses Vorgehen heisst, auf einen Satz reduziert: **Primär-Prozess**, bzw **NormalProjekt**; und sobald das beginnt, die Menschheit zu erfassen und diese Schritt für Schritt wieder schamlos in die Natur integriert, heisst das **NormalRevolution**; der direkte Weg zum **Human-UP!** und damit zum **Homo normalis**. Punkt.

Ach, ich Arme(r)
Die exklusiv menschliche Opferverfassung

Safari in Tansania. Wir sind zu fünft – die Eltern, die zwei Buben und der Guide –, beobachten ein Löwenrudel auf der Jagd. Eine Löwin humpelt hinterher; der Abstand wird stetig grösser. „She will die" (sterben), kommentiert der Guide lapidar.

Wenn irgendein Lebewesen zum Opfer wird, einer Aggression, einer Krankheit, einer Verletzung, hat es nichts anderes im Sinn, als so schnell wie möglich seine **«allumfassende Fitness»** wieder herzustellen. Eine reine Überlebensfrage. **Opfer ist da kein Status.**

Ganz anders der Homo sapiens postneolithisch; einmal mehr die tragische Ausnahme. Wir sind dank unserer Cleverness zwar gesegnet mit zahlreichen echten Hilfsmitteln, die uns erlauben, unser Überleben auch bei krass verminderter Fitness zu erhalten. Doch ist auch dieser Bereich durchtränkt mit hingebungsvoll gepflegten Illusionen über die Wirkung unechter, gar lächerlicher Hilfsmittel. Und Opfer zu sein – sei es von elterlicher Entwertung und/oder Gewalt, sei es von anderen Formen der Gewalteinwirkung, sei es von Unterdrückung, Hunger, Krankheit, Verletzung, ... – wird regelmässig, statt mit dem Streben nach sofortiger (Wieder-)Herstellung *umfassender Fitness*, mit einer inneren Haltung beantwortet, die **diesen Opferstatus, mithin die Schwäche verstärkt**, als Berechtigung für Schuldzuweisungen herhält, gesellschaftliche (in diesem Fall kontraproduktive) Fürsorge ausnutzt, plus zusätzlich auf alle möglichen Bereiche ausgeweitet wird.

Dieses allenthalben als **«Opferhaltung»** bekannte Verhalten ist ein Massen-(MASSEN!-) Phänomen, Milliarden Menschen betreffend. Genau genommen tritt die Opferhaltung bei allen Menschen zumindest ab und zu zutage – eben dann, wenn ihr UWE unausweichlich berührt wird, und sie in der Folge **ihre Ohnmacht zum Status der Pseudostärke küren**. Menschen, die gerade oder gar stets in der Opferhaltung verharren, nenne ich **«Opfeler»**, um sie deutlich von tatsächlichen Opfern zu unterscheiden, die sich nicht als Opfer fühlen, sondern möglichst rasch da raus wollen; wie die Natur das eben verlangt, verlangen würde. Eben: Opfer ist kein Status, den man pflegt.

Jahrelang habe ich mich mit diesem kruden, zwischenmenschlich abstossenden Phänomen befasst – natürlich auch mit meiner eigenen Tendenz dazu –, habe mich, jeweils Neues erkennend, öfter dazu geäussert; doch es blieb als Ganzes eben doch eine rätselhafte Erscheinung. Bis sich neulich, während einer Einführung in das Verfahren Atembombe-PrimärProzess, die ich stets spontan, gleichsam aus dem Nichts heraus gestalte, unverhofft der Vorhang lichtete, und das Ganze sich als ganz einfach und logisch präsentierte; natürlich verbunden mit der auch hier geforderten Wertschätzung; denn, nichts ist naheliegender, als die so aggressiven wie innerlich grausam schwachen Opfeler zu entwerten.

Also, Vorhang auf!

Die bei ‚Profiopfelern' stets vorausgegangene wuchtige, bzw dauerhafte Entwertung, oder andere Form von Schwächung im frühen Leben, trifft auf das in diesen Zeilen als DAS GROSSE TABU apostrophierte Unwertempfinden, welches folgerichtig sagt: „Okay, die Entwertung, Schwächung passt doch; also kann ich ohne weitere Umstände sterben." Auch da fährt dann die nackte Überlebenskraft ein und ruft: „Gehts noch?! Mach deine Ohnmacht gegenüber der Erniedrigung, plus deine genuine Schwäche zur ‚Stärke'; nutze deinen Opferstatus, indem du dich als Opfer präsentierst und die (wahren oder fantasierten) Schuldigen ausmachst, gegen sie kämpfst, sie vernichtest, zumindest anklagend mit dem Finger auf sie zeigst!" Diese Aggression – vom stillen Vorwurf, bis zum offenen Krieg – gibt den Opfelern dann das Gefühl, im Recht, also stark zu sein, und hilft zu überleben; oder zumindest ‚im Recht' zu sterben. Besuch doch wieder mal eines der unzähligen Schlachtfelder und verweile dort eine Weile, schweigend. – **Damit verpflichten sich die Betreffenden dann allerdings, jeglichem Guten, jeglicher echten Wohltat, jeglichem untrüglichen Zeichen von LEBEN, jeglicher echten Stärke sowie natür-**

lich jeglicher echten Liebe abzusprechen, da sie dann ihren ‚armes-Opfer' Status verlieren würden. ‚Befriedigung' ist nur noch aus dem ausagierten Vorwurf, zB Gewalt/Krieg/Folter, aus der Fremdentwertung, im schwächsten Fall aus dem sich still rechtgeben zu holen.

Nun lies mal die Zeitung unter diesem Aspekt.

Doch, wie gesagt, tragen wir als Unwertempfindende alle diese Opferhaltung in uns. Bloss wird sie je nach Kulturstand unterschiedlich gehandhabt. Hier in Europa, wo die direkte Unterdrückung abgenommen hat, treten die ‚Profiopfeler' mittlerweile reduziert auf, wenn auch nach wie vor erstaunlich verbreitet; während in Gesellschaften mit wacher Unterdrückung – sei es der ganzen Bevölkerung oder ‚bloss' eines Geschlechts – diese lebensfeindliche Haltung praktisch die ganze Bevölkerung erfasst und das dortige Leben dominiert. Apropos ‚bloss' ein Geschlecht: Frauen sind, gemäss ihrer geschlechterweiten Ohnmacht gegenüber der Gewalt der Männer, dem Status ‚Opfeler' naturgemäss ... na ja, zumindest verständlicherweise deutlich näher. – Und, was männliche Opfeler hier und dort betrifft: Wie lange ist das zB schon wieder her seit den **Kreuzzügen**? 1000 Jahre? Aha, ziemlich lange für die Rechtfertigung von ungebremster Rache. Jedoch, Gegenfrage an die Christen: Und wie lange ist das her seit der **Kreuzigung**? 2000 Jahre? Aha; die bösen Juden. – Weshalb können Vorurteile, inklusive Vernichtungswünsche und -handlungen, locker solche Zeitmasse überdauern? Weil das ‚armes Opfer Sein' als fixe Haltung zur ‚erfolgreichen' Handhabung von Ohnmacht im bedrohlichen, unergründlichen Sumpf des UWE sich beim Homo sapiens zum zentralen Status entwickelte, von dem gemäss innerer Verfassung nicht mehr abgerückt werden kann, ohne die Entscheidung zu sterben.

Beziehungsweise, ohne diesen bedrohlichen Sog aus der Tiefe mittels NormalProjekt endlich auszutrocknen! Carpe diem!

Als Opfeler ist man zwangsläufig gegen das Leben, mithin gegen die rasche, vollständige Regeneration in Richtung Vollfitness gewandt. Das ist ein weiteres perfektes Tummelfeld für Religion aller Art. Denn das Homeland der Religion ist stets der Tod. Sie holt die Opfeler ab, hält sie in ihrem Status fest und tröstet sie in ihrem selbst gewählten Unglück. ‚Es ist alles Gottes Wille, wehre dich nicht gegen die Unterdrückung! Verbessere nichts an der Wirklichkeit, baue auf Gott und auf das Leben nach dem Tod!' So wird ihren Vertretern Macht geschenkt – und Geld, das ja nur für das profane Leben gemacht ist! Und das bedeutet zugleich: Halleluja für die Unterdrücker aller Couleur, denen die Religion doch kategorisch zudient. Ähm, Frage: Ist Kommunismus eine Religion?

Religion floriert nur in einer vollkommen lebensabgewandten Gesellschaft, bzw bei einer entsprechenden persönlichen Verfassung. Dass man sich daraus bei Bedarf auch die Rechtfertigung für willkürliche Tötung holt, ist eine durchaus stimmige ‚Missinterpretation' der allumfassenden – pardon, natürlich auf die Glaubensbrüder und -schwestern beschränkten – Güte Gottes. Das gilt nebenbei, was die Geschichte als auch die jüngste Aktualität (Burma) deutlich beweisen, auch für den weltweit mit Frieden und menschlicher Überlegenheit verwechselten Buddhismus. Ist doch logisch. Sich aus dem unglückseligen Opferstatus zu lösen und sich umgehend dem Aufbau allumfassender Fitness zu widmen ist, wie mehrfach erläutert, klar *das* Projekt für *alle* Menschen, hüben wie drüben.

Ach ja, Profiopfeler laden mit der Zeit eine Menge Schuld auf sich, indem sie regelmässig auch Unbefangene beschuldigen und sich an ihnen in irgendeiner Weise vergehen (die früher erwähnte Erzsébeth aus dem Burgenland ist da bloss eines von Millionen, matrix-menschlich ganz gewöhnlichen, Beispielen). Auf die gesamte Geschichte der Sesshaftigkeit hochgerechnet ist diese Schuld gar unermesslich gross geworden. Bedenke, es ist genau diese Opferhaltung, die zB dazu führt, ein ganzes Volk zu entwerten, ja zu versuchen, dieses zu vernichten – eine der groteskesten Erscheinungen der postneolithischen Zivilisation. Was haben die **Juden** uns angetan? Aha, sie konnten etwas besser als wir; sie waren seit eh und je – so zumindest lernte ich das im Geschichtsstudium – und sind weiterhin recht erfolgreiche Kaufleute (durften allerdings über lange

Zeit auch gar nichts anderes machen; was die Vorurteile eher bestärkte); von den so häufigen jüdischen Stars zB der klassischen Musik nicht zu reden! Sie besetzen geschickt Machtpositionen, unter anderem mithilfe des Dogmas ‚Juden nur mit Juden'. Da kann man sich schon ausgeschlossen vorkommen. Dann noch dieser Jesus (der zwar von den Römern umgebracht wurde). Insofern eine (paranoide) Re-aktion. – Aber grad so krass? Ein untrügliches Zeichen für das aktivierte UWE; man empfindet, als obs nun um alles ginge; und pflegt das in der Opferhaltung über Jahrzehnte, wenn nicht Jahrhunderte. Dabei sind die Juden doch ein ganz gewöhnliches Matrix-Volk, legitime Vorfahren der Christensekte (ja, Sekte!); vernichteten schon im Altertum, bis in jüngerer Zeit mit den Palästinensern, massenhaft Nachbarn. – Wie stehts wohl dort mit Opfelern? Welch eine freudige Aussicht, mit denen endlich die Atembombe zu praktizieren!

Und was haben die **Armenier** falsch gemacht? Und und und ...?

Und überhaupt – nächster *Tabubruch*! –, was soll **dieses Theater mit dem Rassismus?** Ist die Dogge schlechter, als der Schäfer? Ist die Schäferhündin besser, als der Dackel? Das sind einfach unterschiedliche Hunderassen. Schau dir eine Chinesin an, einen Mitteleuropäer, zwei Afrikaner! Unterschiedliche Gene zuhauf. Das reicht doch für unterschiedliche Rassen, oder nicht? Na und? Der Begriff ‚menschliche Rasse' ist heute ähnlich verfemt, wie früher ‚Kommunismus'. Sogar Wissenschaftler (wie zB *Harari* in «Eine kurze Geschichte der Menschheit») fürchten sich davor, den Begriff zu verwenden. Natürlich hat das bezüglich Rasse seinen Hintergrund. Doch bedeutet, einen andern Menschen, und mit ihm allenfalls dessen ganze Rasse (so es denn biologisch tatsächlich unterschiedliche Rassen sind) zu entwerten, bloss das Eine: **Wer dies tut, beweist untrüglich, dass er/sie sich selber unwert fühlt** (durch verursachte Schuld oft zu Recht), **und versucht das nun zu vertuschen, indem sie/er andere noch tiefer stuft.** Wo geht das einfacher, als bei anders aussehenden? Findet allerdings auch ganz privat zwischen Individuen derselben Rasse als alltägliches Gebaren statt. Und das tun Menschen seit Jahrtausenden;

ein weiterer unschlagbarer Beweis für **das UWE, das uns irgendwie alle vereint** – Rassen, Rassisten, …!

Selbstverständlich wird diese Haltung durchgehend mit der Opferverfassung vermischt, um Hass und Gewalt zu rechtfertigen. Ergo: Der Schwächling, bzw der durch begangenes Unrecht oft tatsächlich Unwerte ist also der/die Entwertende selber.

Es geht bei dem ganzen Theater also **nicht um Rassismus**; als ob das eine angstbedingte biologische Abwehrreaktion wäre. Ach, so dumm und kategorisch unverständig. Selbst, wenn Angst mitspielen würde, wäre das noch kein Grund für die Entwertung von Anderen; eher im Gegenteil. Und, wenn schon, würde das den Frauen gegenüber den Männern zustehen; kommt auch gar nicht so selten vor; als Hass auf die Männer generell, auf das ganze Geschlecht eben. Kurz: Es geht da vielmehr um eine ganz profane innere Verfassung, genannt UWE, die sich im lebenslangen Vorurteil, und ab und an gar in Mord und Totschlag äussert. – Schau dich um! Untersuche die verschiedenen Zivilisationen und deren allgemeine innere Verfassung unter diesem Aspekt. Du wirst dich wundern. Oder bereits verstehend nicken?

Also, was tun? Sich am besten nicht darum kümmern, das ganze, widerliche Spiel verdrängen und damit weiterfahren, als ob das ‚halt unsere Natur' sei. Schuld? Wo? Ich bin doch ein armes Opfer! Andere Vorschläge?

Sogar den Opfelern winkt eine Lösung

Ich wiederhole: **Wir alle verhalten uns als Opfeler.** Die einen dann, wenn sie erheblich unter Druck geraten, und ihr UWE droht, sie zu überschwemmen und ihr Leben zu beenden. Die andern – die Profiopfeler – sind immer und stets in dieser Verfassung; ihr Leben ist darauf ausgerichtet ... und entsprechend eingerichtet. – Um den wuchtigen Gehalt der präsentierten Lösung erfahrbar zu machen, schildere ich nochmals mit andern Worten das Wesen der Opferverfassung.

Also, nochmals, Opfer ist im Tier- und Pflanzenreich kein Status; die ganze Kraft strebt im Opferfall sofort in die ‚allumfassende Fitness'. Anders bei uns Menschen. **Anhaltende soziale Unterdrückung**, eines der so exklusiven, wie leider gängigen haarsträubenden Phänomene innerhalb der Matrix, durchgeführt ausschliesslich von innerlich extrem schwachen, UWE-überschwemmten Mitgliedern der Spezies – ihrerseits ebenfalls ausschliesslich Profiopfeler –, solche Pein, stets verbunden mit Zwängen aller Art und **geringen Entfaltungsmöglichkeiten**, führt verbreitet, und auch irgendwie logisch bei den Betroffenen meist zur (Profi-)Opfelerverfassung, unter Umständen ganzer Kulturen. Aber auch **individuelle Unterdrückung**, etwa von Partnerinnen (als in unserer Kultur unbewusst, jedoch gezielt gewähltes ‚Schicksal'), von Untergebenen, oder von unschuldigen Kindern, durch ähnlich ausgestattete Täter und ebenfalls mit täglichen Einschränkungen, führt irgendwann logisch in diese dramatische Sackgasse der Existenz. Die Betroffenen ziehen sich in sich zurück, jammern bei jeder Gelegenheit und/oder kämpfen; werden in letzterem Fall also selbst zu Tätern; womit der Teufelskreis dann geschlossen wird. Generelle, beim Homo caput ganz übliche Phänomene, wie Hässlichkeit, Fettleibigkeit, körperliche Untüchtigkeit, hohe Krankheitsanfälligkeit, chronische Depression, Handlungsunfähigkeit usw dienen zusätzlich dazu, diese Unterdrückung gleichsam öffentlich anzuprangern sowie den Opferstatus zu festigen und – als Verteidigung des Überlebens gegenüber dem stets drohenden UWE – auf Dauer zu installieren; dies unabhängig von der sich eventuell verändernden individuellen Lebenssituation.

Nun, wie erwähnt, sind Opfeler nicht bloss Opfer, sondern werden zumeist früher oder später selbst zu Tätern – von relativ harmlos bis ganz schlimm. Ich musste als Therapeut über Jahrzehnte feststellen, dass hinter dieser Verfassung eine klare, wenn in der Regel auch unbewusste Strategie steckt. Was ist also die Strategie der Opfeler? **Opfeler begeben sich systematisch und gezielt ins Unrecht**. Andere bemerken das und konfrontieren sie. Das ist für die Opfeler – von der einfachen Hausfrau, über Täter irgendwelcher Art, bis zu machtgierigen Potentaten – dann die gesuchte Gelegenheit, ihre systematisch lebensfeindlichen Vorurteile zu pflegen, sich selbstverständlich zu unrecht angegriffen zu fühlen, und somit ihrem eigenen Unrecht beharrlich und blind recht zu geben, als ob es ‚um die Wurst ginge'. Sie ziehen sich schmollend zurück, jammern lauthals und/oder beginnen, gegen die ‚Angreifer' zu kämpfen. – Als Bedingung dafür bleiben sie, zumindest innerlich, gezielt schwach, unlebendig, unglücklich, äusserlich unsexy, schwer(fällig), dumm, oder was auch immer in der Art; und bleiben selbstverständlich **schuldig**, oder werden es erst recht. Dieses fatale Verhalten lässt nicht nur Teufelskreise engros entstehen, sondern hält die Opfeler zwingend fest in ihrem Status der Schwäche. Als Massenphänomen ist das **für den Human-down Prozess prominent mitbestimmend**. Traurig, und irgendwie aussichtslos, nicht?

Und nun halt doch zur Lösung. – Wie so oft im NormalProjekt: **Aus schwer wird leicht.** Kardinalsfrage an alle momentanen oder chronischen Opfeler: Möchtest du in deinem Leben doch noch so etwas wie Freude, Lust, und va Leichtigkeit erfahren?

Dann erinnere dich jetzt an all die Schuld, die du in deinem eigenen Leben angesammelt hast – eventuell bloss mental –, ohne dich je dafür zu entschuldigen, geschweige denn, Wiedergutmachung zu leisten. Und jetzt kommts: Dann **nimm alles, was in deinem** Leben **schiefgelaufen ist – ALLES! – auf dich**. Sage laut und deutlich: „**ICH bin schuld daran.**" Schon wirds leicht in dir. Dann bleibt dir noch, dich nun **mit allem was du bist und hast der Wiedergutmachung zu widmen**. NormalProjekt inklusive!

Das wars schon. So einfach ist das eigentlich.

Das Morden geht weiter

Hinter jedem Anschlag steckt ein verzweifeltes Unwertempfinden; in Gestalt des Opfelers. Die durchgehende Expertenanalyse ‚psychische Probleme' ist total bescheuert. Sie stiehlt diesen Leuten die Würde der Verantwortung und dokumentiert bloss die vollkommene Hilflosigkeit diesem Phänomen gegenüber sowie den untauglichen Versuch, sich besserzustellen: „*Ich* habe keine psychischen Probleme!" Ha, ha.

Dann halt gleich noch die Immigrationsfrage

Wir wissen es, gemessen am Bevölkerungsanteil sind in unsern Breitengraden Menschen mit Migrationshintergrund (männlich, bitteschön!) bei Delikten, insbesondere bei Gewaltakten, sehr prominent vertreten; was ein Schlaglicht auf die Bedingungen ihrer Herkunft wirft (Thema Unterdrückung/Opfeler).

Was nun?
– Uns ihnen verweigern?
– Diesen Umstand aus politischen (Helfer-)Gründen ignorieren?
Beides Quatsch!

Ganz einfach:
Würde ich mittellos in ein anderes Land emigrieren, wäre es mein wichtigstes Anliegen, mich rasend schnell zu integrieren – unter anderem sofort die Sprache zu lernen – und mich für das Privileg, dort leben zu dürfen zu bedanken, indem ich mich umgehend nützlich mache, aber sowas von.

Dann vor allem dies: Immigrant/-innen müssen ihren Opferstatus schleunigst aufgeben. Und das gelingt genau so: Als Eintrittsgeschenk erhalten sie (zwingend!) die Gelegenheit, AB-PP zu machen. Ohne geht gar nichts bezüglich Hintergrund; die Opferverfassung und damit die latente Bedrohung blieben erhalten.

Konterrevolution – go!

Trotz der Einsichten und Auswege, die ich hier beschrieben habe, gilt: Nein, ich möchte die Verhältnisse auf der Welt nicht ändern. Nein, ich möchte die Menschen nicht ändern. Ich tue gar nichts in dieser Richtung. Hätte gerade noch gefehlt. Was ich tue, ich entwickle ein so simples wie verrücktes Tool und schaffe damit die Möglichkeit, Menschen zu sich zu führen. Nein, nicht einfach so zu sich, und ab in die nächste Illusion. Zu ihren tiefsten, verborgensten, zum Glück bloss scheinbar bombensicher verbauten Ressourcen; dorthin, wo sich bis heute offenbar noch niemand vorwagte. Dies, indem sie sich mit ungeheurer Wucht möglichst effizient durch den ganzen Abfall wühlen, den sie in ihrem Leben angehäuft haben, inklusive die Abfallgene.

Und auch das ist nicht wirklich wichtig. Was dabei und ganz nebenbei herauskommt: Dieser schweisstreibende Prozess, der nur mittels vollendeter Hingabe an sich selbst gelingt und zunehmend konsequent praktizierten vorbehaltlosen Respekt und Wertschätzung für sich selbst fordert, resultiert in etwas, das bis heute unmöglich erscheint, daher wohlweislich ignoriert, bzw mit allen Mitteln verdrängt wird: in der finalen Auflösung des so skandalösen, wie tragischsten Erbes der Neolithischen Revolution; im Verschwinden des ‚Virus' UV21, das in uns allen wütet; dem Wichtigsten überhaupt, das den modernen Homo sapiens ausmacht und seinen unbewusst gesteuerten Lebensverlauf, sein Handeln, seine Beziehungen, sein «Mindset» – kurz: *alles* bestimmt (Mindset = Ideefix; das Sammelsurium der Mindkonzepte eben).

Der Rest – heisst, die soziale Revolution – vollzieht sich von alleine. Ja, ist wahr. Schliesslich sind wir ja doch ein recht cleveres Völkchen. **Leider investieren wir jetzt den bestimmenden Teil davon in Illusionen; denen wir dann unsere ganze Energie schenken.** Wir alle, ohne Ausnahme; weil wir alle vom UWE betroffen sind, über die Gene infiziert; keine freie Wahl. Ein äusserst destruktives und – Verzeihung – dummes Verhalten, mit dem wir uns immer weiter schwächen, immer, immer weiter; unsere Vitalität zerstören, uns selbst, schliesslich unsere Gattung. Tja, wen kümmerts?

Schmankerl
Hoffnung

Resignation beginnt mit der Hoffnung.

Machen wir uns doch nichts vor!
Oder eher doch?

Je offener, durchlässiger, daher sensibler ich bin, desto mehr leide ich. Na ja, generell. Doch jetzt schreibe ich von der allgegenwärtigen ÜBERFORDERUNG. Ich kenne keinen Handwerker, keinen Bauern, keine Intellektuellen, keine Schüler, keine Arbeiter, keine Büromenschen, keine Hausfrau und kaum noch kleine Kinder, die nicht total überfordert sind vom Alltagsleben. Klar, das muss so sein; das haben wir uns unbewusst, jedoch gezielt genau so eingerichtet. Zum Beispiel die Erfindung der Kleinfamilie. Das geht schlicht nicht ohne totale Überforderung. Gehört zu den dümmsten Erfindungen; allein dem Besitzzwang, sprich der Schwäche, sprich dem UWE geschuldet. Oh, sorry, du hast angenommen, diese sei ganz natürlich? Denkste! Nur grössere Gemeinschaften können den Wust von Aufgaben und Pflichten, den das Leben uns beschert, inklusive Erziehung, locker, ohne Überforderung bewältigen.

Du spürst deine Überforderung nicht? Logo. Genau sie trennt dich ja von dir ab. Keine Zeit dich zu spüren. Denn WENN, dann würden wir sofort die Konsequenzen ziehen. Ist ja ein Horror. Das mache ich nun bereits eine Weile, so gut ichs eben schon kann. ‚Mein' Haus besitzen und pflegen wir als Genossenschaft. Genug Zimmer, um bei Bedarf auch hier zu nächtigen.

Ich spüre bereits den geringsten Stress. Und es gibt tagaus tagein mehr als genug davon. Bald schon kommt die Überforderung und ich spanne mich an. Geht gar nicht anders. Dabei bin ich bezüglich Zeit- und Energiemanagement wahrlich in einer privilegierten Lage. Wie gehts andern? Ich weiss, wie; ich begegne ihnen ja täglich. Und, trotz Eigenverantwortung und so fühle ich oft mit ihnen; fühle jedoch auch meine Ohnmacht, sie unmittelbar zu erreichen; gleich noch mehr Stress …

Human-UP!

Die Weltrevolution ohne Opfer

Die 68er
Immerhin

Ja, das war völlig easy damals. Wir hatten nichts zu verlieren; sagten uns: Was soll diese lebensfeindliche Scheisse? Und machten, was für uns Sinn machte; reflektierten kritisch; nahmen uns jene Freiheiten; schufen alternative Lebens- und Arbeitsformen; tanzten zu toller Musik; probierten diverse Drogen; ernährten uns gut; nahmen alles geruhsam; schliefen viel; hatten Sex mit wem es uns gelüstete ...

... und es blieb eben doch eine **Kopf-Revolution**. Die Bewegung erstarb schliesslich im Nichts; bzw verbreitet im krass gegen jede persönliche Emanzipation gerichteten Versuch, sich dem bereits damals völlig veralteten **Marxismus-Leninismus** anzudienen. Zum Beispiel wurde meine politische Begabung bei den Trotzkisten zwar durchaus geschätzt; gleichzeitig wurde ich regelmässig kritisiert, weil ich weiterhin das Leben genoss, zB an Wochenenden Skifahren ging. Als ich dann auch noch eine wuchtige Psychotherapie (Primärtherapie) begann, um wieder zu lernen zu fühlen und damit meine Lebendigkeit weiter zu emanzipieren, wurde mir von der Leitung nahegelegt, die Revolutionäre Marxistische Liga zu verlassen. Was gegeisselt wurde als ‚bürgerlicher Lebenswandel', entpuppte sich als Verteidigung reaktionärer *kleinbürgerlicher (!)*, krass lebens- und lustfeindlicher Werte der involvierten Menschen ganz persönlich. Ob sich das da oben im Kopf nach links oder rechts ausrichtet, macht im Endeffekt keinen Unterschied; es erinnert mich eher an jenen mittelalterlichen christlichen Orden, in dem das Lachen verboten war. **Lebenslustige Menschen schlagen eben keine Schlachten**.

Das darauf Folgende logisch Nächste – nun ohne meine Teilnahme – war die mit harten Drogen getränkte, immerhin offen gegen das Leben gerichtete «**no-Future**»-Bewegung, inklusive *Punk*; gleichsam die offizielle Anerkennung des Desasters.

Und schliesslich versickerte der einst so grossartige Impetus im riesigen, narzisstischen Trockengebiet, genannt «**take it easy**»;

in der Generation ‚keine Verantwortung für gar nichts'. Tüchtig konsumieren und so tun, als ob man das Leben geniesse, reicht. Lebenssinn? Loyalität? Und vor allem: *Verantwortung?* Null! Was für ein Niedergang!

Und jetzt, 50 Jahre nach der grossen Show? Endlich wieder ähnliche Voraussetzungen. Millionen von vorwiegend jungen, auf jeden Fall noch ambitionierten Menschen entwickeln in vielen Bereichen, wie Technik, Wirtschaft, Geld, Zusammenleben neue, solidarische Lösungen. Toll! Doch sollten sie längst aus historischer Erfahrung wissen, das bringt rein gar nichts in Sachen echte Lösungen; bloss das fortgesetzte Nähren von Illusionen – **kopfgesteuert** eben. Reiner gut gemeinter Sisyphos also; Business as usual; leider.

Und wichtig, zentraler Unterschied zwischen damals und heute: Wir lösten uns heraus aus dem gesamten Matrixkonzept des Pseudolebens, schufen (leider vor allem vom Kopf entfacht) eine gänzlich neue Welt, während zurzeit bloss alternative Bewegungen *innerhalb der Matrix* sichtbar sind.

Dieses Buch soll helfen, das für echten Wandel nötige Bewusstsein zu schaffen. Also bleibe ich zuversichtlich und formuliere das umgekehrt:

Da entstehen zahlreiche innovative, echt menschenfreundliche Lösungen, die einiges an Kongruenz mit dem NormalRaum vorweisen. Nun braucht es bloss noch dieses MEGATOOL PrimärProzess, welches das NormalProjekt und schliesslich die NormalRevolution antreibt, und in den Menschen, die dieses praktizieren, endlich die Basis legt, damit solche Lösungen ihre verdiente Wirkung für das echte, nachhaltige Human-UP! auch tatsächlich entfalten können. Perfekt!

Die Bedingungen scheinen also zu reifen. So gilt heute grundsätzlich dasselbe, wie in den späten 60er Jahren des letzten Jahrhunderts: Löse dich aus dieser lebensabgewandten Menschenkultur. Das bedeutet heute: Löse dich aus dieser ‚Stress-total'-Kacke! Löse dich aus dieser künstlichen Welt, aus der ‚Internet-ist-Leben'-Illusion. ‚Soziale' Medien; wenn ich nicht lache; sie fördern in Wahrheit die Vereinzelung; minimieren den physischen Aspekt von Be-

ziehungen sowie das schlichte Da-Sein. Und löse dich aus dieser Illusion, was ‚gesund', also vital sei (peinlich, wenn wir das faktische Resultat betrachten). Kurz:
Entscheide dich für ein LEBENSWERTES LEBEN! JETZT UND HIER! Aber total!
Doch im Unterschied zu damals heisst die neue Devise:

ATME DICH INS LEBEN!

Sie ersetzt sämtliche Drogen, Rituale und Ideologien. Und du wirst noch viel mehr als das entdecken, was jene Menschen suchten; ja, sich überhaupt vorstellen konnten. Nur diesmal echt; nachhaltig; für immer. So heisst denn die Losung:

NORMALREVOLUTION FÜR HUMAN-UP!

Fair

Nachdem du gelesen und hoffentlich verstanden hast, was bei uns Menschen hinter den Kulissen so läuft, respektierst du wohl auch, dass **dich der erfolgreiche Weg zum Human-UP! in etwa soviel kosten wird, wie du bisher in die Verweigerung, Ablehnung, Unterdrückung und Entwertung des LEBENS investiert hast.** Das ist bloss fair.

Im NormalRaum gibt es keine Fake-Angebote, die so tun, als ob du Gesundheit, Wohlergehen, den Erfolg im Leben einfach mit Geld kaufen könntest; ohne Risiko, ohne dich selbst zu investieren. Pah! Du wirst durch den PrimärProzess Unglaubliches, Fantastisches, absolut Unvorstellbares erfahren. Nachdem du wie verrückt geatmet hast, wird es dir immer wieder förmlich den Atem verschlagen bei dem, was du erlebst. Atemberaubend halt. Und du wirst immer wieder mal enorme Widerstände spüren; exakt jene, mittels denen du dich bis anhin erfolgreich vom LEBEN ferngehalten hast. Und du wirst im Verlauf jeder tiefgreifenden körperlichen Entspannung, bzw strukturellen Regeneration oft intensive, doch stets erträgliche Schmerzen verspüren, die das Lösen der Spannung – neben der wunderbaren Wohltat – logisch begleiten. (siehe auch Kap. «Da simma man jespannt»). Das kann sich jeweils über mehrere bis viele Monate hinziehen. Bleib geduldig – und dran!

Plus, du wirst zwischendurch in jeder deiner Zellen fühlen, wie das Unwertvirus wütet. Schrecklich, deprimierend. Jedoch wird dich der ‚Prozess' stets gleichzeitig befreien, leicht machen und weiterführen. Du stehst am Abgrund und weisst, ‚es ist richtig, mich da reinzustürzen und zu sterben'. *Gleichzeitig* spürst du, wie du dich von zuinnerst aufrichtest, dich ungeahnt stark und unabhängig fühlst. Du stehst da, schaust hinunter, findest in Einklang mit deiner inneren Absicht, entspannst dich, und … ‚es' entfernt sich ohne Aufhebens; ohne bewusste Entscheidung, ohne Absicht. Du bist einfach dankbar.

Kurz: **Du wirst dich vor dir selber bewähren müssen**; beweisen, dass du bedingungslos mit dir kooperierst. Doch gerade diese bestandenen Bewährungsproben stärken dich – ganz allgemein, und insbesondere das Eins-Sein mit dir selbst; sie befreien die konstruktive Kooperation zwischen deinem «Rootset» *(siehe später)* und den Matrixrestbeständen.

Sie beflügeln deinen Weg zum Human-UP!

Revolution pur

Jeder Mist wird heute zur Revolution erklärt. Was heisst also schon ‚Revolution'? Ist mir recht; lieber, als deswegen verfolgt zu werden. Doch, ich kam nicht daran vorbei, den Wandel, den der PrimärProzess und mit ihm das NormalProjekt einleitet, als wahre Revolution anzuerkennen. Revolution bezieht sich hier allerdings nicht auf Umsturz. In der NormalRevolution geht es in der Regel gemütlich und unangestrengt – und vor allem: **liebevoll!** – zur Sache. Revolution bezieht sich hier auf die **grundlegende Neuausrichtung** sowohl der Individuen als auch sämtlicher Gesellschaften.

Diese grundlegende Neuausrichtung fordert, wie es sich für eine Revolution gehört, einen **mehrfachen Tabubruch**. Bereits die Entscheidung, wieder naturgemäss und dann noch mit aller Wucht zu atmen, bedeutet einen totalen Tabubruch; bedeutet den konsequenten Bruch mit all den mehrheitlich unausgesprochenen Regeln und Gesetzen, ja Zwängen, die das LEBEN in uns systematisch einschränken, wenn nicht gleich abtöten sollen. Für dieses schreckliche menschliche Drama ist *der übliche Atem* nämlich eines der zentralen negativen Gebrauchsmittel – wir können hier mit gutem Recht auch von ‚Missbrauchsmittel' reden. Zentrales Mittel, weil der Atem tatsächlich zentral wirkt.

Bei den Individuen geschieht der grundlegende Wandel zudem in einem überschaubaren Zeitrahmen, auch hier ganz revolutionsgemäss. Der grundlegende Wandel der sozialen Existenz beansprucht dann wohl bedeutend mehr Zeit. Insgesamt jedoch passiert hier **Evolution in atemberaubender Geschwindigkeit**. Revolution pur eben.

Dich für das NormalProjekt und damit für das MEGATOOL Atembombe-PrimärProzess zu entscheiden, wird also einfacher, wenn du wenigstens ein bisschen das Flair für Rebellion besitzt; heisst, nicht die/der total Angepasste bist = Diagnose 95 % Angst.
    Probiers mal aus. *Jetzt!* Atme so wuchtig und so frei du kannst! Mach das mindestens zehn Minuten lang, ohne Pause! …
    Na?

Mensch sein?
Ja. Nur, wenn schon, dann ganz!

Für jeden einzelnen Menschen dieser Erde stellt sich heute die Frage: **Hast du den Mut, uneingeschränkt zu LEBEN?** Ja? Dann wisse: Das beginnt in dir, in deiner eigenen innersten Struktur. Sonst gibts rein gar kein LEBEN und somit auch keine echte Lösung – weder individuell, noch kollektiv für unsere Gattung. Mit unserer winzigen Restvitalität (und -lebensintelligenz) können wir niemals echte Lösungen generieren. Niemals! Manche habens ja versucht: Buddha, Sokrates, Jesus, Thomas von Aquin, Erasmus von Rotterdam, J.J. Rousseau, Bakunin, Karl Marx/Friedrich Engels/Lenin, Rudolf Steiner, Bhagwan u.v.m. Was hats unter dem Strich gebracht? Pah!

Echte Lösungen gibt es nur mit echter Vitalität – Ist doch irgendwie logisch, nicht? LEBENsvernünftig eben. Also, lies weiter! Es geht aufwärts.

Wozu bist du hier?

Ein kurzer Abschnitt, und du weisst Bescheid.

> *Das* ist die Basis deines Lebens – jeden Lebens:
> **Du bist auf der Welt, um dem Ganzen zu dienen.** Punkt.

Das Ganze ist das erfolgreiche Weiterleben der (mittlerweile) ganzen Gattung Mensch. Im Unterschied zum *Überleben* eines Individuums bzw einer Generation bezieht sich das *Weiter*leben auf die langfristige, generationenübergreifende Perspektive.

Ich nenne das «**DIE Aufgabe**». Alles andere geht in die Hosen. Egoismus funktioniert daher schon rein biologisch nicht; in keiner Weise. Geschweige denn Narzissmus; reine Kompensation von Unwertempfinden. Ebenso wenig die Flucht ins ‚wertfreie' Banale.

> **Folgerichtig gehörst du mitnichten dir**; und schon gar nicht irgendwer sonst. **Du gehörst dem LEBEN!**

Diese Tatsache verpflichtet. Andernfalls kannst du jederzeit abtreten.

Ergo, hochpolitisch das Ganze

Auf der Website normalrevolution.ch versprechen wir nicht nur, wir verlangen das auch: Du profitierst zuerst. Niemand interessiert sich in der Human-UP!-Bewegung dafür, dass sich noch mehr Menschen ‚für eine gute Sache' (auf-)opfern. ZB, hätte ich persönlich die Wahl, so wäre das auch ganz ok, global anerkannt und, vor allem: wohlhabend zu sein. Na ja, meiner persönlichen, kompromisslos tiefgreifenden Entwicklung hat's gedient; da gab es keine Möglichkeit, mich längerfristig in Illusionen des sozialen und finanziellen Grosserfolgs zu verfangen. Bliebe als Ausflucht noch das so beliebte ‚arme Opfer'; doch das liegt mir nun mal weniger. – Dieser relative Leidensweg war also vermutlich – halt! Unterschätzen wir meine persönliche Schwäche nicht und bleiben realistisch: mit Garantie! – unverzichtbar im Interesse der Sache für die ganze Menschenwelt. – Doch, allmählich ...

Der Begriff ‚zuerst' impliziert jedoch klar, dass dann bald auch andere von dir profitieren; zB indem sie von dir vom NormalProjekt bzw dem Human-UP! Prozess erfahren. Dem füge auch ich mich und schreibe für die Öffentlichkeit. – Aber auch ganz banal zwischenmenschlich, indem du bereits nach kurzem NormalProjekt beginnst, in neuer Weise in der Welt zu wirken. Muss so sein; sonst Bullshit.

Da jedes Lebewesen, wie im letzten Kapitel geklärt, mitnichten für sich selbst da ist – daher zB auch in gar keinem Fall sich selbst gehört; was für ein Blödsinn! –, sondern bloss existiert, um zum erfolgreichen Überleben des Ganzen beizutragen, gehört das zur sehr willkommen Nebenerscheinung des NormalProjekts, dass du – von der Natur diktiert – damit nur Erfolg haben kannst, wenn du deinen dadurch sich ergebenden persönlichen Riesengewinn zum sozialen Projekt mit politischer Wirkung machst; du dich mithin als sozial-politischen Beitrag verstehst; als Teil der vielleicht ja einmal globalen Bewegung «**NormalRevolution for Human-UP!**». Denn, ehrlich, welches Engagement innerhalb der jetzigen Menschenwelt kommt auch nur entfernt der Bedeutung

der NormalRevolution gleich? Die jetzige Menschenwelt, dieses Gebäude, gebaut auf dem Fundament des UnwertEmpfindens und hochgezogen mittels Lügen und Illusionen, nenne ich eben Matrix; Gruss an Elon.
Mach vorerst mal deinen aktuellen Job weiter; fülle ihn Schritt für Schritt mit neuem LEBEN. Ebenso deine sämtlichen Beziehungen.

Und, falls du talentiert bist, wird irgendwann die NormalRevolution zu deinem Job, im Dienste des tatsächlichen und endlich nachhaltigen Wohls der Menschheit. Es gibt garantiert keinen besseren Job auf der Welt.

Eben: hochpolitisch das Ganze.

Schmankerl
Demut

Demut ist die Hingabe an eine Aufgabe, die grösser ist als das eigene Selbst.

Politisch?

Nun gut, tatsächlich wird das Politische im klassischen Sinn verschwinden. Politik ist eine typische, schädliche Matrix-Mann Erfindung; geboren aus der Hilflosigkeit und dem daraus resultierenden **peinlichen, bloss schädlichen Machtstreben**. Dass Frauen heute in die Politik drängen, statt diesen Blödsinn einfach den Männern zu überlassen, macht das Ganze noch absurder. Die NORMALEN! Frauen werden ihr Engagement verwaltungs- und organisationsmässig bloss sozial verstehen.

Doch ist es mir ein Anliegen, *alle gegenwärtigen* Bereiche miteinzubeziehen; die Politik bestimmt ja immerhin die Matrixwelt. Insofern ist die Provokation (politische Revolution), die da und dort beängstigend, also abschreckend wirken mag, bewusst gewählt, damit niemand annehmen kann, dass sich das ganze gleichsam im Untergrund oder gar bloss individuell, ohne Beeinflussung der globalen Politik abspielen wird. Wie das Ganze durchgeführt wird, bzw sich vollziehen wird, darüber schreibe ich hier ja verschiedentlich. Das wohl nächste Buch, «***Vision21 – Die letzte Vision***», wird sich gar prominent diesem Thema widmen; und unter anderem die Unterscheidungen Politik/Wirtschaft/Soziales näher beleuchten.

Ein Traum!

Neulich hatte ich folgenden Klartraum. Putin bittet mich nach Moskau in die «Quarantäne». Das Setting in der Quarantäne ist stets dasselbe: Ein schalldichter Raum, auch elektronisch isoliert; damit nichts, was dort verlautet, nach aussen dringt. Bei internationalen Promis dürfen Sicherheitsleute durch ein Guckfenster gucken, um sicherzustellen, dass ihrem Auftraggeber nichts angetan wird. – Ich sage zu Putin: „Ich mag dich irgendwie, bist kräftig, recht hübsch; allerdings ‚zu wie Anton' (vollkommen verschlossen)". Wir atmen. Nach ein paar Tagen schaut mir Putin tief in die Augen und fragt: „Wie viele Milliarden brauchst du? Ich habe genug."
Danach gehts gleich zu Kim Jong-un nach Pyongyang. Ich sage zu ihm: „Kim, ich verstehe vollkommen, was du tust. Du bist der hässlichste Potentat auf Erden; das einzige, was bei dir steht, sind wohl deine Raketen. Was bleibt dir also anderes übrig, um weiterzuleben?" Ich traue meinen Augen nicht, aber nach den Sessions über mehrere Tage umarmt mich Kim; mit Tränen in den Augen! Fragt: „Was soll ich tun?" – Dieselbe Frage stellen alle, auf jeweils ihre Weise. Meine Standardantwort: „Tu das, was du bereits tust; denn du bist der, der du jetzt bist. Wenn du ein anderer wirst und in dir neue Impulse auftauchen, folge denen. Und natürlich komme ich ab jetzt regelmässig zu dir."
So gehts weiter. Die chinesische Führung als Gruppenevent. Auch sie wollen unbedingt Milliarden investieren. Auch bei den Palästinensern zu Gast. Sogar beim IS – ein ziemlich unterhaltsamer Anlass. Als ich vor versammelten Jungs und fünf Girls frage: „Soll ich mich ausziehen, damit ihr seht, wie ein alter NormalProjektler aussieht?", und mich anschicke, Hemd und Hose zu öffnen, hält mich der Interviewer sanft an den Schultern zurück: „Nein, nein, das ist nicht nötig." Schallendes Gelächter, Beifall; dann gemeinsam Atembombe.
Von da direkt zu Assad. „Hallo, du bist der zweithässlichste Potentat der Erde; wie muss das für dich sein, jeden Morgen in den Spiegel zu schauen? Was also willst du anderes, als dich an der Macht festzuklammern? Kein Problem; lass uns atmen."

Zwischendurch die Wirtschaft, ua vertreten durch Elon Musk. Er reist mit seiner Truppe in die Schweiz; und vom Flughafen mit einem ganzen Tesla-Rudel zu unserer «Villa t(w)o be». Dort AB-PP à discrétion. Dazwischen essen, austauschen, schlafen, alles nackt; vom Feinsten. Wissend, dass ich auf tolle Weine stehe, bringt er einen Romanée-Conti mit. Auch von ihm die Frage: „Was, neben Teslas für dein ganzes Leben, brauchst du an Geld?"
Die Sache machte natürlich längst die Runde über den ganzen Globus. Und ich bange etwas für mein Energie-Management. Jeff Bezos fragt an, ob er neben der grosszügigen finanziellen Unterstützung für «NormalRevolution for Human-UP!» meine Bücher verlegen dürfe, und schickt gleich seinen Privat-Jet, um mich für die Quarantäne bei sich abzuholen. Fragt danach, ob ich den Jet nicht gleich behalten wolle, da ich soviel herumfliege.

Als die Anfrage von McDonald's Duck Trump, bzw seiner Familie kommt, zögere ich – für mich überraschend. Bald wird klar, dass ich es schade fände um den Verlust des grössten Clowns der aktuellen Welt. Wer bietet sonst soviel Unterhaltung? Und Schlimmes angerichtet hat er ja bisher nicht; Clown eben. Na ja, der Sache zuliebe fliege ich dann halt doch in die USA. – Im Übrigen reges Ein- und Ausgehen von Promis in unserer Quarantäne «Villa t(w)o be».

Ein schöner, langer, klarer Traum; alles ganz selbstverständlich. Entwertung? Was ist das?

Und keine Frau? Na ja, gibt in diesen Bereichen ja nicht den Haufen davon. Doch, kurz Angela Merkel: „Okay, weiblich schaust du ja nicht grad aus. Doch mit deiner zwar durchaus bescheuerten Politik stichst du gegenüber den Jungs trotzdem deutlich hervor. Lass uns durch deine immense Lebensferne hindurchatmen." – London schweigt, vorläufig.

Soll ich jetzt auch noch von einem eine Woche darauf geträumten Traum erzählen, als mich Angelina Jolie zu sich nach Frankreich bittet? Wir trinken natürlich zuerst ein Glas Rosé «Miraval». Als Sie dann nackt vor mir liegt, taste ich ihren Körper ab und frage sie … na, lassen wir das jetzt.

Und ganz nebenbei, hast du erfahren, wie, nach welchen Regeln die NormalRevolution konkret vonstatten geht.

Gegen nichts und niemand

Weshalb empfinde ich häufig Trauer angesichts der verqueren Geschehnisse auf der Welt, entwickle jedoch kaum Aggressionen? Wie du soeben erfahren hast, ändert die NormalRevolution willentlich nichts an den Verhältnissen auf der Welt. Das NormalProjekt verändert – ebenfalls ohne jegliche Absicht – die Menschen; und diese verändern dann mit der NormalRevolution die Welt zum Human-UP!; sorgen schliesslich für die Mutation zum Homo normalis. Sie tun dies in gewisser Weise ebenfalls ohne Absicht, sondern ganz automatisch und selbstverständlich, da sie auf einer gänzlich neuen, vitalen und lebensintelligenten Basis operieren; heisst, auf neue Paradigmen bauen.

Anders formuliert: Wir halten uns raus aus der Matrixlogik und deren allbekannte – leider jedoch bisher kaum erkannten – Konsequenzen; verzichten darauf, am Spiel der Rechthaberei teilzunehmen. Entwertung von irgendwem oder irgendwas existiert nicht.

Dies entspannt mich innerlich ganz und gar; auch gegenüber Potentaten oder lebensfeindlichen Organisationen. Ich bin gegen nichts und niemand. Da ist kein Kampf gegen irgendwen oder irgendetwas; 100 % zugemutete Eigenverantwortung für jegliche Handlung selbstverständlich eingeschlossen; und meinerseits stets offen kommuniziert.

Das bedeutet dann eben auch, dass «Ein Traum» wahr werden kann, und sich auch politische und wirtschaftliche Führer(-innen) ohne Weiteres dem Primärprozess überantworten. Sie gehen dabei kein Risiko ein; müssen sich auch nicht zuerst ‚läutern'; ändern sie ihre Haltung und ihr Handeln, dann tun sie das frei-willig, ganz aus sich selber heraus. Sie werden also ganz so genommen, wie sie jetzt sind, ohne Ambitionen oder Ansprüche; ausser die Atembombe richtig zu machen, bis sie voll einfährt; das gilt sogar für dich ☺.

Schmankerl
Kooperation, sonst nichts

Starke Menschen kennen innerhalb der eigenen Gattung weder Feinde noch Konkurrenten. Unbedingte, umfassende Kooperation ist eines der bedeutendsten, den langfristigen Erfolg garantierenden, postneolithischen Kulturprodukte; und somit sakrosankt.

Kooperation auch über die Grenze
Zwei hübsche Anekdoten bloss

1.
Irritiert stellt Jacqueline fest, dass ihre Hühner kaum mehr Eier legen. Schliesslich bleibt sie eines Abends, nachdem sie das Restbrot vom Hof als Futter gebracht hat, hinter dem Hühnerhaus und beobachtet, was abgeht. Kaum ist sie weg, landet eine Krähe, stolziert ins Hühnerhaus und kommt bald darauf mit einem Ei im Schnabel wieder raus, wackelt die Hühnertreppe runter und fliegt ab mit dem Ei, direkt in den nahen Wald.
Tags darauf versteckt sich Jacqueline nach dem Füttern wieder hinter der Hütte, bewehrt mit einem Besen. Als eine Krähe mit dem Ei rauskommt ... Päng! Das Tier hängt sie zur Warnung und Lehre an einen Ast gleich über dem Hühnerhof. Ab da herrscht Ruhe.
... Bis zur nächsten Saison; da beginnt das Spiel von neuem. – Mittlerweile hat Jacqueline beobachtet, wie die Krähen sie ihrerseits vom Dachfirst aus beobachten. Kaum ist sie verschwunden, fliegt eine runter; dann die nächste. Jacqueline rüstet sich wieder mit einem Besen aus. Doch diesmal machts nur Bäng! Die benommene Krähe nimmt sie in ihre Hände vor sich hin. Die Augen der Krähe blicken panisch; das Herz rast. „Mach das nie wieder! Hörst du? Nie wieder! Und sags auch deinen Kollegen!" – Sie stellt die Krähe auf einen nahen Ast. Nach zwei Stunden kommt sie zurück; die Krähe ist verschwunden. Seit da ist endgültig Ruhe.

2.
Mmh! Ich freu mich schon auf das Straussenfilet. Ich lege das gefrorene Stück im Vakuumbeutel zum Auftauen an die Sonne. Als ich nach einer halben Stunde nachschaue, ob das Filet zum Grillieren bereit ist, ist es verschwunden. Eine Katze? Ein Fuchs? Ein Raubvogel? Vom Wind in den Pool getragen und in den Skimmer geschwemmt? Ich schaue überall gründlich nach, suche nach

Spuren. Nichts. Zum Glück darf ich noch abends auf der nahen Straussenfarm für Nachschub sorgen.

Am andern Morgen, ich war bereits schwimmen, stehe ich in der Küche, bereite das Frühstück vor und schaue beiläufig durchs Fenster in den Garten. He! Ein Milan, direkt über dem Pool! Keine fünf Meter entfernt. Mit weit ausgebreiteten Flügeln fliegt er langsam weg. Ich eile nach draussen. Ein gewöhnlicher Milan, aber so ein Riesenvieh! Wow! Ich schaue ihm nach, bis er in der Höhe wieder auf seine mir vertraute Grösse geschrumpft ist; senke dann meinen Blick; und ... was sehe ich? Spinne ich? Mitten im Pool schwimmt das Straussenfilet. Ich nehms raus. Die Verpackung ist verkratzt, sonst jedoch unbeschädigt; kein Loch. Ich bin fassungslos. Das ist doch nicht möglich! Doch, die Botschaft scheint mir klar: ‚Das nächste Mal bitte unverpackt'.

Das NormalProjekt (NP)

Was ist denn nun endlich dieses NormalProjekt genau?

Bevor wir uns im Detail dem sg MEGATOOL, nämlich der Atembombe und dem PrimärProzess zuwenden, bleibt zuerst mal zu klären, in welches Gefäss dieses MEGATOOL integriert ist, damit es zuverlässig zu einem sozial nützlichen Werkzeug wird.

Die übergeordnete Linie heisst:

NormalProjekt –> NormalRevolution –> Human-UP!

Zur Erinnerung: Der Begriff ‚normal', der dieses ganze Vorhaben durchdringt, besagt, dass es bei dieser Umwälzung um nichts Weiteres geht, als um die ‚stink'-normale Verfassung des Tieres Mensch; zurzeit allerdings unendlich weit entfernt scheinend.

Conditio sine qua non, also Grundbedingung, damit die revolutionäre Linie auf politisch-sozialer Ebene funktioniert, ist das Auflösen des Unwertempfindens, UWE – automatische Folge des konsequenten, vorbehaltlosen auf sich Zugehens; heisst, das erfolgreiche persönliche NormalProjekt der jeweils involvierten Homines sapiens; daraus resultierend schliesslich das erfolgreiche Human-UP! für sämtliche dann (noch) lebenden Homines.

Das NormalProjekt setzt sich zusammen aus:
a. der **bewussten persönlichen Entscheidung**, alles zu unternehmen, um zum tatsächlichen erfolgreichen Weiterleben dieser Gattung beizutragen (siehe „Wozu bist du hier?"). Diesen Umstand würdigend bleibt das NP stets in der eigenen Regie und Verantwortung.
b. dem sg «**MEGATOOL**», das sich zusammensetzt aus Atembombe-Primärprozess. Nach erfolgreichem Absolvieren der «Bewährungsphase» arbeitet dieses 24 Stunden pro Tag für uns, bzw fürs LEBEN.

c. den «**Leitplanken**»; zumeist paradoxe, ja, revolutionäre kulturelle Orientierungen, die dem MEGATOOL erst den erwarteten Erfolg bescheren.

Fertig.
Ganz einfach, nicht?

Atembombe

Die Startrampe zum
durchschlagenden Erfolg

Keine weiteren Illusionen
Bitte!

Kommen wir zum Thema im engeren Sinn; zum Kern des erfolgreichen Wandels.

Atmen ist synonym mit Leben. Wenn du auf Dauer aufhörst zu atmen, heisst das: Du bist tot! So kann man an deinem Atem erkennen, dass du lebst. Na ja, so etwas in der Art. Wir sprechen unter uns dann schon mal von Halb- oder Dreivierteltoten; die selber jedoch sich selbst-redend für ganz lebendig erklären würden. Eben, Illusionen sind das beliebteste und – ganz menschgemäss – brillant entwickelte Werkzeug *gegen* das LEBEN.

An deinem Atem wird also auch sichtbar, wie du lebst; heisst, in welchem Ausmass sowie wo und wie du dich gegen das LEBEN stemmst; dies mehr oder weniger seit du lebst. Und wo vielleicht noch dieser ersehnte Funken ... LEBEN übrig blieb, der nun für deinen ganz persönlichen Human-UP!-Prozess Gewinn bringend eingesetzt werden kann.

Also gilt es, deinen Atem zu nutzen. Als Diagnosemittel – zeige deinen Atem, und wir sagen dir, wer du bist. Als zentrales Werkzeug. Als Tabubrecher. Als Auftakt zur Revolution; endlich mal *für* das LEBEN. Es wird allmählich Zeit.

Dein Atem zeigt die Wahrheit

Erheiternde Standarderfahrung mit der alltäglichen Illusion und mit dem erhellenden Umstand, dass viele Menschen zumindest halbbewusst ganz genau wissen, dass ihr Selbstbild die reine Lüge ist. Sie quasseln drauflos, wie stark, lebendig und unabhängig sie seien. Dann sagen wir: „Okay, zeig mir deinen Atem, dann sehen wir, was davon wahr ist." Schon sind sie unter tausend Ausreden weg.

Also frage dich: „Was liegt mir denn soviel an meinen Illusionen? Weshalb halte ich daran fest, als obs ums Leben ginge? Was habe ich denn wirklich zu verlieren?"

Meine Antwort: Wenn du ehrlich wirst bezüglich deiner selbst, erhältst du mehr Wertschätzung denn je. Garantiert! Du kannst dadurch also nur gewinnen.

Glaube!

Das ist wirklich eindrücklich – und mega mega peinlich –, welche Rolle **der reine Glaube** – seit mindestens 100'000 Jahren! – in der Menschheit spielt. Selbstredend auch in der Wissen!schaft; mit Religion hat das zuerst nichts zu tun. Die Dominanz des Glaubensverhaltens ist untrügliches Zeichen einer mittlerweile hilflos degenerierten Spezies.

Der Glaube offenbart den letztlich banalen Umstand, dass selbst ‚wissende' Menschen im Grunde ganz genau wissen, was Sache ist. Letzteres brauche ich hier wohl nicht mehr näher zu erläutern. Das heisst, **sobald die Illusionen, die Mythen, die (Selbst-) Lügen drohen aufgedeckt zu werden, verschwinden die Betreffenden im Glauben,** an was auch immer. Und demonstrieren, dass sie als Wahrheit nichts anderes anzubieten haben als ihren Glauben; der leider gerade einer ernsthaften Prüfung unterzogen wurde …

Und dazu passen perfekt die machtgeilen und/oder geschäftstüchtigen Homines, die den unbedingten Drang zu glauben, an was auch immer, schamlos ausnutzen. Es sei ihnen gegönnt; sind ja selber arm(selige!) Gläubige.

Schmankerl
Charisma

Charisma ist die Kraft, Horngläubige von den eigenen Mythen zu überzeugen.

Die NormalRevolution baut auf der nackten Wahrheit

Was es braucht, um die Menschenwelt vorwärts ins LEBEN zu bringen. Wir müssen uns bloss mit der nötigen ungeheuren Wucht zum LEBEN durchatmen, begleitet von der ebenso ungeheuren Wucht von Gefühlen. Dies alles stets verstanden als **kompromissloses Zugehen auf uns selbst**. Das heisst, wir gehen das unerhörte Wagnis ein zu erfahren, wer wir wirklich sind. Dann werden wir schliesslich *automatisch* erkennen, wie es konkret weitergehen muss, damit **das Vorhaben Mensch** gelingt. Und wir werden fähig werden, entsprechend zu handeln.

Da wird es dich kaum mehr wundern, dass dieses MEGATOLL AB-PP tatsächlich nackt praktiziert wird.

Atem, das Werkzeug

In Anerkennung der simplen Tatsache, dass Atmen synonym ist mit Leben, können wir ihn umgekehrt auch als Werkzeug für die Revolution in deinem Leben benutzen. Zusätzlich zu dem, was ich bereits zum Atem gesagt habe, kommt die praktische Tatsache, dass Veränderungen im Grundatem sich augenblicklich auf den gesamten Organismus auswirken; also mitnichten bloss auf deinen Körper. Sowohl unmittelbar – das ist die **«Megashow»** – als auch mittelbar; und schliesslich auf dein gesamtes zukünftiges Leben – wenn du's dann mal kannst: atmen.
Damit verbinde ich die freche Freude, dir garantieren zu können, dass die «Atembombe» dich umhauen wird. Revolution pur eben.
Der Atem lässt sich unter den Augen einer Fachperson nicht vortäuschen. Denn er stösst ja stets an unsere zeitlebens installierten und stetig ausgebauten Grenzen. Manipulation kann also nur stattfinden, wenn die begleitende Person nicht wirklich hinschaut. Deshalb wird der ganze Prozess eben nackt durchgeführt. Also aus ganz praktischen Gründen; und natürlich auch, weil du damit zustimmst, dass du **dich vorbehaltlos aussetzt, als der Mensch, der du nun mal bist**: die primäre Herausforderung im NormalProjekt.

Richtig gemacht ist der Atem das ideale Werkzeug, um direkt zu deinen Wurzeln vorzudringen und dort zu wecken, was ich LEBEN nenne. Beachte: Wurzeln bedeutet hier Gene. Sonst ist nix parix.
Was unmittelbar in dir abgeht, wenn du die Atembombe praktizierst – die Megashow eben – ist dann ein ganz anderes Kapitel; ein ganz anderes! *Ob ich Lust habe, darauf auch noch einzugehen, weiss ich jetzt nicht.*

Apropos richtig gemacht. Jede einzelne Faser im MEGATOOL AB-PP muss perfekt sein, ansonsten gibts bloss Fortsetzung der Matrix. Das ist die Optimierung des Prozesses; mehr geht (wohl) nicht. Wie viele AnwenderInnen werden das schaffen? Wie viele BegleiterInnen werden das leisten? Ersteres ist das faire Risiko des Scheiterns. Von Letzterem hängt alles ab.

AB-PP LIVE
Bernhard

jemand muss ja den weg weisen …
… aber gehen musst du ihn dann schon selber.
gilt auch für den wegweiser.

mit dem ersten ab-pp, bei dem ich einfach so voll mitmachte – in dieser sparte ist das schon mehr als revolutionär –, wurde gleich eine neue ära eröffnet!
schon nach 20 minuten atembombe war mir klar:
das waren die intensivsten 20 minuten meines bisherigen lebens! (ich lebe schon ziemlich lange).
wer das erlebt hat, wird nie mehr freiwillig darauf verzichten.
und wird das selbstverständlich auch andern – vielen! – gönnen.

PrimärProzess, das Medium

Dient der Atem gleichsam als Steigbügelhalter, so ist der Primär-Prozess der Galopp in deine tiefsten Abgründe. Die Psychotherapie, gut hundert Jahre alt, war und ist ein redlicher, netter Versuch, in deine Tiefe zu gelangen und dort ‚heilend' einzuwirken. Als typisches Matrixinstrument kam sie natürlich nicht besonders weit. Das systematische Vermeiden, DAS GROSSE TABU nur schon wahrzunehmen, geschweige denn zu brechen, limitiert deren Wirkung empfindlich. Bedenke, davon wären die Therapeuten und –innen ja genau gleich betroffen, wie deren PatientInnen/KlientInnen! Nicht mehr überlegen sein? Das geht nun gar nicht. Ich weiss ganz persönlich, wovon ich da rede.

Eindrückliches Beispiel, wie ein redlicher Versuch zwangsläufig in die Falle tappt, bildet die *Primärtherapie von Arthur Janov*. Ein netter Kerl; ich habe ihn ja mal persönlich kennengelernt. Mutig öffnete sich Janov den wuchtigen Emotionen *(«Urschrei»)*; verfügte jedoch nicht über das Wissen, dass das, was da aus der (leider sehr relativen) Tiefe an die Oberfläche dringt, *zu 95% Dramagefühle* sind; also *Pseudogefühle*, dem recht haben gewidmet; in erster Linie sg ‚*Opfergefühle*'. Trotzdem erzielte diese Therapie eine gewisse Wirkung und fand ein breites Echo. Nachdem ich, neben einer stattlichen Anzahl weiterer Therapieformen, rund 15 Jahre die Entwicklung der Primärtherapie verfolgt hatte, apostrophierte ich sie schliesslich ganz klar als ‚Opfertherapie' (mündet in die Opferhaltung) und setzte einen Haken dahinter.

Für ihre Limiten kann die Psychotherapie allerdings wenig; das Bewusstsein unseres endlos bemühten Pseudolebens fehlte schlicht. Ahnungen, die es schon lange gibt, drücken sich bevorzugt mittels der Kunst (Literatur, Film, Malerei) aus; sie wurden nie zur wissenschaftlichen Gewissheit und entbehrten daher der angemessenen Beachtung.

Der PrimärProzess musste also zwangsläufig die Grenzen der Psychotherapie übersteigen, wollte er die so dringend angesagten neuen Ufer erreichen. Mit dem Werkzeug Atembombe gelingt das relativ(!) locker. **Die Atembombe verwirbelt jegliche Kontrolle, zerzaust sämtliche mentalen Vorbehalte und zersetzt die immensen Ängste in ihre Bestandteile.** Das übliche (Matrix-)Bewusstsein liegt alsbald darnieder und die brachiale Wucht des PrimärProzesses kann ziemlich ungehindert eindringen in die intimsten Facetten unseres Seins. Hast du dich mittels Atembombe nach angemessener Erfahrung erst **ganz vom Ufer abgestossen**, verläuft der Prozess autonom, widersteht auch allfälliger, gegen das LEBEN steuernder Einflussnahme von aussen – sei das von dir selber oder von Dritten. Dieser PrimärProzess ist die Antwort, die *unsere innere Regiestelle*, die bei jedem Lebewesen über das Einhalten der biologisch abgesicherten primären Lerninhalte wacht – ich nenne sie **«Rootset»** –, auf die wuchtige und doch **zutiefst einvernehmliche Avance** gibt. Er löst, so sofort wie ganz allmählich, die teilweise seit tausenden von Jahren festgezurrten chronischen Spannungen bzw Vorbehalte gegen das LEBEN (die aktuelle Biografie spielt im PrimärProzess eine ganz untergeordnete Rolle – welche Entlastung!). Dies äussert sich sowohl ganz sichtbar körperlich als auch mittels unkontrollierter, unglaublich starker, nun echter Emotionen. Und, wichtig, meistens hast du keine Ahnung, was da in dir abgeht. Gut so. – Ab und zu taucht etwas an die Oberfläche, um dein Bewusstsein für einen Schritt zu nutzen, dann heisst es wieder: egal!

Ergo: Du wirst nie! nie! nie! irgendwelche Kontrolle über deinen PrimärProzess haben. Bist du erst richtig drin, ganz nah bei dir sowie im Einklang mit dir, lächelt dein Rootset bloss noch freundlich gelassen über deine bemühten Versuche, mit deinem Matrixbewusstsein helfend – de facto hindernd – einzugreifen.

Der freie Atem

Richtig, heisst, normal atmen, das kann jede und jeder lernen; natürlich stets mit eingeschränktem Volumen. Das allein beweist und bringt noch gar nichts. Sonst wären die Opernsänger und -innen die MeisterInnen des LEBENS. Sind sie nicht; so gerne ich ihnen zuhöre. Die haben gar keine Zeit für LEBEN; SpitzensportlerInnen eben.

Normal atmen ist die unabdingbare Voraussetzung für den erfolgreichen PP. Der **NormalAtem (NA)** muss sich steigern zum **PrimärAtem (PA)**. Und dann beschleunigen, bis du vollkommen **ausser Kontrolle gerätst (AK)**. Das zusammen ergibt die Atembombe (AB). Und diese muss überleiten in den PrimärProzess (PP). Und der führt dich ganz allmählich zum *freien* Atem.

Erst der vollkommen freie, gänzlich unbewusst gesteuerte NormalAtem auch im Alltag gilt. Denn der ist gleichbedeutend mit deinen befreiten Ressourcen (es braucht dann allerdings noch Zeit, bis diese vollständig installiert sind).

Das heisst leider auch, ausser (weitgehend) bei Säuglingen existiert der freie Atem bei uns Menschen nicht. Doch du kannst diesen vollkommen freien Atem jetzt per NormalProjekt erreichen. Das liegt in deiner Hand. Oder wo auch immer.

Und: Jeder tiefe, einigermassen freie Atemzug vermittelt LEBEN pur. Das ist, wie wenn du an ein Kraftwerk angeschlossen wärst, oder im Meer des LEBENS schwimmen würdest: bloss tief runter atmen und du wirst belebt und bewegt.

Das grosse Versprechen

Bevor ich nun zur detaillierten Schilderung übergehe, wie das Human-UP! MEGATOOL, genannt «AB-PP», konkret angewandt wird, presche ich schon mal vor mit dem unverschämten Versprechen, was dieser Prozess in dir Ungeheuerliches bewirkt. Solche verdichteten, enthusiastischen Texte nenne ich – in Anlehnung an die Oper – «Stretta».
*Hier also die ‚**AB-PP Stretta**‘:*

AB-PP macht insgesamt Riesenspass. Ist richtig megaobergeil. Das ist **praktizierte Freiheit pur**. Ohne jede Einschränkung. Und verändert ganz nebenbei dein Leben von zuinnerst in Richtung **uneingeschränkt, total vital, saftig, liebevoll**. Jedes Mal ein Stück mehr.

Dieser Prozess löst, entspannt, befreit deine innerste Struktur. Befreit die unerhörte Wucht, die in dir steckt. Befreit alle deine Gefühle. Befreit deinen Körper. Befreit deine Energie. Befreit deine Liebe. Befreit deine Lust. Vergiss deine künstlichen Bemühungen um Schönheit und körperliche Anziehungskraft; alles lebensfeindlicher Quatsch, der dich in Wahrheit unattraktiv macht, vom Leben vollkommen entfremdet; da stets *gegen* dich gerichtet.

AB-PP öffnet deinen Kontakt. Den intensiven Kontakt zu dir selber. Den Kontakt zu den Mitmenschen. Den Kontakt zum Leben überhaupt. Den umfassenden Kontakt zum unendlichen Raum um dich herum.

AB-PP macht dich fähig zu handeln. Fähig zu dir selber zu schauen. Fähig dich in jeder Hinsicht perfekt zu regulieren. Macht dich fähig zur Auseinandersetzung, bei der alle gewinnen. Fähig mit jeder Faser zu lieben. Fähig durchdringend wahrzunehmen. Fähig lebensintelligent zu denken. Fähig stets die richtige Entscheidung zu treffen.

AB-PP macht dich grossmütig; macht dich grosszügig; macht dich gelassen im Umgang mit materiellen Dingen und mit Beziehungen.

Kurz:
Die Atembombe in Verbindung mit dem PrimärProzess macht dich durch und durch LEBENDIG und unerhört stark. Du wirst nach und nach zum Superexemplar Mensch. So wie das eigentlich sein muss. So wies dir zusteht. So wie wir dich verdienen.

Ende Stretta.

Tja, wie das so ist mit Versprechen; man muss sie dann auch halten. Wirke ich so, als wenn ich mich vor der Probe aufs Exempel fürchten würde?

AB-PP LIVE
Manuel

(Etwas Familiengeschichte. Manuel ist der jüngere Sohn).

Atmen, Atmen, Atmen. Und dann noch einmal so richtig durchatmen, bevor es weitergeht ... mit Atmen. Was im ersten Moment nach dem Alltag eines jeden Menschen klingt – ja, atmen müssen wir alle um zu überleben – stellt sich bei genauerer Betrachtung als etwas vom Aufregendsten und zugleich Schwierigsten heraus, was sich einem in einem Menschenleben so bietet.
Unsere Atembombe dauerte ungefähr eine Stunde. Eine Stunde Power-Atmen in einer Gruppe von fünf nebeneinanderliegenden Menschen und zwar mit vollem Einsatz. Tiefe Atmung vom Beckenboden bis zum Scheitel und zurück („wie ein Glas Wasser, das sich leert und wieder füllt"), die zwischendurch halsbrecherische Geschwindigkeit annimmt und in der ganzen Zeit nicht einmal unterbrochen wird. Ich hatte innerhalb der Gruppe stets meinen Raum, wurde in Ruhe gelassen und fühlte mich gleichzeitig von Beginn weg durch die anderen motiviert, doch niemals abgelenkt.
Durch die sanfte, aber bestimmte persönliche Anleitung konnte man nicht ausweichen und mal eben ne Pause einlegen, die Atmung abflachen lassen oder aufgebaute Spannung durch Bewegung abschütteln. Spannung, die sich durch die non-stop Intensivatmung im Körper (Kribbeln, Verkrampfungen, Energieschübe), in den Gedanken und in der Gefühlswahrnehmung unausweichlich bemerkbar macht. Aufgebaute Spannung, die förmlich nach Katharsis schreit – aber so einfach machten wir es uns nicht. Schreien, um sich schlagen und heulen war diesmal nicht angesagt. Wir behielten also die Spannung in uns, liessen diese gewähren, an den eigenen Ängsten zerren und an der eigenen Fassade schürfen und schliesslich: transformieren.
Das Ergebnis war für mich, nebst einem befreiten Aufleben in den darauffolgenden Stunden, ein Gefühl in der Brust, das weiter

bestehen blieb und über mehrere Tage hinweg immer wieder mal anklopfte. Es war nicht wie die grosse Angst, die ich während dem Atmen verspürte, sondern mehr eine Erinnerung an die eigene Fragilität und den fortlaufenden persönlichen Prozess, der durch die Atembombe einen neuen Schub bekam.

Schmankerl
Kinder

Kinder gilt es fest zu halten, ohne sie festzuhalten

Atme bis zur Atembombe

Hier mach ichs mir mal einfach und schicke einen Artikel, den ich bereits vorher verfasst habe; daher seitenfüllend. Allerdings erst vor Kurzem, also ganz aktuell. Eigentlich war er für Fachzeitschriften gedacht. Doch welche? Und, wen interessiert die echte Revolution für das menschliche Leben bereits? Wenden wir doch unsere meiste Energie auf, um genau dieses LEBEN zu vermeiden. Seis drum.

Jacqueline, einmal mehr überwältigt von der Kombination Atembombe (AB) und PrimärProzess (PP), lag in Tränen aufgelöst, jedoch glückselig, am Boden und winkte mich zu sich. Ich beugte mich zu ihr runter. Sie umarmte mich hingebungsvoll und verlangte strahlend, dass ich dieses Buch schreibe. Da die Frauen im NormalRaum eben das Sagen haben, und sich die NormalCommunity auf direktem Weg dorthin befindet, folge ich hiermit selbstredend ihrer Aufforderung – ohnehin, weil ich gerne (schriftlich) rede.

Was ist der richtige Atem?

Der richtige Atem ist – logischerweise – natürlicher Atem. Ich nenne ihn **«NormalAtem» (NA)**, weil die NormalRevolution zuerst die ursprünglichen, naturgegebenen Ressourcen weckt, diese befreit, kulturell entwickelt und schliesslich zum Wohl der Menschheit einsetzt.

Der NA strömt in dich hinein und füllt dich wie Wasser, das in ein Glas strömt – kannst auch Tee oder Champagner nehmen –, von unten nach oben. Je nach Enge deines Atemraums – Becken/Bauch und/oder Brustkorb/Hals – kann das richtige Füllen einiges an Anstrengung verlangen sowie eine Menge Zeit beanspruchen, unter Umständen viele Monate, bis es ganz gelingt. Allein schon das Reinnehmen des Lebens – verkörpert durch den Sauerstoff – in einem Mass, dass das, was du zum Überleben gerade brauchst, bei weitem übersteigt, kann eine nicht zu unterschätzende Herausforderung bedeuten.

Heraus strömt der NA ebenfalls wie eine Flüssigkeit aus dem Glas: gleichmässig von unten und oben; und wirkt als Entlastung.

So bewirkt das richtige Einatmen das Ansteigen des Drucks im Leib, während das Ausströmen einem wörtlichen ‚Gehen-Lassen' gleichkommt.

Ja, ich weiss, viele Menschen – vor allem Frauen – verbinden das Ausatmen mit *rausdrücken*, heisst Spannung im Bauch. Ganz praktisch; so gibts nie Entspannung, geschweige denn loslassen. Viel Spass dann beim Sex ...

Und die Atembombe?
Das ist vor allem einmal ein provokativer Name; das Erschrecken über die Verwechslung hat bereits Tradition. Jedoch auch Realität; abgeleitet aus der Erfahrung, dass der NormalAtem, mit ungeheurer Wucht praktiziert, in unseren Organismus, in unsere Verfassung, in unser Befinden einschlägt wie eine Bombe. Ungeheure Wucht bedeutet, total füllen, von zuunterst, bis zuoberst, bis über das Geht-nicht-mehr hinaus; und dann beschleunigen; immer mehr, bis dir jegliche Kontrolle entgleitet. Wie das technisch geht, erfährst du in der Praxis.

Die Atembombe vermag es schliesslich, direkt zu unseren Wurzeln vorzudringen; und dazu gehören ganz selbstverständlich unsere Gene!

Wie das? Und wozu?
In meiner jahrzehntelangen Tätigkeit als Psychotherapeut, Seminar- und Ausbildungsleiter sowie als Leiter eines Lebensbildungsinstituts bin ich mit tausenden von Menschen professionell näher in Kontakt gekommen; darunter SpitzensportlerInnen, professionelle SängerInnen, Menschen, die über Erfahrung mit Atemtherapie, holotropem Atmen o. ä. verfügen. Keine und keiner – selbstverständlich inklusive ich selbst – verfügte über einen auch nur annähernd freien, heisst normalen Atem.

Zum selben Ergebnis führen die unzähligen Begegnungen und Beobachtungen im Alltag. Meine zahlreichen Reisen durch die Welt, die Begegnung mit den verschiedenen menschlichen Kulturen, sie bestätigen dieses seltsame und *vollkommen absurde, da direkt gegen das Leben gerichtete Phänomen* als gattungsweit. Längst

genügt mir in der Regel ein kurzer Blick, um Charakter sowie spezifische chronische Einschränkungen des Atems einer Person festzustellen, inklusive die kurz- bis langfristigen Auswirkungen auf die gesamte Vitalität der Betreffenden. Der Atem gehört zu den zentralen Instrumenten, mit denen wir unsere Vitalität ausdrücken, aber eben auch eindämmen. Er ist folglich zuverlässiger Indikator für das Mass der Vitalität eines menschlichen Individuums.
Und: Der Atem ist objektiv beobachtbar und systematisch förderbar. Manipulationen – auch durch eine begleitende Fachperson! – können leicht durch Dritte aufgedeckt werden.
Zudem und vor allem wirkt sich der Atem unmittelbar auf den gesamten Organismus aus. Diese unmittelbare Wirkung auf das Ganze war mein fundamentaler Anspruch, den ich bereits als junger Therapeut verkörperte, und der mich, folgerichtig, schliesslich über die Psychotherapie hinaus führte.

Nun ist der Atem natürlich bloss ein Zweig meines Erforschens von endlich wirksamen Lösungen für die unzähligen individuellen bis globalen Nöte, die der Homo sapiens schafft. Allerdings mittlerweile der zentrale Zweig – der Begriff ‚Stamm' wäre hier wohl angemessener –, weil **die Lösung für all diese Probleme unumgänglich beim normalen, freien Atem ansetzt**; eine klassische Conditio sine qua non, eine Bedingung ohne die es nicht geht. Denn, da wir ausnahmslos unsere Lebendigkeit und damit unsere Lebensintelligenz ab Geburt – ja, längst in unseren Genen verankert! – systematisch und in ungeheurem Ausmass einschränken, muss sämtliches Bemühen, das nicht bei der krass und beschleunigt schwindenden Vitalität des Homo sapiens ansetzt, zwangsläufig scheitern. Nichts ist leichter zu erkennen – wenn man denn hinzuschauen wagt.

Da fragt sich natürlich: **Weshalb dieses so unsinnige, wie tragische und destruktive Verhalten?**
Längst haben meine Forschungen – mit tatkräftiger Unterstützung der täglichen Praxis – aufgezeigt, wie es zu diesem sowohl offen wie verborgen lebenseinschränkenden, ja, lebensabtötenden(!) Ver-

halten des Homo sapiens kommen konnte, dem wir Menschen – mittlerweile ohne Ausnahme – unterworfen sind. Tatsache ist, dass es zu den ersten Aufgaben/Zwängen gehört, denen ein menschlicher Säugling unterworfen ist, seinen Atem einzuschränken; unabhängig davon, ob die Eltern dies bewusst wollen oder nicht. Dies, damit das dann doch noch ziemlich wache Leben mit seiner – aus Sicht des gewordenen Homo sapiens – beängstigenden Lebenswucht die Umgebung nicht komplett überfordert. – Soeben habe ich vernommen, dass auch in unsern Breitengraden Säuglinge da und dort noch fest eingebunden werden. Puh! – Ab da ist es das für jeden Menschen selbstverständlichste, lebensbegleitende, jedoch ganz ins Unbewusste verdrängte Bemühen, den Atem – und mit ihm unsere Lebendigkeit und natürliche, kritische Lebensintelligenz – krass einzuschränken, zu kontrollieren, zu verfälschen. Die recht verbreiteten Bemühungen, den Atem zu fördern, mögen da und dort ihren explizit eingeschränkten Zweck – wie singen, rennen – erfüllen, bringen jedoch in Bezug auf die Herausforderung, normal und frei zu atmen, rein gar nichts. Dafür brauchts zwingend den damit verbundenen PrimärProzess.

Wäre diese systematisch praktizierte Entwertung des Lebens nicht längst offenbar und würde durch das tägliche Befassen mit den lokalen, wie globalen menschlichen Phänomenen durchwegs bestätigt, meine tägliche Praxis mit der Atembombe und schliesslich dem PrimärProzess zeigte ebenso unmissverständlich auf, wie unfassbar weit sich der Homo sapiens mittlerweile von seiner ursprünglichen Vitalität und Lebensintelligenz entfernt hat; und sich dabei scheinbar unwiderruflich, auf jeden Fall in absurdem Ausmass, geschwächt hat. Mit unzähligen, zumeist unbewussten Verboten, Ängsten, Entwertungen, Verfälschungen, rechtfertigenden Illusionen usw, schränken wir uns systematisch und nachhaltig ein, würgen das Leben in uns ab. Und, obwohl beim Praktizieren der Atembombe die dadurch geweckten Reaktionen des Organismus unfassbares Staunen bei den Betroffenen hervorrufen, stellen diese sogleich selbst fest, wie scheinbar unendlich weit sie immer noch vom uneingeschränkten LEBEN entfernt sind. **Ein Projekt also fürs Leben**, und doch jedes Mal mit unglaublicher, durch nichts Anderes sonst auch nur annähernd erreichbarer Wirkung.

Bleibt zu bemerken, dass wir nirgends so raffiniert, schlau und widerständig sind, wie wenns um die Abwehr des LEBENS geht. Die mit dem LEBEN verbundenen Tabus wecken unvermeidbar *Todesängste* bei deren Bruch. Ergo droht auch im PrimärProzess bei 95 % der erlebten Vorgänge reines Drama. Heisst, tränen- oder wutreiche Show, ohne echte Wirkung, bzw mit der klaren (unbewussten) Absicht, eben diese Wirkung zu verhindern. Dies geht so, solange das Ganze nicht genauestens, höchst kritisch sowie gnadenlos nüchtern beobachtet und bewertet wird; zuerst durch Begleitende, schliesslich durch die Betroffenen selbst. Ich habe eine Reihe von Menschen erlebt, die mehrere Jahre ‚selbständig' regelmässig den PrimärProzess durchgeführt hatten, dh ohne enge Begleitung. Da ist rein gar nichts passiert; rein gar nichts; leider. Und sogar für mich als Begleiter gilt: Solange auch nur die geringste Angst in mir wirkt – zB vor Verlust – entschlüpfen mir die Leute umgehend in den Schein.

So bedeutet also bereits der konsequente Weg zum befreiten Atem Rebellion pur. Die mutige Abkehr von einem seit Jahrtausenden etablierten Trend, unsere ungeheure Lebenswucht und grossartige, natürliche Lebensintelligenz systematisch einzuschränken, bis hin zur Zerstörung – individuell wie sozial. Der NormalAtem, im Rahmen der Atembombe praktiziert, bedeutet einen Tabubruch total; die Abkehr von diesem fatalen Verhalten, das unendliches, unnötiges Leiden bewirkt, zahllose Krankheiten auslöst, Abermillionen von Menschen unnötig und unter schrecklichen Umständen das Leben kostete; sowie Tag für Tag weitere. Dieses fatale Verhalten, das uns schliesslich vom vitalen Kontakt mit dem Leben in uns drin trennte.

Zusammengefasst: Die Atembombe – die bombastische Steigerung des NormalAtmens weit über unsere mühsam entwickelten und in der Regel laufend weiter verstärkten Grenzen hinaus –, das ist die ungeheure Anmassung, sich um all die offenen und verborgenen lebensfeindlichen Regeln und Gesetze einen Deut zu scheren, die alle menschlichen Lebewesen mehr oder minder, doch stets genug, treffen; Regeln und Gesetze, die wir bereits erben, und ab dem ersten Moment unseres Lebens einüben – ob wir wollen oder nicht; wir haben da keine Wahl; auch gutmeinende Eltern nicht.

So lernst du im NormalProjekt denn erst mal dies: richtig, bombastisch zu atmen; und erschütterst bereits damit deine innerste, krass verspannte Struktur. Dein Innerstes wartet zwar seit Urzeiten darauf, endlich befreit zu werden. Doch der Zugang ist versperrt und öffnet sich nur langsam – und dies auch nur dann, wenn du genau das Richtige tust; und dies mit der richtigen Einstellung! Nur für dich, niemals gegen dich! Dann weckst du schliesslich das LEBEN in seiner ganzen, ursprünglichen menschlichen Wucht; was eben bisher keinesfalls sein darf. Das schlägt jeweils ein wie eine Bombe.

Folgerichtig bedeutet bereits konsequent richtig zu atmen und dann per Atembombe deinen inneren Raum neu auszuloten, Revolution!

AB-PP LIVE
Fred

ATEM-BOMBE ... weckt Assoziationen ...
Wenn Bernhard etwas propagiert, das an Atombombe erinnert, dann hat er ein listiges Anliegen: etwas Bombastisches, das mit Atmen zu tun hat. Er verspricht ja (meistens) nicht zu viel. Also wollte ich es kennenlernen.
Ich folgte der Einladung von Jacqueline zudem in der Erwartung, alte! Bekannte zu treffen – nicht nur den Maestro –, was dann auch geschah.
Die Quintessenz folgte im Keller, der eigens für die Bombe schalldicht isoliert worden ist. Dort wurden wir angeleitet, !RICHTIG! zu atmen. Kann man falsch atmen? Ja, kann ich: einen Bruchteil dessen mit Luft füllen, das von der Natur her zum Atmen da ist: Bauch und Brustkorb. Beim Singen im Chor falle ich oft in diese Masche und kann dann den Ton nicht halten. Hier jedoch ging es darum, den genannten Raum von unten her zu füllen, bewusst, vom untersten Bauch bis zur obersten Lungenspitze – gefühlt noch ein bisschen mehr. Und das mit zunehmendem Tempo. Ich kannte die Folgen vom Hyperventilieren her, das mich früher mal erfasst hatte, nach dem Essen von Pilzen: Panik, Sterbens-ängste, Nie-wieder!! Die Anleitung lautete aber: „Dran bleiben und hindurch, es passiert nix Bedrohliches, im Gegenteil." Ich liess mich darauf ein, wollte den Prüfstand testen, blieb dran, ermattete, fing von Neuem an, schaffte eine beschleunigte Kadenz und noch eine und noch eine, bis ich nur noch ein rasch atmendes Bündel Mensch war, das alles rundum nicht mehr wahrnahm, sondern nur noch im vollen Atmen war. Ob ich es richtig mache? Bernhard ermunterte mich einfach fortzufahren. Ich fuhr fort – nein: ich fuhr ab, in einen Halb-Bewusstseins-Zustand, den ich nicht mehr selber beobachten konnte, der also eigengesetzlich wurde und mich mitnahm. Augen offen oder zu? Ich weiss es nicht. Mund offen, das nahm ich noch wahr. Gemüt offen? Dieses verengte sich auf eine Linie, die von den Füssen bis zum Kopf reichte. Ich war völlig durchlässig, durchströmt von einem

an Wollust grenzenden Kribbeln. Und das Merkwürdige war: im rechten Bein viel mehr als im linken. Im rechten Oberschenkel war ich vor ¾ Jahren operiert worden: die ausgeweitete und verkalkte Arterie wurde durch eine körper-eigene Vene ersetzt. Dieses operierte Bein reagierte auf die Sauerstoff-Überflutung stärker als das andere. Ich deutete das sofort als Zeichen, dass da etwas Überfälliges, Top-Gesundes passierte. Rückblickend kann ich es eine EKSTATISCHE GESUNDUNG nennen. Dieser Ausdruck stimmt auch für den Gemüts-Zustand, den ich nach dem Ermatten des Atmungs-Mechanismus empfand: Ich lag einfach selig auf der Matte, die Welt war total in Ordnung und ich sowieso. Das Kribbeln dauerte noch eine Weile an und flachte schliesslich ab. Ich nahm wahr, wie andere den Raum verliessen, und tat das auch. Neben dem Pool stehend spürte ich allmählich wieder Boden unter den Füssen und traute mir dann erfrischendes Schwimmen zu.

Repetitio licet. Ja, ich muss mir das wieder gönnen, nicht nur daheim auf dem Teppich, als Solist, sondern unter Anleitung, um die Bombe scharf zu machen.

Die Megashow+

So, in den nächsten Kapiteln gehts nun detailliert zur Sache. Du hast bereits Etliches erfahren zur unmittelbaren Wirkung der Atembombe. Richtig gemacht ist sie schlicht und wörtlich: atem-beraubend. Das ist die «Megashow». Immer wieder anders; unplanbar, unvorhersehbar; das heisst, stets überraschend; und: stets überwältigend.

Wie ich in einem AB-PP LIVE Bericht erwähnte, sind diese bombastischen Erfahrungen, inklusive Nachklang, allein schon mehr als Grund genug, sich auf dieses ... ja, halt auch: Spektakel einzulassen; die Megashow eben.

Manche sehnen sich nach solch wuchtigen Erfahrungen und probierens, in bisheriger Ermangelung eines besseren Mittels, mit entsprechenden **Drogen**. In beiden Fällen wird der (prä-)frontale Cortex vorübergehend ausgeschaltet. Der Unterschied? Drogen wirken im Endeffekt zu 100 % destruktiv, de-emanzipierend. AB-PP wirkt zu 100 % konstruktiv, emanzipierend.

Megashow+. Ebenfalls erwähnt habe ich den Umstand, dass die Atembombe tief in deine Struktur eingreift, dich gleichsam *wachrüttelt*; jedoch, trotz ihres autonomen Feuers, bloss als Steigbügelhalter herhält. Die paradiesische, so etwas von nicht beabsichtigte LEBENDIGE Verbindung zu den humanen Urkräften, und in der Folge der **wundersame Wandel, der uns ganz langsam vom verkorksten Homo caput zum befreiten Homo normalis mutieren lässt,** dies leistet erst der PrimärProzess. Und den gilt es erst mal: zuzulassen; halt eben, egal, was die Konsequenzen sind; vielmehr bloss deshalb, weil er dich ZU DIR führt! Du bist das (hoffentlich noch) wert. Deine/unsere Nachkommen werdens dir danken.

AB-PP LIVE
Bernhard

schon seit geraumer zeit hatte ich den eindruck, mein atem ist so frei, ich kann noch so lange, noch so intensiv atmen, ich werde nicht mehr an eine grenze stossen, plus dabei stets bei vollem bewusstsein bleiben; während durchaus PPs ablaufen. kontrolle ist eh nicht mein ding. denkste! kaum hatte ich dann selber ganz unverhofft den atem intensiv und kraftvoll in bauch und becken geführt, und – anders, als ich das schon kannte – dabei so sorgfältig tempo gegeben, dass ich stets, mittels bloss kurzem ausatmen, den gesamten becken- und brustraum von zuunterst bis zuoberst, ja, darüber hinaus, füllen konnte, wurde ich nach wenigen minuten ohnmächtig. – kaum war ich wieder bei bewusstsein, atmete ich auf dieselbe weise weiter; und wurde wieder ohnmächtig. das spielte sich 4-, 5-mal ab. in den wachphasen schnappte ich über, war ganz irre, bewegte mich wild und ohne kontrolle, stiess irgendwelche laute aus. und doch stellten sich mit der zeit ganz klare gefühle ein; verbunden mit: ‚ich fühle mich nicht unwert, nein: ICH BIN UNWERT! UND DAS IST OK, RICHTIG SO!' heisst: ich befand mich hinter der eigentlich undurchdringlichen wand der primären installation des «überlebenspakets» (wieder so ein fall …); in den genen?

jedenfalls war klar, inklusive meiner rund 45-jährigen erfahrung mit primärprozessen – die fanden ja auch schon statt, bevor es denn PP als verfahren überhaupt gab; weil sie nämlich EIN STÜCK MENSCHLICHER NATUR SIND, sprich, der immense wunsch, nach jahrzehnten, ja, jahrtausenden (!) des elenden, unwürdigen, lebensfeindlichen verdrängens, sich endlich wieder mit sich, wenn auch (noch) nicht mit der ursprünglichen natur, so doch mit der ganzen ungeheuren inneren not zu vereinen, welche das verdrängen des lebens durch dritte, wie durch sich selber bewirkt hatte – ähm … war eben klar: das war BEST EVER!

wow, das war ein satz! ☺

die verfassung, die mich erfüllte, als ich aus der quarantäne an die sonne taumelte, hiess: TILT! und so etwas von klar, ruhig, (selbst-)bestimmt.

Durch die Atembombe zum PrimärProzess.

Die Atembombe besteht aus drei Elementen:

1. NormalAtem (NA) = das Glas füllen.
2. PrimärAtem (PA) = das Glas bis zum Überlaufen füllen, unter Einhaltung von 1.
3. Ausser Kontrolle geraten (AK) = beschleunigen, unter Einhaltung von 1. und 2.

Und dies ist der PrimärProzess: Dieses Vorgehen löst – mit zunehmender Erfahrung zunehmend zuverlässig – den PrimärProzess aus. Was bedeutet: Dank beharrlich kompromisslosem Zuwenden zu dir, so wie du tatsächlich bist – mit Licht und sämtlichen Schatten! – entwickelt sich allmählich der vorbehaltlose Einklang mit dir selbst, inklusive schmerzlichem Einklang mit dem bereits in den Genen enthaltenen Verzicht auf das LEBEN. Das bewirkt offenbar bei der weitgehend unbewussten, inneren, biologisch definierten Regie (Rootset), dass sie das Durchdringen der eben an sich biologisch geschützten postneolithischen eisernen Bastion *(‚Festung')* zulässt; der scheinbar undurchdringbaren Mauer, die uns vor den ‚Gefahren' des uneingeschränkten LEBENS bewahren soll; Stichwort ‚Ohnmacht'. Was schliesslich das Eindringen in unsere innerste, ursprüngliche Struktur ermöglicht. Und damit den biologisch keinesfalls vorgesehenen Neubeginn, nun endlich durch die Natur selbst geprägten, konsequent lebensintelligenten primären Lernens.

Dieser komplexe, unvorstellbar wuchtige und langanhaltende Prozess – Respekt bitte; bedenke nur schon, wie lange die nötigen körperlichen Umwandlungen, inklusive Knochenstruktur, dauern! – ist durchtränkt mit den unzähligen, schmerzlichen und beängstigenden Erinnerungen an die Vorgänge und Umstände – auch kollektiver und gattungsgeschichtlicher Natur –, die bewirkten, dass wir begannen, den natürlichen Anspruch ans Leben aufzugeben. Dies allerdings nun ohne Zensur erlebt; in der, damals beim ersten primären Lernen weitgehend unterdrückten, originalen Wucht.

Die Formel lautet also, ganz schlicht: **NA + PA + AK + PP = LEBEN**

Zusammen mit der unabdingbaren Entscheidung, alles fürs LEBEN zu geben sowie den unverzichtbaren Leitplanken *(siehe normalrevolution.ch/Book Shop),* die erst den Kontext schaffen, in dem dieses nette Tool seine Wirkung uneingeschränkt entfalten kann, ergibt sich eben das NormalProjekt (NP).

AB-PP LIVE
Viktor

mein erleben der atembombe.
ruhig geht mein atem – NormalAtem – wohltat.
intensivieren; der beckenboden prickelt mit feiner perlage, füllt sich rot und fühlt sich warm an. das level steigt und steigt, hin zum zwerchfell, füllt weiter – blau – noch immer warm. füllt weiter jedes lungenbläschen hinauf zum hals. wird strenger, die luft strömt, grün mittlerweile und heiss, nicht mehr einfach so über den verspannten kiefer hinaus, und doch schliesslich bis zum überfliessen ...

und dann die entspannung beim gehenlassen des atems, hinausdrängen und doch hinein in jede zelle – warm und pulsierend.
nach 5, 6 solchen zügen schwinden mir die sinne – eine andere geschichte zieht auf.

Die Quadriga kanns

Die drei Elemente der Atembombe – NormalAtem (NA)/ PrimärAtem (PA)/Ausser Kontrolle (AK) – bilden **gemeinsam mit dem PrimärProzess (PP)** die Quadriga; mit der so ungeheuren wie ausdauernden Kraft, die nötig ist, um uns endgültig aus der lebensfeindlichen Matrix zu lösen.

Kurz: Die Quadriga, dieses Vierergespann, zieht dich, richtig angetrieben, aus dem Matrixsumpf heraus. Garantiert!

Das ist *das* **Human-UP! MEGATOOL**. Punkt.

Der eingeleitete PrimärProzess

Oben habe ich die Technik des eingeleiteten PrimärProzesses kurz beschrieben. Wann auch immer du dich entschliesst, ‚PP zu machen' – ob in einer Gruppe, zu zweit oder allein – und dich an einem geschützten Ort, wenn möglich nackt, auf den Rücken legst, orientiert sich dein Verhalten an der Quadriga.

Das Beschleunigen, bis du ausser Kontrolle gerätst (AK), sowie die dadurch ausgelösten Körperreflexe, Laute/Worte, die in starke Emotionen überleiten können – nicht müssen –, oder auch im Wechselspiel damit verlaufen, das ist der klassische Ablauf des eingeleiteten PrimärProzesses. Je offener und PP-geübter du bist, desto rascher wird der PP ausgelöst. Da brauchts manchmal wenig, um den gänzlich unkontrollierten Prozess, ohne Absicht und Ziel, auszulösen. Conditio sine qua non ist und bleibt jedoch der richtige, eben natürliche, bzw NormalAtem (NA), gesteigert zum PrimärAtem (PA). Ohne diese beiden ist jeder Aufwand für die Füchse; ergibt höchstens Drama. Zudem gilt, **PrimärProzesse sind erst nach dem Verlust der Kontrolle möglich!** Alles andere führt eben zu Drama, dient der Abwehr und damit der Matrix zu. Oder anders gesagt: Die Atembombe geht auf jeden Fall soweit, bis du die Kontrolle über dich verlierst.

Doch beruhige dich. Weisst du was ‚ausser Kontrolle geraten' bedeutet? Das bedeutet BEFREIUNG! Einfach fantastisch! Du wirst es erleben und diese Verfassung lieben lernen. Garantiert!

AB-PP LIVE
Bernhard

eine ganze woche dauerte es, und schon war wieder best ever angesagt. wieder in der gruppe, als schlichter teilnehmer. diesmal standen im zentrum die vom ersten moment an gänzlich unwillkürlichen, ungeplanten, unkontrollierten bewegungen. dabei wurde rasch klar, dass ich mich seit meiner säuglingszeit nie mehr auf diese weise bewegt hatte. das hätte ich mich schlicht nicht getraut. das ist sooo primitiv. damit wurde auch klar, dass sich jene quellen offenbar wieder geöffnet hatten, verbunden mit den reaktivierten physischen erinnerungen an jene bewegungsformen, inklusive der fähigkeit dazu.

das innere fazit nach diesem pp war:
es ist vollkommen egal, ob der pp etwas und, wenn ja, was bewirkt, der vorgang an und für sich allein reicht. er erfüllt mich mit einer bislang ungekannten intensität, mit einer inneren freiheit zu sein, mit soviel UNEINGESCHRÄNKTEM LEBEN, dass ich ihn nicht mehr missen möchte. ES LEBE DIE ATEMBOMBE!

dass der pp dann auch noch brachiale auswirkungen hat, nach und nach den 100 % vorbehaltlosen einklang mit dem ursprünglichen sein herstellt und so schliesslich jeden inneren zwang obsolet macht, barrieren gegen das naturgemäss in uns pulsierende LEBEN zu errichten – gleichbedeutend mit der schliesslich vollständigen, kompromisslosen absage an den genderkrieg des homo sapiens –, alle gefühlten risiken inklusive: ausgestossen zu werden, sich selbst wegen familiären und gesellschaftlichen ungehorsams von den verfügbaren ressourcen auszuschliessen, sich schliesslich umzubringen; das ist, angesichts dieser unvergleichlichen erfahrungen – durch quasi nichts geweckt – schlicht peanuts. ha!

No Control

Entscheidend:
Du hast keine Kontrolle über den PrimärProzess; nie, NIE! Niemals und nirgends!
 Ja, meistens hast du keine Ahnung, was da abläuft. Und das interessiert dich auch gar nicht. Was solls? Go on!

Nimms rein!

Luft ist Kraft; Luft ist Leben; Luft ist (relativ) leer; Luft ist ohne Wertung. Sie dringt ein und kümmert sich nicht darum, was schon da ist; wertet dieses nicht.

Die Erfahrung zeigt, dass daran, wieviel Luft jemand bereit ist einzuatmen und ins eigene System zu leiten, ohne die gewonnene Energie gleich wieder über den Körper auszuagieren, recht gut ablesbar ist, wie gross die Bereitschaft ist, das LEBEN reinzulassen, und damit insbesondere *das Gute zu nehmen*. Dabei geht es stets auch um den Alltagsatem. Menschen zB, die in der Opferhaltung festsitzen und ständig nach Gründen suchen, ihre Vorwürfe gegen wen oder was auch immer zu rechtfertigen – die bereits beschriebenen Opfeler also –, werden zumeist Schwierigkeiten haben, so richtig tief einzuatmen; oft weigern sie sich geradezu; denn alles Gute, das sie nehmen, gibt ihnen Unrecht.

Das gefällt mir so gut an der Atembombe; man sieht gleich, wer dahintersteckt.

Der Einatem unterstützt grundsätzlich die Kontrolle, während der Ausatem eher loslassen, sich gehenlassen, aber eben auch Drama bedeutet. Daraus ergibt sich eines der typischen Paradoxa des PrimärProzesses: Der Ausatem spielt eine kleine, untergeordnete Rolle, weil er zum Drama hin tendiert. Daher wird er in der Atembombe bewusst begrenzt. Es geht vor allem um das Einatmen. Und dieses muss so stark sein, dass dein Gehirn (insbesondere der präfrontale Cortex) mit Sauerstoff förmlich geflutet wird, und du jegliche Kontrolle verlierst.

Die Atembombe, und mit ihr das NormalProjekt, stehen und fallen also mit der Luftmenge, die du reinnimmst und damit dein System förmlich überschwemmst. Es muss wesentlich, ja, ungeheuer viel mehr sein, als du in deinem bisherigen Alltag ohne starke körperliche Anstrengung reinnimmst; ja, selbst die Atemmenge bei körperlicher Anstrengung wird vervielfacht. Letzteres gilt auch für den vegetativen PP *(siehe gleich)*. Dein System der krassen Begrenzung des Lebens, das sich unter anderem über den Atem stabilisiert, muss durch die Flutwelle vollkommen überfordert werden – allfällige Brechreize, Krämpfe, Mattscheiben inklusive –, damit die aufgenommene Energie durch die Abwehr hindurchdringen kann und Quellen berührt, die unter anderem mithilfe des chronisch begrenzten Atems verschlossen sind. Diese Quellen des ursprünglichen LEBENS haben ihrerseits keine Mühe, die Flut zu handhaben. Das erfährst du, sobald die Öffnung fortschreitet.

Es gilt also, dich zu überwinden – immer und immer wieder –, über jedes dir bisher bekannte Mass hinaus einzuatmen, und dich der damit einhergehenden brachialen Wirkung auszusetzen; besser: auszuliefern. Dazu gehören auch die auftretenden Symptome, wie etwa die sg ‚Hyperventilation', die in Wahrheit das Zeichen chronischer ‚*Hypo*ventilation' ist – heisst, chronischer Unterversorgung mit Sauerstoff. Ich habe letztere Grenze vor über 40 Jahren wuchtig überstiegen; seit da ist sie nie wieder aufgetreten.

Dabei bedenke jedoch dies ...

Der vegetative PrimärProzess

Frauen warten in der Regel zuerst einmal mit Dramagefühlen auf, insbesondere mit Opfersentimenten (sg ‚Jö-Gefühlen'). Je nach diesbezüglichem Drang, na ja, eher Zwang, ist der Shift zu echten Gefühlen aufwändig; dauert ... Der sg «vegetative PP» hilft.

Männer können in der Regel gar nicht fühlen; und wenn, dann sicher keine Tränen; die gewöhnt man uns schon als kleine Buben gründlich ab, nicht? „Sei stark!" – Daher ist es meist der vegetative PP, der für sie zur ersten Erfahrung eines tief-greifenden Eingriffs in ihre Innenwelt wird. In der Regel, Marke ‚no idea of anything'. Gut so. («dr. nioa 2b» – die Rückseite meiner VC).

Vegetativer PP bedeutet: feine, bis total wilde Körperreflexe, -bewegungen; begleitet oder auch nicht von merkwürdigen Lauten und/oder Worten, bis zum Schreien. Und eben: alles total unkontrolliert; das heisst, gleichsam autonom ablaufend. – Eine Ausnahme: Aggressive Berührungen, oder gar Übergriffe auf andere Anwesende sind tabu. Es gilt auch hier die Grundregel des «**Magischen Tools**»: ‚Unbedingt ins Spiel/in den Prozess, keinesfalls ins Handeln bringen' (siehe später). Auch hier entscheidet dieses Tool über Erfolg oder Misserfolg. Grundsätzlich gilt: Der PP ist *dein* Erleben. Dieses kann geteilt werden, wenns für die Beteiligten stimmt (Beispiele: PP2/ABS – nein, wird nicht verraten).

Und klar: **Die Basis des vegetativen PPs bildet stets die Atembombe.** Ausschliesslich damit wird der primäre Bezug hergestellt und garantiert. Sonst ist all dieses Getue für die Katz. Okay, bei seeehr Erfahrenen und entsprechend Verlässlichen juckts und zuckts auch mal auf die richtige Weise, wenn sie einfach so daliegen und normal, heisst richtig atmen – Zeichen des 24h-PP.

Dienen diese ‚vegetativen' Prozesse ausserhalb jeglicher Kontrolle in der Lernphase vornehmlich als Öffnungsvorgänge, so geraten sie allmählich zu vollwertigen PPs. Zu diesem Zeitpunkt läuft der PrimärProzess bereits 24h pro Tag im Innern ab. Wie er sich gerade nach aussen zeigt, ist dann sekundär.

Allmählich anerkannte ich also den vegetativen PP als dem emotionalen PP ebenbürtig. Die Neuausrichtung des gesamten Organismus bedingt zahlreiche körperliche Wandlungsprozesse, die ihrerseits durch den vegetativen PP begünstigt werden, bzw diesen bedingen. Das ungeheuer wuchtige Aufrütteln der inneren Struktur, um zu entdecken, wer wir wirklich sind und was wir so alles an Schutt in uns herumtragen, sowie schliesslich das strukturelle Auflösen der chronischen Spannungen sowie die Regeneration, bzw das Etablieren der ursprünglichen menschlichen Vitalität, bedingen beides: tiefe, enorm wuchtige, unkontrollierte Gefühle sowie identische Körperprozesse.

AB-PP LIVE
Bernhard

Anlass ist ein ‚CC'; steht für ‚Community Camp' – die regelmässigen Treffen der ersten NormalRevolution Community. Eingeleiteter PP; ich bin blosser Teil der Gruppe. Die Atembombe führt vorerst spontan zu ... okay, das erzähle ich jetzt nicht. Im zweiten Anlauf erscheinen rasch Wutelemente. Schon seit Wochen kündigt sich in meiner Tiefe Wut an, vorerst ganz sanft, und zusammen mit der Frage, wie weit Wut überhaupt Teil des PrimärProzesses sein kann; spielen sich doch die assoziierten Emotionen in der Regel im frühen Leben sowie davor ab, also in einer Zeit der weitgehenden Ohnmacht der Kinder. Da ich nichts (mehr) pushe, warte ich gelassen die Entwicklung von unten her ab.

Nun, ich werde gleich belehrt. Erster Wutausdruck spontan schon bei Beginn. Mit der zunehmenden Intensität des Atems, insbesondere mit dem über die Grenze hinaus Atmen, wird meine Stimme allerdings, wie gehabt, stetig höher; also keine klassische (Drama-)Wut, wie sie auch im (dann Pseudo-)PP so gern exerziert wird. Die Stimme steigt und steigt; bis von zuinnerst klar ist, dass alles, was nun läuft, Säuglingssache ist. Die Emotionen wechseln sich in unglaublicher Intensität sowie ungeheuer wild ab: Wut – Angst – Schmerz – Wut – ... Ganz klar kindliche Wut; verzweifelte Wut, ohnmächtige Wut; stets gepaart mit Angst und Schmerz. Die Schreie sind selbst für meine eigenen Ohren betäubend.

Unvermittelt werde ich still; wie so oft bemerke ich das erst, als es offensichtlich schon eine Weile dauert. Ich liege da, benommen, fast wie betäubt, und gleichzeitig erfüllt von einer wunderbaren Ruhe und inneren Kraft. Lange, lange ...

Einmal mehr: Das war best ever.

Endgültig und weit über die Psychotherapie hinaus

1980 gehörte ich zu den drei Gründern der «Schweizerischen Gesellschaft für Bioenergetische Analyse und Therapie», SGBAT. Da hierzulande noch kein fertig ausgebildeter Bioenergetik Therapeut existierte – ich inklusive –, konnte sie, nach einer ersten Absage, schliesslich mithilfe meiner persönlichen Fürsprache bei *Alexander Lowen* doch noch gegründet werden, basierend auf Freundschaft sowie Vertrauen in meine Person, die anlässlich meiner Teilnahme an einer internationalen Trainingskonferenz im Jahr zuvor entstanden waren. – Trotzdem bemühte ich mich danach um das Erfüllen der Form. Da mir jedoch von den Teilnehmenden der bereits bestehenden Ausbildungsgruppe in Basel der nachträgliche Eintritt verweigert wurde, organisierte ich kurzum mit Freunden eine solche in Süddeutschland. Dort wurde ich allerdings bereits am Ende des ersten Workshops vom Trainingsleiter rausgeworfen, mit den Worten: „Du brauchst nicht mehr zu kommen; du kannst bereits jetzt mehr, als du in vier Jahren können müsstest." Soweit so gut. – Bereits Ende der Achtziger dann die SGBAT wieder zu verlassen war die logische Konsequenz aus der Einsicht, dass die Entwicklung über die Psychotherapie hinausführen muss. Wie, das wusste ich damals allerdings noch nicht. – Schliesslich, Ende 1997, im Rahmen eines längeren Aufenthalts in den Savannen Tansanias, was bedeutet 24 Stunden der Natur pur ausgesetzt, ergab sich eines Nachts unerwartet die klare Erkenntnis der bislang unerkannten Struktur sowohl des Lebens allgemein, als auch die unterschiedliche des Homo sapiens, obwohl grundsätzlich Teil der Natur, sowie des tatsächlichen Innenlebens des menschlichen Individuums. Eine unbeschreibliche Durchbrucherfahrung. Damals erfuhr ich, was mit ‚Erleuchtung' gemeint ist, hingegen, jeweils auf eine Person bezogen, völlig überbewertet wird. Zurück in der Schweiz machte ich mich unverzüglich an die Umsetzung meiner Erkenntnisse und gründete das Lebensbildungsinstitut «Lebensschule2» (die zweite Lebensschule, nach der ersten in früher Kindheit). Das war richtig gut. Alles schien vorhanden. Zehn Jahre Highlife … und grosses Bemühen; natürlich mit dem Besten, was die Psychotherapie hergab; zusätzlich alles kreativ auf die Spitze getrieben. Doch es fehlte schlicht das Tool, das in der Lage war, die Matrixgrenzen zu sprengen. So wurden wir – die damalige Frau an meiner Seite und ich – mehr und mehr unzufrieden und schlossen schliesslich die ‚LS2'. Damit endete dieses ausssichtsreiche Unternehmen ähnlich, wie die 68er Bewegung: (beinahe) im Nichts. – Ich experimentierte in der Folge auf Schmalspur beharrlich weiter, bis die Atembombe, plus der vegetative PP sich einige Jahre später zu den entscheidenden Paradigmen entwickelten, die endgültig den Kontext jeglicher Psychotherapie verlassen. Mitentscheidend für den durchschlagenden Erfolg sind ebenfalls therapie-inkompatible Paradigmen, wie der vollständige Verzicht auf jegliche Kontrolle, der konsequente Verzicht auf das Streben nach Veränderungen jeglicher Art (zB Heilung) sowie der Verzicht auf das Streben nach Bewusstsein – ‚keine Ahnung von gar nichts' ist ein wunderbares Paradigma des NormalProjekts («dr. kavgn 2b», die Vorderseite meiner VC).

Die endgültige Wertschätzung der wahren Bedeutung von Atembombe und vegetativem PP beruht allerdings zusätzlich auf dem regelmässigen Erleben ‚vegetativer' (selbstverständlich ebenso emotionaler) Prozesse, die mit der persönlichen Biografie (vor allem betreffend die Familien-/Systemkonstellation als Basis des naturgegebenen primären Lernens) nichts zu tun haben können und somit auf die Wirkung des PP in die Gene hinein verweisen. Dies soll in Zukunft systematisch untersucht und somit auch für Menschen nachvollziehbar werden, die dieser fantastischen persönlichen Erfahrung, und noch viel mehr deren Wirkung bislang harren.

AB-PPG, AB-PPE, ABS, AB-PP2, PPo ...

Vorgängig habe ich die Grundform des eingeleiteten PP beschrieben. Es existieren noch diverse Varianten. Wie im Titel angedeutet.

Irgendwann fähig zu werden, grenzenlose ABS zu erleben wird zum Grössten gehören, was dir in deinem Leben widerfahren kann.

Basso Continuo

Darüber hinaus nistet sich der PrimärProzess mit zunehmender Erfahrung auch im Alltag ein. Das bedeutet dann, der PrimärProzess findet nun im Untergrund permanent statt; 24 Stunden pro Tag, sieben Tage die Woche, 365 Tage im Jahr. Er nutzt gleichsam jede Gelegenheit, um ‚vorwärts' zu machen und immer mehr LEBEN zu (re-)generieren.

Der Ablauf ist stets individuell geprägt, entspricht jedoch dynamischen Grundmustern. In den nächsten Kapiteln beschreibe ich einige davon (hoffentlich) ganz kurz.

AB-PP LIVE
Jacqueline

ich atme, atme. unwillkürlich taucht ein bild auf: meine lungen sind wie ein fest zerknülltes papier – in ihrer grösse und atemfähigkeit reduziert auf tennisballgrösse. die logische fortsetzung meiner körperhaltung, die – gekrümmt – das innerste schützt.

zurück im alltag atme ich unverhofft plötzlich tief durch, fülle den ganzen boden des beckens. ungeahnte mengen luft strömen ein, ohne anstrengung. und sofort fliessen die tränen.

Der spontane PrimärProzess

Wer mit der AB Erfahrungen sammelt, erlebt mit der Zeit unvermittelt spontane Emotionen. Dies dauert, je nach Verschlossenheit, je nach Grad, wie kaputt du bereits bist, bzw welcher Restvitalität du dich (noch) erfreust sowie je nach deinem, optimalerweise hingebungsvollen, Engagement, Wochen oder Monate, vielleicht gar mehr. Wir werden das erfahren, sobald wir tiefer und weltweit in den Abgründen der Menschheit wühlen.

Optimal für alle Formen des PP – wie selbstverständlich auch für die AB – ist, wenn du null Ahnung hast, was da in dir abgeht. Eben: No control! Wage es nicht dich zu fragen, was da los ist! Es zeigt sich irgendwann von selbst; oder es verbirgt sich klugerweise vor deinem Kontrollwahn-Bewusstsein; dann bist du gut bedient.

Ein Musikstück, eine Filmszene, Lektüre, eine Auseinandersetzung, ein Fehlverhalten, eine Erinnerung, die Angst vor einem bevorstehenden Ereignis … irgendein Trigger oder auch bloss eine vage innere Stimmung können, wenn du erst soweit bist, heftige, bis unfassbar starke Emotionen auslösen. Bei Geübten, die sich zugleich vom elenden Zwang befreit haben, stets und überall recht zu haben, sprich Gefühle zu missbrauchen, gehen diese Emotionen fliessend und ganz selbstverständlich in einen PP über. Du lässt zu, was da von drinnen nach draussen will; alles. Nichts wird gesteuert, ausser eben beiläufig der Atem. Was wieder verschwindet, verschwindet wieder. Du lässt dich gehen und du lässt gehen. Um das zu ermöglichen, genügt es dich zu öffnen, dich vielleicht zurückzulehnen; und dabei beiläufig, jedoch kritisch auf den NormalAtem zu achten, um Drama zu vermeiden. Denn Dramagefühle sind auch hier die Regel. Das gilt übrigens auch für Männer, sobald sie wieder einigermassen fühlen können. – Daraus abgeleitet **die goldene Regel: Auch im Alltag stets auf den NormalAtem achten!** Bis er, na ja, automatisch wird – ‚Tatsache' eben *(siehe später)*. Dann bist du für deine ganze Zukunft gut bedient.

Mit zunehmender Erfahrung durchdringt der spontane PP deinen Alltag, führt zu einer fantastischen, dauerhaften Öffnung, bereichert ihn mit grossartiger Kraft sowie mit zunehmender Unabhängigkeit von den Fairnissen der Matrix. **Untrügliches Zeichen: Du bist unterwegs ins LEBEN; unterwegs zum Homo normalis!**

Kopf-PP

Es handelt sich beim «Kopf-PP» um tiefe innere Abläufe, die sich weitgehend im von mir so bezeichneten **«Metaraum»** – volkstümlich ‚im Kopf' – abspielen. Zum Beispiel nach nächtlichem Erwachen, am Rande des Powerrests *(siehe später «short-list»)*, oder beim Sich-treiben-Lassen. Wie bei Tränen die Frauen (Drama), sind hier besonders die Männer gefordert (Schwäche wird mit Kopf kompensiert – Homo caput/Kopfmensch eben). Im Kontext des PP einfach über etwas nachzudenken, womöglich noch ohne NormalAtem, ist Bullshit; mündet zuverlässig in Kontrolle, bzw ins recht haben; unbewusste Absicht: Verdrängen von Schwäche/UWE.

In der Regel funktioniert der Kopf-PP nur bei sehr Erfahrenen, die jenseits des GAP – jenseits der «Bewährungsphase» also – angelangt sind und emotional bereits sehr offen *(siehe Kap. «Der GAP»)*. Dann ist der Kopf-PP ganz natürlicher Teil des NormalProjekts; heisst, PP unter dominantem Einbezug des Bewusstseins; und auch hier ohne Kontrolle.

Nichts

Bist du erst ‚drin', wirkt jede Hingabe an dich selbst auch in deiner Tiefe. Verbunden mit NormalAtem erlaubt und nährt das entsprechende Tun bzw Nichts-Tun den PrimärProzess. Auch wenn es dir wie ‚nichts' vorkommt.

Wie oft?

Wenns dich erst mal so richtig packt, du jedes Mal überwältigt bist, zusätzlich zu den übrigen unfassbaren Entwicklungen in deinem gewöhnlichen, früher ja eher bescheuerten Alltag (oh, pardon!), dann wirst du ganz selbstverständlich beginnen, diesen Alltag darauf auszurichten.

Wer oder was ist da die Herausforderung? Nun ja, nichts mehr und nichts weniger, als ... DU! Inklusive 15'000 Jahre Geschichte, die im Kampf gegen das LEBENDIGE resultierte. Alles in dir verpackt. No way to change this.

Es sei denn, du tust das Richtige.

Also, Respekt bitte! Ab und zu mal so ein bisschen rein atmen, das reicht gerade für die tolleren unter den üblichen Matrixillusionen.

Nein, es gilt dich deiner persönlichen sowie der unseligen, aber halt realen Geschichte deiner Gattung würdig zu erweisen. Du wirst 3–4 mal pro Woche, nach Bedarf auch mehr, eingeleiteten AB-PP machen; dazu, sobald du offen genug bist, fast täglich spontanen PP erleben.

Ersteres im Human-UP!-Zentrum deiner Region, in der sg «Quarantäne»; oder zuhause auf dem Boden, auf dem Bett/Sofa; auf irgendeiner Wiese, im Wald, auf einem Berg ...

Letzteres im Auto; im Flugzeug; heisst schlicht: überall; selbst mitten im Essen, beim Wandern (ich hab mich schon mitten auf Graten hingesetzt, innerlich gut geerdet), beim Schwimmen, oder auf der Toilette.

Nimmt die Frequenz mit den Jahren ab? Keine Ahnung. Muss ja nicht; ist sooo schön!

Klar, das klingt für NovizInnen wie wahnsinniger Aufwand. Doch bist du erst drin, überwältigt, beglückt, wird das zum primären Bedürfnis. Und was heisst da Aufwand? Bloss die Prioritäten ändern sich. Was soll das, 50, 60, 70 Stunden die Woche wie ein Verrückter zu arbeiten? Für etwas, das erst noch letztlich nirgends hinführt; allein dem UWE geschuldet ist. Zusätzlich x Stunden am Handy/

Tablet/Computer hocken. Dazu noch x Stunden TV und ähnliches über dich ergehen lassen. Den Rest des Tages in einer lauten Bar ertränken. Und dir dann diese monströsen Stunden missgönnen, in denen sich das Ringen deiner inneren Hölle mit dem wahren LEBEN abspielt? Ergebnis hier bekannt gemacht; und, wer weiss, vielleicht bald schon selber erfahren. Und ja, richtig, bist du erst, dank wiederholt bestätigter Entscheidung, fürs LEBEN alles zu geben, plus erheblicher PP Erfahrung, ennet dem GAP angelangt und gar über den GROSSEN Paradigmenwechsel hinaus *(ebenfalls später),* so bist du gleichsam gerettet. Das LEBEN spielt nun die Hauptrolle in deinem Leben; ganz einfach; so wies richtig ist; sowie deiner Umgebung, deinen Kindern, deiner Gattung geschuldet. Du wirsts erleben. So du kein notorisch rechthaberischer Schwächling bist; heisst also bereit, diese bescheuerte, pur lebensfeindliche – und irgendwo auch total egoistische – Haltung aufzugeben.

Wertschätzung

Was ist Wertschätzung?

> **Wert-schätzung bedeutet,
> der wahre Wert wird geschätzt.**

Echte Wertschätzung durchschaut, respektiert; ist nüchtern und unbestechlich.

Echte Wertschätzung unterscheidet sich wohltuend und klärend sowohl von Bewunderung als auch von Verurteilung.

Das Beispiel:
Du schätzt den Wert der zumeist unbewussten (UWE-)Grundbotschaften deiner Herkunft korrekt ein, ohne irgendjemanden dafür zu verurteilen. Durch den PrimärProzess wird der biologische Zwang zur Treue aufgehoben, wird neuerliches Primäres Lernen eingeleitet, und du wirst frei zu LEBEN, statt bloss der – pardon! – bescheuerten Überlieferung zu dienen.

AB-PP LIVE!
Ursula

das ganzhinunteratmen im stehen und gehen fordert ein tiefes aufrichten, ganz von zuinnerst und zuunterst her. etwas vollkommen anderes, als ich es früher gemacht und hergestellt habe. es erlaubt mir, den schultern-, nacken- und kopfbereich freizulassen und gleichzeitig ‚darf' sich der brustbereich ganz frei, von innen her, aufrichten. dies bereitet mir ein wunderbares, unbeschreibliches empfinden, da es nichts mit bemühen oder herstellen zu tun hat, sondern ausschliesslich mit dürfen, zulassen und erlauben; mit ‚freiheit pur'.

Wirkung

Es sind vornehmlich die unspektakulären Wirkungen des Normal-Projekts (NP), die mich als alten Hasen überzeugen. Es sind diese ungläubigen Kommentare – „Nein, das ist nicht möglich!" – die die Wirkung des NPs charakterisieren. Dass Klienten und Klientinnen von mir ihre Schizophrenie aufgeben, ihre Krebserkrankung sich auflöst, sie krasse Allergien verlieren, chronische Infektionen abklingen und verschwinden ... das bin ich aus meiner doch recht spektakulären früheren Praxis als Psychotherapeut gewohnt. Obwohl ich mich um den Abschluss an der langweiligen Uni foutierte – für meinen zukünftigen Job verfügte ich über weit bessere Referenzen –, fragten mich regelmässig Krankenkassen an, ob ich nicht doch Patienten übernehmen würde. – Dass sich hingegen die jeweilige Existenz basal störende Strukturelemente, nämlich tiefe, grundlegende Persönlichkeits- und Körpermerkmale, klandestin davonmachen, oder sich in vollkommen nützliche Grundeigenschaften verwandeln – die körperlich dafür notwendigen Umwandlungen inklusive! – und dies, ohne dass irgendetwas davon angesteuert würde, das übersteigt jede ‚vernünftige' Prognose, die man sich als seriöser Berufsmann erlauben darf. Und eben, sie geschehen ganz langsam, gleitend, unspektakulär. Doch sind die Betroffenen, die ja bereits zeitlebens darunter leiden bzw damit anstossen, schlicht überwältigt von der Tatsache, dass sich da Dinge ereignen, mit denen sie nicht im Traum gerechnet hatten – und auch nicht rechnen durften! Und auch die Umgebung – besonders nach einer längeren Begegnungspause – kommentiert schliesslich den Wandel überrascht, überwältigt: ‚Fantastisch! Hätt' ich nie für möglich gehalten.'

Und tatsächlich, nicht die oben erwähnten, mir vertrauten spektakulären Ereignisse sind es, auf die ich mittlerweile achte – die bezeichne ich heute eher als Peanuts –, sondern diese so feinen wie brachialen, diese ‚unmöglichen' basalen Entwicklungen sind es erst, die die vollkommene Nachhaltigkeit, das Berühren der Wurzeln – sprich, auch der Gene! –, die gänzlich neue Dimension dieses Vorgehens also, beweisen. Und damit die Zuversicht nähren, dass mit technisch gesehen einfachen Mitteln dieser unerhörte Kraftakt gelingen kann, die Jahrtausende währende fatale Human-down Bewegung doch noch in dieses unerwartete neue Paradigma des Human-UP! umzulenken.

Und wieder schreite ich zur **Konterrevolution**. Es ist vollkommen verrückt und **mir oft unheimlich, was da abgeht.** Regelmässig sage ich mir: «Das ist doch nicht möglich!» Dann wieder wünsche ich mir sehnlichst, dass das alles eine Illusion ist und wir das Ganze ad acta legen können. Doch, so einfach wird das wohl nicht …

Ein, zwei Nummern zu gross?

Nein, nein, mit den Nummern habe ich kein Problem. Ich bin jetzt 67, und es stinkt mir einfach der Aufwand, nun noch die Menschenwelt umzubauen. – Doch, das können ja andere machen; next generation, please! Ich stehe dann vielleicht noch als Kompetenzzentrum zur Verfügung.

Das Primäre Lernen

Jedes Lebewesen lernt sofort nach der Geburt, wie das Leben seiner Gattung optimal bewältigt werden kann; sprich, für erfolgreiches Überleben gesorgt wird. Dies zusätzlich zur Genausstattung, die denselben Zweck hat. Je freier ein Lebewesen von seiner Genausstattung, inklusive Instinkte, desto bedeutender werden die Informationen, die es von der primären Lernumgebung, insbesondere von seinen Erziehenden erhält. Darin steckt das Potenzial, sich an momentane Umstände erfolgreich anzupassen und damit die Überlebenschancen der Gattung insgesamt zu erhöhen. Heisst jedoch auch, desto grösser ist das Risiko, Falschinformationen weiterzugeben. Nun wirf einen Blick auf all das, was du in diesen Zeilen bisher über den Homo sapiens erfahren hast, und rechne …

Dieses Set der primären Informationen nenne ich, wie bereits erwähnt, das «Rootset». Die Aufgabe des Rootsets ist es, dich zeitlebens vor Fehlern zu bewahren, die dein Überleben bedrohen könnten. Im Kontext des Homo caput klingt das eher wie ein Witz. Doch Biologie ist Biologie. Und das bedeutet eben auch, dass Kinder keine – keine! – Wahl haben, ob sie vermittelte Lerninhalte akzeptieren oder ablehnen. Obwohl sie durchaus mit (Gen-) Informationen ausgestattet sind, die ihnen erlauben, akut lebensfeindliche Informationen wahrzunehmen, ist die jeweils aktuelle ‚Lehre' in jedem Fall übergeordnet; basiert sie doch rein theoretisch, auf einem überlegenen Überlebenssystem – der über Jahrmillionen erworbenen, relativen, bis weitgehenden Freiheit von Instinkten.

Das heisst kurz und bündig: Das Menschenkind nimmt vorbehaltlos alles, was von den Eltern kommt und bleibt diesen Informationen – dem Primären Lernsetting – sein Leben lang treu; egal, ob diese Informationen tatsächlich zum erfolgreichen Überleben taugen; egal, ob es das zum Mörder macht, in den Suizid leitet, oder sein Leben anderswie in den Ruin treibt; egal, ob daraus ein soziales oder krass asoziales Wesen wird: Es wird genommen; und bleibt lebenslang. Punkt.

Paradigmenwechsel (PW)

Paradigmen sind Grundmuster. Paradigmenwechsel (PW) haben im NormalProjekt eine enorme Bedeutung. Sie drücken aus, was ich oben als scheinbar unspektakuläre Wirkungen des NormalProjekts bezeichnet habe: Grundmuster der Persönlichkeit eines Menschen ändern sich. Besonders schön daran: Nichts geht verloren! Die Natur vergeudet nicht. Was sich wandelt, ist die verborgene Aufgabe, die ein Grundmuster zu erfüllen hat. *(Ich könnte jetzt vom «Scheinprojekt», von «Nebenprojekten» usw erzählen; doch das sprengt den Rahmen dieses Buches. Zudem hab ichs anderswo bereits eingehend beschrieben → Buch «**Die Quintessenz**»).* Die mittels des PrimärProzesses automatisch erfolgenden Paradigmenwechsel füllen unser Sein Schritt für Schritt mit naturkonformen Strukturen und befähigen uns nach und nach, ganz selbstverständlich lebensintelligent und effizient im Dienst des erfolgreichen Weiterlebens der Gattung Mensch zu handeln.

Und da gibts dann noch den **GROSSEN Paradigmenwechsel**. Anders als der **GAP**, ein Terminus technicus, der das erfolgreiche Bestehen der **Bewährungsphase** und damit die Unumkehrbarkeit des Prozesses symbolisiert *(siehe später)*, verweist das erst spätere Erreichen des GROSSEN PWs auf den (einigermassen) vollendeten Einklang mit dem Rootset und bedeutet: freie Bahn für **erneutes Primäres Lernen – die unabdingbare Voraussetzung für den Turnaround vom Human-down zum Human-UP!**

GROSSER Paradigmenwechsel bedeutet, dein **negatives Hauptgrundmuster** (von den Betroffenen etwas gar profan, jedoch vollkommen zutreffend ‚Scheissprojekt' genannt) wandelt sich ... für einmal selbst im NormalProjekt nicht einfach so. Du wirst eine quasiexistentielle Entscheidung fällen müssen («Vorankündigung» → *Kap. «Wie Lernen funktioniert»).* Willst du dein Leben weiterhin über dieses für dich bisher ‚lebenswichtige' Grundmuster grundlegend sabotieren, bzw das Leben anderer störend, bis zerstörend beeinflussen; oder bist du tatsächlich bereit für eine grundlegende

Neuausrichtung? Sobald du von innen her reif bist dafür, löst sich das Muster umgehend mittels intensiver PrimärProzesse auf; jeweils ausgelöst durch entsprechende Herausforderungen, sprich, erneute Bewährungsschritte («Ankündigung»; → *ebenfalls «Wie Lernen funktioniert»).* Deine unbewusste, primäre, biologisch eingesetzte Regie (Rootset) hat bewiesen, dass sie nun bereit ist, dich zum LEBEN durchzulassen. Der GROSSE Paradigmenwechsel bedeutet **die Wende.** Dein NormalProjekt fliegt ab jetzt förmlich, ohne erhebliche weiteren Hemmungen und Störungen.

Puh! Schwierig? Also, nochmals: Deine Fähigkeiten bleiben im NormalProjekt erhalten. Was sich ändert, ist deren verborgene Orientierung, und damit auch das Ergebnis. Deine hoffentlich mannigfaltigen Fähigkeiten werden Schritt für Schritt neu eingesetzt und deren lebensfördernde Wirkung vervielfacht sich allmählich. Handelt es sich um ein grundsätzlich lebensförderndes Muster, wirst du dessen bisherige Wirkung unwillkürlich einer kritischen Prüfung unterziehen *(siehe Beispiel im obigen Kapitel «Wirkung»)* und dann aufhören, die gute Wirkung postwendend zu sabotieren. Falls es ein störendes, lebensfeindliches, sozialfeindliches, selbstzerstörendes etc. Muster ist, wandelt es sich von destruktiv zu konstruktiv, bzw zu menschlich produktiv; zu durch und durch lebensfreundlich und lebensfördernd halt. Dies automatisch! Unbewusst gesteuert vom Rootset. *Deshalb* braucht es ein zweites primäres Lernen; damit sich die bisherige verborgene Grundausrichtung deines Lebens auf Basis des UWE wandeln kann und eine neue, urvitale, lebensintelligente Regie sich auf den Stuhl setzt. Freut euch des LEBENS!

Bist du erst dort, heisst es, einfach Vollgas weitermachen! Deine Fähigkeiten, an denen du meist Jahrzehnte gefeilt hast, werden gebraucht! Na ja, wohl nicht alle ... Mit dem NP im Nacken ... nein, nein: im Bauch! förderst du nun den **gattungsweiten GROSSEN Paradigmenwechsel:** Du wandelst dich allmählich von selbst zum durch und durch nützlichen Homo normalis. Soweits halt in deinem Alter noch möglich ist. Willkommen!

Das ist ja der Wahn!

Natürlich bin auch ich vom Wahn befallen, um jeden Preis stark zu sein. Ja, um jeden Preis! Ich bin ja schliesslich ein Mann; war ein Vollmatrixmann. Einerseits lernte ich schon als Kleinkind, in der Not zu nehmen, was sich gerade anbietet. Ich wurde supermega anpassungsfähig. Gleichzeitig lernte ich irgendwie doch zu unterscheiden; Qualität zu erkennen und zu schätzen. Dieser Spagat sollte es mir ermöglichen, als supersmartes, supergeschicktes, superkultiviertes Männlein aufzutreten, das aussergewöhnlich liebenswürdig, potent und voller Charme ist, und selbstredend stets überlegen; daher einfach immer recht behält. Also für jedermann – und vor allem -frau! – superattraktiv. So versteckte ich meine riesige innere Not, meine Megaschwäche, meine in Wahrheit totale Abhängigkeit. Auch vor mir selber.

Na ja, immerhin führte das zu dem, was ich der Menschheit nun zum Frass vorwerfe. Doch eines ist klar, voll wirken kann das erst, wenn es frei ist von dem Pseudomotiv, aus dem heraus es erschaffen wurde. Ich zweifle sogar, dass ihr euch diesbezüglich in mein Posthum retten könnt. Schau doch den Marx an: War doch ein soweit guter Typ und mega intelligent – was da fürn verdammter Mist draus wurde; durchgehend bis heute.

Trotzdem; *Sohn Manuel & Freundin Olivia* schwärmen gerne von den neuen Bewegungen, die heute die Matrixwelt bewegen wollen; wie etwa *Transition, Vollgeld, Public Eye, wandel.jetzt* usw Und sie meinen, die NormalRevolution könnte da ähnlich einwirken, wie Marx und Engels in die damals bereits bestehende Arbeiterbewegung. Die beiden gaben der Bewegung einen fundierten Hintergrund und damit eine gemeinsame Orientierung. Klingt einleuchtend und durchaus vielversprechend; ausser, dass Marx und Co Musterexemplare des Homo caput waren, sich ganz auf das Äussere fixierten, das individuell Persönliche explizit ausklammerten (da wären sie ja selber auch drangekommen), und damit grundlegend auf Illusionen bauten. Wie Bild zeigt ... Aber sie haben wohl das zeitgemäss Beste getan.

Zurück zum Wahn. Der wahre: ‚der helle Wahn!' – wie man bei uns so sagt – ist allerdings, wie das möglich wurde, diesen ganzen klammen Morast loszulassen; diese Pseudostärke, dieses Verhehlen der immensen Schwäche, der Todesnähe schliesslich; die ich doch einige Male zelebrierte ... ich lebe noch; und dies mehr denn je. Viel mehr! – Für mich das Schönste dabei: Ich hab kaum etwas bemerkt davon. Ich stellte einfach irgendwann fest, dass ich immer ehrlicher wurde; dabei erst noch gelassen blieb; bis schliesslich zur totalen Ehrlichkeit – für einmal bereits «Tatsache» (→ «Wie Lernen funktioniert»). Es brauchte dafür keineswegs den von allen – vor allem von uns in Wahrheit ja kolossal schwachen Männern – so gefürchteten Zusammenbruch des falschen Selbst- und Fremdbildes; diesen Ernüchterungsschock, verbunden mit der totalen Existenzkrise. Nein, das Image zerrieselte ganz nebenbei. Die Krisen konzentrierten sich auf PrimärProzesse. Ansonsten ging das Ganze ganz klandestin und ganz allmählich vonstatten. Es ergab sich einfach so, gleichsam automatisch durch das NP; durch das anscheinend langsame Schwinden des UWE sowie das gleichzeitige, allmähliche, echte Erstarken. Tja, wer weiss. Jedenfalls: Vom Wahn wurde sukzessive weniger. Das ist doch der Wahn!

Nun gut, was ich immerhin bot, war die – rein theoretische – Bereitschaft, mich meiner Schwäche zu beugen, ihr und meinem unrecht haben zuzustimmen; zuvorderst, was mich selber und mein Selbstbild betrifft. Schliesslich wusste ich schon länger Bescheid über all die Zusammenhänge, über diese krude innermenschliche Struktur. Es brauchte bloss noch ein quasi chinesisches Reframing: ‚Denn wies da drin aussieht, geht alle was an' («Das Land des Lächelns», ungefähr ...).

Drama pur
Unser Leben

Bereits erwähnt habe ich die eher ernüchternde Tatsache, dass 95 % unserer Emotionen Drama bedeuten. Dieses ungute Vorhaben wird leider auch im PrimärProzess, dem Hort des Fühlens, angesteuert. Nun, Drama klingt relativ harmlos. Eben irgendwie nicht real, also nicht ernst zu nehmen. Doch wenn wir bedenken, dass auch die Emotionen, welche Politik und Wirtschaft sowie unsere privaten Beziehungen lenken, praktisch ausschliesslich aus Drama bestehen, also irreal sind, so schaut das Bild plötzlich ganz anders aus. Zwang, Unterdrückung, Ausbeutung, Folter, Krieg, die allermeisten Beziehungszwiste, sie sind reines Drama. Nun sieht das Ganze nicht mehr ganz so harmlos aus, nicht?

Was ist Drama? Drama sind Emotionen, die nicht einfach da sind. Hinter Drama-Emotionen steckt stets eine nicht deklarierte Absicht. Wir fühlen nicht einfach, wir wollen damit *durch Manipulation* etwas erreichen. Im Wesentlichen Mitleid bei Tränen, physische Distanz bei Angst, Besitz bei Liebe/Lust, und Anerkennung von Pseudostärke bei Wut. Zusammengefasst: **recht haben!**

Folgerichtig kann (soll) sich Drama auch im NormalProjekt ewig wiederholen. ‚Nur ja keine Veränderung, bitte! Das würde mich überfordern.' Also lieber null Entwicklung, dafür recht haben. – Dem gegenüber steht folgende Tatsache: **Primärprozesse sind stets einmalig**; dann ist die Lösung passiert. Vielleicht noch Varianten; jedoch stets anders gewichtet. Daran kannst du dich stets orientieren.

Kennst du den?
Ein Wirt gerät in die roten Zahlen; sein Lokal ist oft beinahe leer. „Ich brauch ne zündende Idee!" ... „Ja! Ich mache Bratwürste aus Schneehasen!"
Gesagt, getan. Die Bratwürste schmecken ausgezeichnet. Und bald schon ist sein Lokal regelmässig gerammelt voll. Alle wollen Schneehasenbratwürste. Auch Berufskollegen bestellen bei ihm.

Fragt schliesslich ein Kollege: „Sag mal … diese vielen Schneehasen …"
„Ja, ich strecke schon etwas."
„Was tust du denn rein?"
„Pferdefleisch."
„Aha, wieviel?"
„Nun ja, die vielen Bestellungen … mittlerweile 1:1"
„Ach, ja?"
„Ja, ein Pferd, ein Schneehase." (Macht etwa 95 %).

Ach ja, **echte Gefühle.** Sie dienen der inneren wie äusseren Klärung und Entlastung. Sie sind natürlicher und zwingend nötiger Bestandteil alltäglichen LEBENS. Ohne sie geht gar nichts Echtes; null Kontakt zu sich selbst; leben höchstens 10 % (frage die Hirnforscher). Echte Gefühle sind aus unserem Alltag praktisch verschwunden.
Nun stell dir diese Verdichtung vor! Bisher 95 % nichtsnutzige Dramagefühle. Und durch den PrimärProzess kehrt sich das Verhältnis um. Ab und zu noch ein kleines Drama; doch dein Leben ist gefüllt mit 95 % echten Gefühlen – endlich tier-mensch-gerecht! Frage einen Mathematiker, was das bedeutet.

PS: Trotzdem liebe ich im harmlosen Bereich und ausserhalb meiner Existenz das Drama; allen voran das ‚musikalische Drama', die Oper. Sie verkörpert musikalisch das Schöne an sich; und weckt gleichzeitig viele der tiefen, unbewussten, selbsterlebten Dramen, die idealerweise unvermittelt in den PP übergehen; auch im Theater, also bei Oper live.
Oder anders gesagt: Wenn schon Drama, dann lieber schön verpackt; plus optional die Devise: **Aus Drama wird echt.**

Tabumubruschik

A propos, noch ein Tabubruch: Gibt es eine bessere Form, den Vorsprung der westlichen Kultur zu würdigen, als die MUSIK? Abgesehen davon, dass sich die meisten Menschen de facto an der westlichen Kultur orientieren – egal welcher Kultur sie (ange-)hörig sind –, sei es durch den Gebrauch unserer Technik; sei es durch den Versuch, sich einzukaufen und dadurch Macht selbst hier zu erringen; sei es durch das Bemühen, unseren Lebensstil zu kopieren. Die westliche Musik – Klassik, Rock, Oper – verdeutlicht, wie kaum etwas sonst, die unfassbaren Fortschritte – ich spreche bewusst nicht von ‚Entwicklung' –, die diese Kultur seit den Stadien, in denen sich andere Kulturen befinden, gemacht hat. Hör dich rein! (Den Unterschied zwischen Fortschritt und Entwicklung definiere ich nach deren echter Qualität iS von LEBEN; von Entwicklung postneolithisch ist daher kaum die Rede).

Grenzenlos?

Wenn du so richtig loslegst mit dem richtigen Atem, wirst du zuerst die engen Grenzen deines Atems erfahren. Eines von vielen Beispielen ist die bereits erwähnte Hyperventilation; in Wahrheit Zeichen chronischer Hypoventilation. Nichts wie durch. Bald schon wird sie nie mehr erscheinen. Andere Grenzen sind dann etwas beständiger.

Wenn dein Organismus sich ernsthaft zu öffnen beginnt, wird dir dein Atem bald grenzenlos erscheinen ... und der freie Atem scheint gleichzeitig unendlich weit entfernt; typische NP-Paradoxie halt. Grenzenlos erscheinen dann auch die Möglichkeiten deines Wachstums. Eine fantastische und begeisternde Perspektive.

Also, atme unbesorgt wild drauflos. Doch stets und konsequent richtig.

Und: Auch die Grenze weit jenseits deiner aktuell verspannten Verfassung existiert. Sie ist klar definiert. Die Grenze ist das NORMALE. Mehr geht nicht; mehr brauchts nicht. Aber eben: weiiit entfernt.

AP-PP LIVE
Ursula

wenn ich wuchtig an meine grenzen stosse, dann berühre ich tief in mir drin eine ohnmächtige, unerhörte REBELLION GEGEN DIE jahrtausende währende EINSCHRÄNKUNG DES LEBENS. das aufbäumen und auflehnen ist so stark, dass ich beinahe durchdrehe.

AB-PP LIVE
Jacqueline

atmen, klingt simpel, tu ich doch.
aha, das richtige, gar das freie atmen. habe ich ein leben lang verhindert. zu gefährlich als mädchen. ich wertschätze das kleine volumen. im alltag atme ich kaum, gemessen daran, was möglich wäre. das ist ungeheuer!
ohne beharrliche anleitung wüsste ich nicht einmal das. welch absolutes, schier unfassbares privileg. unfassbar deshalb, weil es für mich zu gross erscheint.

AB-PP LIVE
Ursula

dein schreiben rührt mich, jacqueline! mich kostet es mut, als frau ganz ins becken zu atmen. ich brauche die erlaubnis dazu. wenn ich es dann tue, spüre ich: DAS IST ES! ein unersetzbares, grossartiges empfinden. ich bin unendlich dankbar dafür, dass ich dies erfahren darf. es ist freiheit pur. doch, um mir diese zu gönnen, muss ich mich überwinden. in meinen genen sitzen all die drohungen: wenn ich mich als frau ganz befreie, werde ich (von männern) bestraft, gewaltsam. ja, schlussendlich bedeutet es tod.

mit dieser angst mitzugehen, weiter zu atmen, über die angstgrenze hinaus ins ungewisse zu atmen und dabei zu erfahren, dass mir jetzt und hier (= im prozess) nichts passiert, dass ich tatsächlich und echt frei werde, das ist überwältigend. unbeschreiblich. tiefes glück und liebe zu mir selbst erfüllen mich. und ich fühle eine kraft und unabhängigkeit, die mir niemand mehr wegnehmen kann.

und: ‚ich wertschätze das kleine volumen' – so ein schöner satz. er begleitet und füllt mich, seit ich ihn gelesen habe. eine schlüsselsatz.

Absicht?

Unser Mindset *(Ideefix)* benutzen wir im Wesentlichen dazu, die Erfüllung unseres Auftrags, was wir mit dem Leben anzustellen haben, zu sichern. Soweit ganz natürlich. Fragt sich bloss, was denn dieser Auftrag in Wahrheit beinhaltet. Zu mehr als Humandown hats bis jetzt jedenfalls nicht gereicht. Kurz: Bewusste Absicht und Kontrolle sind denkbar ungeeignet, um sich auf das LEBEN einzulassen. Das geht in jedem Fall schief. Erst wenn die Wucht der Atembombe uns die Kontrolle förmlich entreisst, öffnet sich der Weg, vorerst sachte, in Richtung Wurzeln, sprich LEBEN. Wichtig ist, dies schon mal zur Kenntnis zu nehmen.

Als erste Hilfe gegenüber der allgegenwärtigen Absicht, auf deine Weise zu verhindern, dass sich da in dir plötzlich das verbotene LEBEN breit macht, dient eine denkbar einfache, allerdings strikt gehandhabte Guideline: **richtig heisst natürlich, heisst normal atmen**. Dies gilt es ganz besonders zu beachten, wenn du den Zwang einzugreifen, eine Absicht zu verwirklichen, aktuell spürst. Augen kurz schliessen, von unten her einatmen, und den Ausatem als Loslassen, Gehenlassen exerzieren. Und dann zur Verstärkung immer wieder mal auch im Alltag, zuhause, oder irgendwo unterwegs **zumindest etwas PrimärAtem**.

Dies ist nebenbei auch eine Regel des Magischen Tools: «ins Spiel, statt ins Handeln bringen» *(siehe später)*. Das hilft schon mal ein bisschen; richtet dich gut aus; bewahrt dich im besten Fall vor schädlichen Handlungen – noch vor und natürlich auch während des NormalProjekts.

Gut, das alles musst du zuerst mal lernen; so gut du's eben vorerst kannst. Darauf wirst du dich also vollkommen konzentrieren. Und zunehmend deine Absichten vergessen; inklusive dann auch noch jene, es richtig, besser zu machen. Für Letzteres benötigst und erhältst du dann im NormalProjekt Hilfe. Wie neulich ein Teilnehmer an einem Einführungskurs bestätigte: *„Beim ersten Versuch dachte ich, das mache ich zuhause auf dem Stubenboden. Doch jetzt nach dem zweiten Mal ist mir klar, da brauche ich ein enges Coaching."*

Die Monster Show

Wenn du deinen ganzen aufgestauten Hass ins Handeln bringst, wirst du rasch zum Verbrecher. Das ist in uns allen drin. Ja, richtig: auch in den Frauen!

Ein Finanzloch von 150 Mio. Franken im Justizbereich des Kantons Zürich, Schweiz, hat dazu geführt, dass verurteilte Straffällige aus dem Gefängnis entlassen werden sollten, weil dem Kanton Therapieplätze fehlen. Dies in der reichen Schweiz. Tja, Matrix eben; kein Ort, keine Periode, wo der Homo sapiens nicht mutwillig Probleme zuhauf schafft; und, vollkommen absurd, als politisches Lieblingsthema das Sparen zelebriert. Auf jeden Fall war das eine willkommene Inspiration, um dem ‚sozialistisch' regierten Justizdepartement einen Vorschlag in aller Güte zu unterbreiten.

Ich war vorbereitet. Es war klar, wie wir vorgehen würden. Die ganze betroffene Sträflingsgemeinschaft, ev geteilt, gut bewacht und vom NormalTeam eng begleitet, in einer Turnhalle oä auf Matten gebettet. Krass eingeführt, wie ich das liebe: Konfrontiert werden alle, die sich im Raum befinden; Gefangene, Wächter, Behörden, Medien ...; zuerst natürlich ich selber; mit garantiertem Grinsen bei den Sträflingen. Beispiel gefällig? Zu den Gefangenen: „Was ihr bereits wisst: Ihr alle seid Arschlöcher. Was ihr noch nicht wisst: Auch wir andern hier sind Arschlöcher; allen voran ich. Der Unterschied? Ihr bringts ins Handeln, wir versuchens zu vertuschen. Beides schlecht. Wir zeigen euch eine bessere Lösung; die andern müssen warten." Und ab geht die Post: mit AB-PP! Die ganze destruktive Energie, statt wie bisher ins Handeln, nun ins Spiel/in den Prozess gebracht *(siehe gleich: «Das magische Tool»).* Eine Primärerfahrung für diese Menschen: „Oh, ich kann das auch anders ausagieren!" Dies zu einem intensiven, eng geführten Prozess entwickelt, inklusive Bewusstseinsschulung; und für verbrecherisches Handeln fehlen alsbald Energie und Lust. Na ja, ‚alsbald' ...

Ein Auszug aus unserer Offerte ans Justizdepartement:

„Betreff: Fehlende Therapieplätze bei ‚kleiner Verwahrung'
Geschätzte Damen und Herren
Wir bieten Ihnen die Lösung für Ihr unhaltbares Problem.
Dies zu einem Bruchteil der veranschlagten Kosten – sagen wir 15 %.
Und dies zu einem Bruchteil der veranschlagten Zeit – sagen wir 30 %.
Nicht nur das, sondern auch noch mit mindestens zehn Mal grösserer Wirkung. Wie wollen Sie mit blossem Gerede (genannt Therapie) diesen enormen destruktiven Energien beikommen?
Herr Bernhard Brändli ist in allen gängigen Verfahren der Psychotherapie ausgebildet. Wenn sich da einer auskennt, dann er. Er hat mit tausenden von Menschen therapeutisch gearbeitet. Aufgrund dieser Erfahrungen hat er den «PrimärProzess» entwickelt sowie schliesslich das «NormalProjekt», um endlich absolut tiefgreifende, umfassende und vollkommen nachhaltige Wirkung zu erlangen. ..."

Die angesprochene (SP-)SpitzenpolitikerIN, zusammen mit ihrem Team, hat sich dann alle Mühe gegeben, uns davon zu überzeugen, dass es ihr/ihnen nicht um echt starke Lösungen geht. Keinesfalls!
Ich beugte mich schmunzelnd:
„... Nein nein, ich respektiere das. Solche Menschen, Behörden, oder was auch immer, taugen offenbar nicht für die ungeheure Wucht und Wirkung dieses Verfahrens. Ein Vorgehen, das nicht nur imstande ist, den Strafvollzug zu revolutionieren, sondern darüber hinaus binnen Kurzem weltweit für Aufsehen sorgen würde. Um Himmels willen, die Schweizer Justiz! – Wir kooperieren mit Menschen, die nicht nur jammern, sondern auch handeln. Nur dann machts Spass. Aber nein, Spass sollte es nun wirklich nicht machen, oder? Das hätte noch gefehlt. ..."

Eines für alle

Jedes Mal, wenn ich mit Ereignissen konfrontiert werde, in denen Menschen irgendwo auf der Welt ihre Lebensfeindlichkeit oder -untüchtigkeit in grossem Ausmass demonstrieren – dies könnte theoretisch hunderte Mal pro Tag geschehen; mein Informationsinteresse ist jedoch mittlerweile begrenzt –, taucht in mir folgendes Szenario auf, verbunden mit situationsbezogenen Bildern:

Die müssten sich bloss hinlegen und atmen – richtig und bombastisch atmen! – schon würde das ganze Desaster beginnen, sich von selbst zu lösen. Das NormalProjekt reicht, um die Verantwortung für das eigene Handeln zu wecken; alle Konsequenzen inklusive. Die längst verlorene, ursprüngliche tierische Lebensintelligenz würde sich allmählich wieder installieren, und die betreffenden Menschen beginnen, eigenständig richtig zu handeln. Egal an welchem Platz der Welt. Die durch das NormalProjekt ausgelöste NormalRevolution würde lebensfeindliches Handeln allmählich und automatisch zum Verschwinden bringen; gegenseitige solidarische Unterstützung sowie unbedingte Kooperation selbstverständlich inklusive.

Dabei gilt es zu bedenken: Jene Menschen, die in ihrem Leben ihr UWE verdrängen, indem sie sich um ihren Wert als Mensch (leider erfolglos) bemühen, können mittels NormalProjekt ihr Unwertempfinden vergleichsweise einfach auflösen; während jene, die ihr UWE ins Handeln bringen und sich an den Mitmenschen sowie am Leben allgemein vergehen, *tatsächlich unwert werden;* heisst eben, ihren Wert als Mensch und damit das Recht auf Zugehörigkeit zur menschlichen Gemeinschaft verlieren; heisst, beides zuerst wieder verdienen müssen. Bei schweren Vergehen dauert diese Wiedergutmachung, falls überhaupt möglich, das ganze restliche Leben.

Randbemerkung: Die moderne Rechtsprechung, die Tätern die Schuld abspricht, indem sie deren Handeln psychologisch erklärt (,Opfer'), oder gar rechtfertigt, indem sie diese zu psychiatrischen

‚Fällen' macht (,schuldunfähig'), schadet diesen Menschen nur; sie stiehlt ihnen die Verantwortung, gibt ihnen und ihrem verbrecherischen Handeln recht (und den tatsächlichen Opfern damit faktisch unrecht!), und verhindert so jegliche naturgegebene Konsequenz, insbesondere die Wiedergutmachung; und damit die schliessliche Dochnoch-Auflösung des UWE. Haarsträubend und dumm – moderne Matrix eben. Die Pseudolebensfreundlichkeit entpuppt sich als pure Lebensfeindlichkeit; sie folgt dem Trend: **Verdrängen total.**

Die Magie des PrimärProzesses

Magie existiert nicht. Magie ist, was magisch wirkt. Das heisst (noch) nicht verstanden wird. Ich habe viel Zeit aufgewandt, um zu verstehen, was diese magischen Wunder, die da im NormalProjekt zuhauf passieren, möglich macht. (Ach ja, die Wunder ..., mit Wundern verhält es sich genau gleich wie mit Magie. Ich hätte da ne gute Story zum ‚Wunder' ‚Wasser in Wein verwandeln' ☺). Vorerst passierte es einfach. Aufgrund der Phänomene konnte ich die dafür nötigen Prozesse bereits mit einiger Sicherheit einleiten. Doch Verstehen ist ganz was anderes.
Wie bring ichs nun in Kürze auf den Punkt?

Das Verfahren PrimärProzess (PP) beruht auf drei Voraussetzungen:
1. **Das Matrixphänomen;** die Erkenntnis, dass die menschliche Existenz seit Langem auf irrealen Grundlagen baut. War ganz witzig, als ich las, dass ausgerechnet ein Unternehmer wie *Elon Musk* zum selben Schluss kommt, diesen sogar gleich nennt. Chapeau!
2. **Das UWE;** die Erkenntnis, dass sich sämtliche mehr oder weniger sesshaften Menschen unwert fühlen – grundsätzlich ohne dies tatsächlich zu sein –, die ganze Existenz darauf aufbaut. Der systematisch gepflegte, mittlerweile unausweichliche Generalirrtum des Homo sapiens.
3. **Die tatsächliche innere Struktur der Menschen;** die in Wahrheit nicht nur sehr einfach und übersichtlich, sondern auch komplett anders ist, als bisher angenommen; und tatsächlich das perfekte Abbild unseres Handelns, unseres Mindsets sowie unserer Empfindungen darstellt. Nun kann endlich einfach alles, was wir Menschen auf diesem Erdball – und ausserhalb, sorry, Elon und auch Jeff, fast vergessen – so treiben, auf einfache Weise zugeordnet, ja, oft gar vorausgesagt werden; auch das Absurdeste. Hier also keine Rätsel mehr. – *Nein, diese Struktur werde ich hier nicht erläutern.*

Unterwegs mit diesen drei Voraussetzungen im Gilet-Täschen fahndete ich nach dem realen Hintergrund der Magie des PrimärProzesses. – Und, nachdem ein Mitglied der ersten NR-Community mir gestern geschrieben hat: ‚Hab heut Mittag mit meinem Leben abgeschlossen', und ich nur darauf bauen konnte, dass sie noch zwischen ‚*ins Handeln oder lediglich ins Spiel bringen, und dann im Prozess ertragen*' unterscheiden kann, reifte in mir kurzum der Entschluss, die ganze Chose hier doch in Kurzform zu präsentieren. Hier also das (vorläufige?) Fahndungsergebnis:

Wenn du diesen ungeheuerlichen kulturellen Tabubruch begehst, und dich dir selbst zu 100 % und erst noch absolut vorbehaltlos öffnest – allem! –, wirst du rasch von selbst auf dein UWE stossen. Dies ist bereits eine fantastische Leistung von dir; eine, mit der unser Rootset niemals rechnet. Das allein bewirkt schon ‚Wunder'. Jetzt beginnts aber erst. Du wirst gleichzeitig mit dem UWE erkennen, dass du dir im Grunde kein Lebensrecht gibst. Du wirst dem logischen, verdienten Sterben zustimmen. Puh! – Nun benötigst du eine weitere zentrale *Leitplanke.* Sie heisst: «**Den Teufel an die Wand malen!**»; bedeutet, **alles aufkommen lassen, respektieren, zeigen; doch, statt ins Handeln, bloss ins Spiel bringen.** Du signalisierst also deinem Rootset, dass **du alles, was du bist, wertschätzt;** es somit sein darf; du tust das gleichsam öffentlich (‚Ich fühle mich nicht bloss unwert, ich bin unwert'). Diese Wert-Schätzung, inklusive der Verzicht, daran irgendetwas zu ändern, hebt das UWE logisch auf.

Soweit zum Hintergrund der Magie. Diese Leitplanke ist, wie vor Kurzem bereits erwähnt, auch für dein Alltagsleben enorm nützlich. Sie allein schon kann uns – bereits vor NormalProjekt und NormalRevolution – vor den allermeisten Unannehmlichkeiten bewahren, die wir uns sozial wie individuell bescheren. Ich nenns drum «**Das magische** (sic!) **Tool**». Im PP – und vielleicht auch sonst – wird dieses Tool (Werkzeug) wohl gar dein Leben erhalten. Du stirbst dort, in vollkommenem Einklang mit dir, entspannt, hingegeben, in einem Strom von Tränen. Nach vielleicht einer Stunde gelangst du (hoffentlich) völlig erstaunt wieder zu Bewusstsein. Und fühlst dich lebendiger denn je.

Zusammengefasst: Dieses praktizierte Zustimmen zu dir selbst, zu deinem UWE und zu deiner existentiellen Schuld per se; und dies, egal was die Konsequenzen sind, ist **der ultimative, gleichsam biologische Liebesbeweis zu dir selber,** der das UWE logisch aufhebt. Und somit der ebenso ultimative Kontrapunkt zu sämtlichen deiner bisherigen Bestrebungen ‚weg davon'!
Dies gilt natürlich erst als *‚Vorankündigung'!* Du wirst noch dutzende Male beweisen müssen, dass es dir wirklich ernst ist, und du alles nimmst, was du bist. **Nun aber den ganzen Riesenhaufen an angesammeltem Mist ins Spiel/in den Prozess bringst, statt wie bisher ins Handeln.**

Mit diesem GROSSEN Paradigmenwechsel macht deine ‚Festung' keinen Sinn mehr. Du bist der Matrixverfassung untreu geworden, hast dein Leben riskiert. Es gibt nichts mehr zu verbergen, zu verbarrikadieren. Dein Rootset verliert seinen bisherigen unseligen Job – der dich jedoch, immerhin, bis heute (über-)leben liess. Zweites Primäres Lernen ist nun angesagt. Die Schleusen werden geöffnet. Das LEBEN kann herausströmen. Und du atmest wie verrückt weiter. Nun völlig angstfrei.

Unterwegs ...

... zum Homo normalis

Etwas Geschichte

Im Mai 2003 trifft sich eine Gruppe von NutzerInnen der Lebensschule2 mit mir im schweizerischen *Flims*, um das finale Zusammenstellen des «*Handbuchs Primäres Lernen*» zu bewerkstelligen. Im September erscheint das Buch. Bald schon sind die ersten beiden Auflagen ausverkauft. Für die nächste sehe ich eine gründliche Überarbeitung vor. Die bleibe ich bis heute schuldig. 14 Jahre! Gibt das nun die dritte Auflage, so wie Jacqueline das überraschend vorschlägt? – Okay, im Nachhinein hat sich das bereits damals latente Unbehagen in mir geklärt. Ich liess mich zwar in allen besten, sprich wirksamsten Verfahren der Psychotherapie ausbilden, und habe diese selbstredend weiterentwickelt. Ich war ja nicht ganz untalentiert. Doch dem bereits damals – genau seit Ende 1997 – lebendigen Anspruch, ein Werk zu schaffen, das über die Psychotherapie hinausführt und die Menschen mit grundlegend neuen inneren Lebensbedingungen beschenkt, konnte das nicht genügen. So war es denn nichts als logisch sowie der persönlichen Integrität geschuldet, dass wir dieses Institut, in Ermangelung des konsequent revolutionären Instruments, nach zehn Jahren wieder schlossen – und in Existenznöte gerieten. Ich gestand es mir ein, dass ich zwar über die Vision verfügte – unter anderem jene, erneutes Primäres Lernen auszulösen – sowie über die nötigen hauptsächlichen Erkenntnisse bezüglich der Lage der Menschheit, plus darüber, was Abhilfe schafft, jedoch nach wie vor nicht wirklich wusste, wie denn das konkret, effizient und vor allem: *zuverlässig* zu bewerkstelligen war.
Kurz: Ich verfügte bis vor kurzem nicht über das Verfahren, das tatsächlich eine Revolution im Menschen auslöst – das MEGATOOL eben – und nutzte es, als es vorhanden war, bis vor *ganz* kurzem nicht konsequent. Was bei allem, was ich in diesem Buch bisher zu uns Menschen geschrieben habe, klar scheitern bedeutet.

Eine Art PrimärProzess praktiziere ich bereits seit der Eröffnung meiner psychotherapeutischen Praxis, 1976. Auch die bildliche Metapher für das richtige Atmen ist mir schon länger bekannt. Selbst das wuchtige, gleichsam grenzenlose Atmen habe ich als ‚Rebirthing' schon in den 70er Jahren kennengelernt. Doch hinderte ich mich just selber daran, aus all dem dieses geniale Tool zu entwickeln. Genial? Ich habe neulich einer Bekannten in den USA geschrieben: „This is the genious, not me!". Nämlich den richtigen Atem in gnadenloser Konsequenz sowie in voller Wucht in der Weise einzusetzen, dass er die Linien freilegt für Prozesse, die jenseits jeglicher bewussten Kontrolle stattfinden. Ich, meine Ängste, plus daraus folgende falsche Rücksichtnahmen waren es, die mich seit je daran hinderten, das MEGATOOL konsequent einzusetzen. Echte PrimärProzesse fanden stets statt; doch waren sie eher Zufall; ein Geschenk, um das ich mich bemühte, statt es direkt und unbeirrt anzusteuern.

Im Herbst 2015 traf sich die damals bereits bestehende Normal-Community (damals noch ‚Pilotprojektler' geschimpft) in Mallorca für vertiefte Erfahrung und Training. Das war die Gelegenheit, mit einer ganzen Gruppe, grenzenlos bezüglich Wucht und Dauer, den richtigen Atem zu erproben. Spontan nannte ich dieses phänomenale Phänomen dann «Atembombe». Doch vom konsequenten Einsatz war ich noch immer entfernt.

Mein Anspruch ist seit eh und je, heisst bereits seit meiner Pubertät, vorhanden, in der Welt zu einem grundlegenden Wandel zum Guten beizutragen. Meine Verzweiflung über das, was sich in der Menschenwelt abspielt, reicht gar bis in meine Kindheit zurück. Mittlerweile kenne ich mich in uns Menschen soweit ganz gut aus. Die zuhanden der Wissenschaft vielleicht bedeutendste Erkenntnis: **‚Der Mensch ist wie er ist – nämlich ganz anders'**. Entsprechend gilt es, die Prozesse, die die Atembombe auslöst, richtig einzuordnen, um deren phänomenale Wirkung zu sichern. Das ist dann Teil des PrimärProzesses und schliesslich des NormalProjekts, wofür die Atembombe ja bloss Wegbereiter ist.

Die genannte Erkenntnis bewahrheitet sich in verschiedener Hinsicht und erhielt ungeplant auch in diesem Buch zunehmend Raum; führte schliesslich gar zur Änderung des Titels (der erste Titel hiess «Die Atembombe»). Als weiteren Tabubruch bringe ich diese Erkenntnis später, im entsprechenden Kapitel, ganz ungeplant auf den Punkt.

Die Grundbedingung, ebenfalls historisch

Eine fast ebenso alte Vision von mir fordert von jeglicher Lösung, dass sie **technisch einfach durchzuführen** ist, also in sämtlichen menschlichen Kulturen grundsätzlich sofort angewandt werden kann. Sogenannte «Leitplanken» weisen dann den richtigen Weg *(auch zu den Leitplanken werde ich mich vermutlich hier nicht weiter äussern; du kannst den entsprechenden Essay im NormalVerlag bestellen, nomalrevolution.com).*
Natürlich gehört da auch dazu, dass das Verfahren **technisch einfach zu erlernen** ist; unabhängig also von langstudierten Fachleuten. Dessen Anwendung bedingt lediglich die reiche – und von noch Erfahreneren regelmässig bestätigte – (Selbst-)Erfahrung. Dazu den äusserst selbstkritischen Umgang damit, bei Begleitern wie Anwendern; heisst, keine neuen Mythen, keine Illusionen! Plus die Freiheit von Angst vor der ungeheuren physischen wie emotionalen Wucht, die da hervorbricht. Schliesslich wächst dann auch kontinuierlich die Lebensintelligenz der AnwenderInnen, und wie! Das hilft ebenfalls.

Dieses unglaublich Einfache und zugleich unerhört Kraftvolle, das uns weit über unsere bisherigen Grenzen hinauszutragen fähig ist, das ist für mich die wahre Quintessenz. Das Genialste an allem.

Und das gilt nicht bloss für ein Individuum, sondern für die gesamte Menschheit.
Es ist nun da und bereit.

AB-PP LIVE
Bernhard

„ich fass es immer noch nicht." immer und immer wieder kommt das hoch. trotz all den ungeheuerlichen erfahrungen; mit mir, mit all den probanden. ich gehe durch die strassen, erlebe, wie mein körper sich aufrichtet; etwa jeden monat einen schritt weiter, noch leichter, noch stärker, noch freier. beim gehen spüre ich den wachsenden kontakt zu meinen füssen. obwohl ich bekannt bin als einer, der furchtlos über schmalste grate wandert, sich locker in extremsten expositionen bewegt, also definitiv kontakt zu meinen füssen haben muss, frage ich mich heute, was ich denn wohl früher – dann auch noch als erfahrener bioenergetiker – unter kontakt verstanden habe?! eine vollkommen andere welt.

also, bloss dem GROSSEN TABU zustimmen, dann ein bisschen verrückt atmen, unkontrolliert rumhampeln, einen tränensee füllen, und mein ganzer körper baut sich völlig autonom um?
UNMÖGLICH!
aber wahr.
sorry, aber ich kann ja auch nichts dafür ...

Betrifft Forschung

Forschung ist selbstverständlich. Forschung erweitert unsere Wahrnehmung und Reflexionsfähigkeit. Forschung ist wichtig. Forschung ist unterhaltsam; irgendwas müssen die vielen akademischen Universitätsangestellten ja tun. Leider ist jedoch besonders im Bereich Mensch der Nutzen von Forschung eingeschränkt; stehen doch keine Daten von LEBENDIGEN Probanden zur Verfügung, die als Grundlage für verbindliche Standards des NORMALEN gelten könnten. Das heisst, Forschung kann nur matrixkonforme Ergebnisse liefern; sie kann bisher unmöglich über die Bedingungen der Matrix hinausreichen.

Dies zeigt sich zB im Bereich *Regenerationsforschung*. Die menschliche Regeneration zur Förderung und Erhaltung der Lebenstüchtigkeit gehört ohne Zweifel zu den wichtigsten Anliegen von Forschung überhaupt. Nun gut, wären wir tatsächlich lebenstüchtig, bedürfte es diesbezüglich keiner Forschung. Exakt dasselbe gälte für Ernährung! Da jedoch bei uns Menschen das urvitale, absolut primäre Bedürfnis nach der täglichen, stets vollständigen Regeneration krass vernachlässigt, ignoriert, ja unterdrückt wird – apropos: gibt es ein eindrücklicheres Symptom verlorener Lebenstüchtigkeit? –, ist Forschung in jenem Bereich schon deshalb zentral, weil dadurch das Bewusstsein auf diesen Lebensbereich gelenkt wird bzw würde. Trotzdem hat es der Begriff ‚*Regeneration*' noch nicht mal geschafft, Eingang in die sich doch sonst gern unabhängig gebärdende Wissenschaft zu finden; nun ja, jeder Forscher, jede Forscherin wäre dabei persönlich herausgefordert. Es gibt die Schlafforschung; Nutzen: Vergiss es! Die Chronobiologie; das Licht am Horizont; immerhin neuerdings mit Nobelpreis dekoriert, was für deren Popularität gut ist. Doch existiert meines Wissens nach wie vor keine Regenerationsforschung; einer der wichtigsten Forschungszweige überhaupt; aus der Sicht des NormalProjekts jedenfalls weit wichtiger als etwa die Psychologie.

Alles zusammen ein weiteres klares Indiz für das globalmenschliche, krude Verbot, richtig zu LEBEN. Ich plädiere meinerseits für die «**LEBENsuniversität**» (Domain bereits reserviert!). – Daher ist es mir ein wichtiges Anliegen, auch in diesem Buch die Bedeutung der Regeneration kurz zu erfassen; durchaus im Wissen, dass die vollständige Regeneration im Matrixalltag schlicht eine Illusion ist.

Doch mit dem NormalProjekt, das sich, wie mehrfach erwähnt, auf schlicht und einfach alles eminent lösend auswirkt, gerät auch diese Perspektive von primärer Bedeutung für unser mittelfristiges Überleben in den *naheliegenden Horizont* (ebenfalls ein wichtiger Begriff für das Verstehen der Welt). Endlich!

Auch bezüglich NormalProjekt ist Forschung angesagt. Bisher arbeiten wir auf Basis phänomenologischer Erfahrung. Mir reicht das; ich bin als ehemaliger Körpertherapeut, und ohnehin, ausreichend geübt in (selbst-)kritischer Wahrnehmung. Aber es wird einfach spannend sein – und für die Motivation des Homo caput wohl auch hilfreich –, die Wirkung auf allgemein bekannte Körperprozesse wie Hormonspiegel, Kreislauf, Verdauung, Muskeltonus, Knochenstruktur usw zu messen; sowie natürlich die Wirkung auf die Gene; dies, nachdem das ‚UV21' in den Genen zuerst einmal biochemisch geortet worden ist.

Kurz: Was die Forschung benötigt, bzw wo in welcher Weise Forschung benötigt wird, stellt sich erst heraus, wenn zumindest einige einigermassen LEBENDIGE Menschen über die Erde trudeln.

Als kleines Detail dafür mag gelten, dass ich in der gleich folgenden «*short-list*» die von der Chronobiologie ganz scheu kommunizierten 9 Stunden Nachtschlaf klar auf 10 Stunden setze – von den unten ebenfalls aufgeführten, ähnlich bedeutenden Ruhepunkten tagsüber wagt ja noch kaum jemand öffentlich zu sprechen. Matrix total halt.

AB-PP LIVE
Ursula

Ich habe in den Psychomotoriktherapiestunden mit all meinen Schülern (im Alter von 4 bis 15 Jahren) begonnen NA-PA (NormalAtem-PrimärAtem – Teil 1 und 2 der AB), mit den Älteren gar AB (Atembombe) zu machen. Sehr eindrücklich, wie schnell die Kinder und Jugendlichen an ihre Tabus stossen. Und für mich wunderschön, sie zuerst an ihre Grenzen und dann über diese hinaus zu begleiten. Die lebendig erfüllten Gesichter nachher nähren mich erst recht. Besonders bei einem 15-jährigen fettleibigen Schüler spüre ich, dass er mit diesem Verfahren eine einmalige Chance erhält, die er selber auch wahrnimmt. Beim Verabschieden lächelt er mich jeweils tief glücklich an. Er, der sich schon lange aufgegeben hat, kann sich mit dem simplen Atmen neu entdecken und seine Ressourcen tief drin erahnen. Eine wunderschöne Erfahrung, für alle Beteiligten.

Dein Körper will LEBEN

Gegen hundert *Rolfing* Sitzungen habe ich damals während meiner Ausbildungszeit und in den Jahren danach besucht – entgegen den üblichen zehn. Über Jahrzehnte habe ich regelmässig *Psychomassage* Sitzungen genossen; selber eine entsprechende, insgesamt 5(!)-jährige Ausbildung absolviert. Alles wunderbar. Doch nachhaltig? Nichts von alledem. Mag sein, beim *Rolfing* wie bei der Psychotherapie verschwinden manche Symptome. Doch die Struktur, die bleibt dieselbe. Logo! Ohne Erlaubnis vom Rootset, die über die Einhaltung der Grundbedingungen des individuellen Lebens wacht (im Wesentlichen UWE), geht rein gar nichts. Höchstens Symptomverschiebungen. So heisst der ultimative Challenge … nein, nicht nur für dich: für Human-UP! insgesamt: **Die Erlaubnis kriegen, um so richtig zu leben; eben zu LEBEN.**

Als Jugendlicher gepeinigt mit *Scheuermann*, plus im Kreuz diese drei Wirbel, die nach aussen, statt nach innen gucken, was diese bescheuerte (kommt wohl von diesem Scheuermann), lebensfremde (wenn bei mir auch nur leicht) gekrümmte Körperhaltung formt, das Becken nach vorn geschoben, welche mittlerweile in dieser Kultur – die fortgeschrittenste eben auch punkto Niedergang – so in etwa 70 % der Frauen und 90 % der Männer prägt. Ja, richtig, wir Männer sind noch schwächer und degenerierter als die Frauen! Die Matrix-Gesundheitsindustrie warnt entsprechend längst flächendeckend vor dem sg ‚Hohlkreuz'; genau vor dem Richtigen also. Soll ich lachen? Schau dir ein paar ‚jüngere' Völker an! – Also, seit rund einem Jahr im AB-PP regelmässig heftige, spontane Beckenbewegungen. Bereits länger im Alltag unwillkürlich der Impuls, mich als Ganzer aufzurichten, die Schultern nach hinten loszulassen, sogar im Bett, die Arme an meinen breiten Schultern frei hängen zu lassen, statt sie anzulegen (alles Vorankündigung!). Ich erinnere mich; zur ‚Rolfingzeit' und der ersten ‚Primärphase' vor 40 Jahren sass ich auch häufig (halb-)automatisch aufrecht; doch das verlor sich, angekommen im ‚Alltag', jeweils wieder. Nun jedoch geschieht dies auf Dauer (die manchmal unerhörten Schmerzen leider auch; sie verändern sich immerhin laufend); kommt von irgendwo ganz innen, vollkommen ungesteuert. Gleichzeitig – nein, ich glaubs nicht! – rücken die Wirbel ganz allmählich nach innen. Parallel das Bedürfnis, das Becken, gleichsam den Schwanz nach hinten auszufahren. He, gehts noch?! Ich bin 66! Doch was kümmerts die? Wenn der Prozess das öffnet, wirds installiert. Soll sich also wirklich noch meine Körpergrundhaltung, die das Sein doch wesentlich mitbestimmt, an ihrer Basis ändern? Sich der Natur angleichen? Scheiss drauf. Wenn es sein muss, muss es sein. Heureka! Na ja, statt frohlocken dominieren eher starke (Lösungs-?)Schmerzen im Becken- und unteren Rückenraum. Sehr unangenehm; ok, erträglich. – Soll ich, der quasi profi Berggänger, nun noch von meinen Beinen und Füssen erzählen? Einfach unglaublich, fantastisch ...

Das Beste: ich tue rein gar nichts dazu; ausser mehrmals pro Woche völlig unkontrolliert und absichtslos in den Prozess einzutauchen. Obs weiter so fortschreiten wird? Irgendwann Tatsache wird? Ist mir doch egal. Wichtiger: Ich fühl mich auch entsprechend. Auch meine innere Verfassung ist mehr und mehr aufrecht. Ob ich will oder nicht. Manche scheinens zu mögen.

Nun stell dir vor, was dabei in dir abgeht! Billionen von Zellen koordinieren sich und bauen deinen Körper um, in Richtung der ursprünglichen Natur, des menschlich Normalen eben. Stück für Stück. Woher haben die den Befehl? Und du tust rein gar nichts dafür, ausser dein NormalProjekt verfolgen, plus regelmässiges Krafttraining – die neue Struktur muss auch von entsprechend neu gestärkten Muskeln getragen werden. Die lösen sich zwar mit dem PrimärProzess, doch zu deren Stärkung musst du schon aktiv beitragen; ist doch Natur pur.

Du wirst erleben – nun ja, hier muss ich sagen: erleiden, wie deine im üblichen Rahmen, oder auch mehr verspannte Struktur an den jeweils angesagten Orten vorübergehend instabil wird; was auch bedeutet, die chronische *widernatürliche* Verspannung, die uns alle durch und durch prägt – ein weiteres schreckliches Absurdum –, wird BELEBT und dadurch spürbar. Ja, das tut weh.

Selber schuld; *du* hast dich einst und bis heute verspannt. Doch dein erwachendes LEBEN ist wie eine grosse Party und macht das begleitende Leiden zu Peanuts.

Und nun stell dir vor, wie die **LEBENsperspektiven für die Kinder** aussehen, die dereinst von Beginn weg als 100 % LEBENDIGE Menschen aufwachsen dürfen. **Homo normalis** eben! WOW! Steig ein! Gönn dir das! Und deinen Nachkommen! Auch wenn naturgemäss Schmerzen dazugehören; sie sind immerhin der sichere Beweis, dass da in deiner Struktur etwas geht.

AB-PP LIVE
Ursula

früher hatte ich ständig diesen stress mit meinem aussehen: nie war ich in ordnung! typisch frau eben. ich konnte tun und lassen was ich wollte, und versuchte dies mit kleidung, frisur, haarfarbe oder schminke zu vertuschen. doch das reichte nie! mir war nie richtig wohl in meinem körper: ich ass zu viel oder zu wenig, fühlte mich beim sport demotiviert und träge, fand, ich hätte da und dort zu viel fett an meinem körper. und tatsächlich: wenn ich heute fotos aus dieser zeit betrachte, finde ich – im vergleich zu heute – man hat mir das angesehen!

es gelang mir einfach nicht, meinem UNBEWUSSTEN!, abgrundtiefen hass auf mich selbst beizukommen. sisyphos liess regelmässig grüssen, ohne dass ich realisierte, was in mir eigentlich vorging. nein, ich war der überzeugung, dass ICH nichts besseres verdient habe.

mit dem fortlaufenden NP ist dieser stress nach und nach verschwunden und hat einer mir nie erträumten natürlichen schönheit platz gemacht: ein wohlproportionierter, ausgeglichener, kräftig und zugleich weich wirkender körper hat sich ganz natürlich entwickelt. meine ausstrahlung, genährt vom zunehmend vorbehaltlosen mir-selber-zustimmen und das allumfassende wohlbefinden lässt eine von natur aus wunderbare körperform und sexyness wachsen, ohne dass ich mich in irgendeiner weise darum bemüht hätte.

Die tägliche Regeneration

Den entscheidenden Anstoss für den kompetenten, lebenszugewandten Umgang mit unserer Lebensenergie erhielt ich 1985 nicht von einem Chronobiologen, sondern vom Psychotherapeuten *Ernest Rossi*; dem ich dafür sehr dankbar bin. Abgesehen davon, dass er ebenfalls ein ausgezeichneter (Hypnotherapie-)Trainer war.

Kein anderes Lebewesen würde, ohne akute Lebensbedrohung, auf die tagtägliche vollständige Regeneration verzichten. Für ein normales, sprich volles, uneingeschränktes LEBEN die grösste Selbstverständlichkeit. Und absolute Notwendigkeit! Die tragische Regel ist: Je moderner und wohlhabender. bzw technisch raffinierter ausgestattet eine Zivilisation ist, desto haarsträubender ist deren Umgang mit der eigenen Lebensenergie. **Zurzeit widmen wir unserer täglichen Regeneration noch etwa die Hälfte, oder gar weniger der Zeit, wie von der Natur gefordert.** Bedenke die zwingenden Auswirkungen auf unsere Lebensqualität; von der Lebenstüchtigkeit nicht zu sprechen. Dazu kommt, dass **die Qualität** dieser Rest-Regeneration – fast stets eh reduziert auf den Schlaf – im Schnitt mehr als zu wünschen übrig lässt; sprich, **schlicht mies ist**. Ja, lieber Albert, wie recht du hast; wir kommen angesichts unseres absolut rücksichtslosen, in seiner Wirkung verheerenden Umgangs mit unserer eigenen Lebensenergie tatsächlich nicht umhin, uns als das absolut (lebens-)dümmste Lebewesen überhaupt zu deklarieren. Das gilt insbesondere für diese komfortable Zeit, in der wir uns wesentlich zurücklehnen könnten, um von da jeweils in hocheffiziente Aktivität zu starten, halt eben so wie deine Katze, bzw die von nebenan. Und auch das betrifft mittlerweile die gesamte Gattung Homo sapiens. Praktisch niemand folgt den natürlichen Anforderungen des LEBENS – mithin dem völlig NORMALEN – auch nur annähernd. Das gilt notabene nicht nur für die von der Natur geforderte, täglich vollständige Regeneration zur Erhaltung der Lebenstüchtigkeit. Jedoch beginnt jegliches Bestreben, das eigentlich selbstverständlich Geforderte, eben: das NORMALE im menschlichen Leben wieder zu installieren, mit der vollständigen Regeneration; da dann erst auf die inneren natürlichen Ressourcen zugegriffen werden kann, bzw diese erst durch die tägliche vollständige Regeneration optimal gepflegt und erhalten werden.

Mehr Informationen sowie Anleitungen zum naturgemässen Umgang mit unserer Lebensenergie findest du in einem der letzten Exemplare des Bestsellers «*Ruhe!Punkt.*» (nur im NormalVerlag erhältlich); sonst machen wir halt ne zweite Auflage (puh, Arbeit!). Plus, im jenes ergänzenden Folgebuch «*Das verkannte Genie – vom wahren Zentrum des Lebens*». Sowie in weiteren Büchern zu diesem Thema («*Burn! – ohne Out!*» etc).

E-Management – The short list

Hier trotzdem mal der kurze Überblick über die wichtigsten Daten der NORMALEN täglichen Regeneration = Energiemanagement = **«E-Management»**.

Die Orientierung heisst:
Folge der Formel **«50:50»**!
50 % des Tages Aktivität; 50 % Regeneration in Form von Ruhen.

Aktivität ist alles, was nicht ruhen ist; also auch Zeitung lesen oder fernsehen; natürlich auch essen, joggen …; insbesondere auch das mittels Pseudoaktivitäten konsequente Verdrängen des **Sichtreiben-Lassens**! Dessen also, was in Wahrheit **das Zentrum des alltäglichen Lebens** darstellt – darstellen sollte; dies ganz gemäss der **Naturformel ‚aus der Ruhe in die Aktivität'** *(siehe eben das Buch «Das verkannte Genie»)*. Ausgerechnet dieses Sichtreiben-Lassen ist mittlerweile praktisch vollständig aus unserem Alltag verschwunden; insbesondere aus jenem der Jugend; epidemisch verdrängt seit der Existenz von Mobilgeräten. Mittlerweile fast ebenso häufig bei 70-80 Jährigen zu beobachten. Eine so beängstigende, wie leider vollkommen logische Entwicklung. Ein Leben, durchgehechelt – heisst, ohne ruhendes Zentrum, wo stets der nächste richtige Schritt aufscheinen kann –, was soll da werden?! Human-down eben. Bravo! Tolle, absolut wasserdichte Strategie des Homo caput! Sollten wir demnächst vielleicht besser schreiben: **Homo kaputt?!**

Die NATURGEMÄSSE Regeneration deiner Lebensenergie – gemäss der Forschungen im Bereich *ultradiane Ruhephasen'* – sieht so aus:

Ruhen teilt sich auf in
- **Schlafen; 10h**
- **Powerrest;** tagsüber alle 1½ Stunden 15–20 min liegend komplett ruhen und abtauchen

- *Timeout;* jede Stunde 3–5 min komplett innehalten, Augen zu
- *Mikropunkt;* alle 30 Minuten wenige Sekunden bis gut 1 min. innehalten
- Alles ausser Nachtschlaf kann Teil des sich treiben Lassens sein

Alles, was weniger ist, hindert dich schon aus rein biologischen Gründen daran, deine in dir angelegten Lebensressourcen auch nur annähernd vollständig zu nutzen und wirklich LEBENDIG zu sein. Rechne!

Unser inneres System – jedes innere System von Lebewesen – reagiert äusserst sensibel auf Mängel der Regeneration, da dies die Überlebenskraft sofort entscheidend einschränkt, und stellt umgehend auf ‚Notstrom' um; letzterer lediglich für ganz kurze Perioden des nackten Überlebenskampfs vorgesehen ist. Und du? Du läufst dein ganzes Leben im Notstrom-Modus! Und dies im üblich besten Fall! Die wachsende Mehrheit gönnt sich nicht mal das; wird krank, produziert Unfälle, steuert ins Burn-Out.

Ja, Guter, wir kommen nicht umhin festzustellen: Ohne tägliche Regeneration im selbstverständlichen Einklang mit diesen ganz normalen, jedoch unabdingbaren natürlichen Anforderungen beweist du ganz öffentlich, für jedermann, sogar -frau sofort erkennbar: Du lehnst dich abgrundtief ab (UWE), und scherst dich daher einen Deut um dein primäres Wohlergehen. So kann dein Leben niemals wirklich Sinn machen.

Rede dich nicht damit heraus, dass die andern das auch nicht machen! Als Entschuldigung lasse ich nur gelten, dass du das bisher nicht gewusst hast. Jetzt weisst du's!

Also, was tun? Nein, Lenin weiss die Antwort nicht. Du brauchst dir gar nicht erst Mühe zu geben. Deine jahrzehntelange Selbstausbeutung ist von zuinnerst geregelt, gehört längst zur *primären Grundausstattung* des Homo sapiens; verhindert absolut zuverlässig, dass wir Menschen wirklich LEBEN; selbst, wenn die Bedingungen dafür gegeben sind. Und bedenke: Zweites primäres Lernen ist von der Natur nicht vorgesehen. Wir haben also null Verfügungskraft über diese innere Lebensregie (Rootset), tragischerweise basierend auf dem UWE. Also, mit aktivem UV21 no way! Gibts dafür ein treffenderes Beispiel als mich? 30 Jahre habe ich – *der* internationale Experte für E-Management – gebraucht, um mein eigenes E-Management einigermassen auf die Reihe zu kriegen. Und auch ich hatte nur mit dem NP eine Chance. Du musst deine Unwertviren allmählich verlieren, heisst, **exklusiv dank PP wieder primäres Lernen ermöglichen**, um dein E-Management – und erst danach dein LEBEN! – schliesslich doch noch auf die Reihe zu kriegen. Die schlechte Nachricht, die nun zugleich die gute ist: Nur mit der, von konsequent praktizierter – nicht notwendigerweise empfundener – Liebe zu dir gesteuerten Logik, welcher das NP folgt, kannst du das tatsächlich erreichen. Ist das cool? Schon, weil ich mir diesen biologischen Tabubruch anmasse, aus purer Gattungsnot und -liebe, bin ich ein schamloser Revoluzzer.

Verstehst du nun, weshalb ich nur schon deshalb sage:
Wir läuten hier ein neues Zeitalter für unsere Gattung ein!
Auf zu Human-UP!

E-Management
Biologisch gesteuert

In meinem eigenen Alltag kann ich perfekt beobachten, wie sich das mittlerweile freiwillige menschliche Drama im Umgang mit der eigenen Lebensenergie Tag für Tag abspielt; und dies auf streng biologischer Basis.

Je konsequenter ich dem primären Bedürfnis nach *ultradianer Regeneration* (= mehrmals täglich) nachkomme und tagsüber ruhe *(siehe «short-list»)*, **desto deutlicher** spüre ich die Signale der Müdigkeit; heisst, den Bedarf nach Regeneration. Ich bin also regelmässig müde tagsüber; und regelmässig begeistert von der unglaublichen Wohltat, die der dann eingelegte «**Ruhepunkt**» mit sich bringt. – Übergehe ich für einmal die Signale aus meinem Inneren, so vergeht die Müdigkeit und ich kann scheinbar ‚ungestört' weiter arbeiten; **die perfekte Basis für die alltägliche Illusion von Milliarden Menschen!** Was passiert? Mein Organismus nimmt mein Ignorieren auf und **stellt auf den biologischen Notfall um**. Mehr oder weniger alle Lebewesen sind dafür gerüstet, im Notfall KURZFRISTIG auch ohne *ultradiane Regeneration* durchzuhalten; pure Überlebenskraft eben. Die Energie wird kanalisiert in Richtung der Handlungen, die den Notfall erfolgreich bewältigen sollen. Der Rest muss zurücktreten; darunter Hunger, Lust (es sei denn, Fortpflanzung ist der Notfall), Wohlbefinden, Entspannung … jegliche echte Lebensfreude eben.

Und was tun wir Menschen? Wir leben ein Leben lang ‚freiwillig' auf Stufe Notstrom, heisst, auf dem Energieminimum. Das gilt selbst für Gesellschaften, die öfter aufgrund von Hunger und anderen natürlichen Bedrohungen auf Notfall umschalten *müssen*. Auch sie verbleiben freiwillig unter Notstrom wann der Notfall vorüber ist.

Passt doch. Eine unbewusste Strategie gegen das Leben; Selbsthass pur; UWE – Homo kaputt eben; muss so sein.

So, Punkt. Der nächste Powerrest ruft.

…

Und das ist das mentale Ergebnis dieses Powerrests:
Die einzige klare Ausnahme, von der ich persönlich gehört bzw gelesen habe, betrifft eine Frau, die in einem Harem in Arabien gelebt hat. Ich erinnere mich nur noch vage; doch eindeutig ist: Sie schlief und ruhte täglich 14–16 Stunden. Dazwischen schwamm sie in den palasteigenen Pools, machte Gymnastik, Krafttraining, joggte wohl auch im palasteigenen Park. Dazu fein essen und ab und zu etwas Sex. Herz, was willst du mehr? Ist doch ein Argument für jene Organisationsform der Existenz ☺ ☹.

Unter Notstrom

Jetzt stell dir das mal vor – okay, nein, kannst du wohl nicht, rennst ja selber ohn Unterlass herum:
Wir, die gesamte Menschheit, verkörpern eine Welt, die UNTER NOTSTROM LÄUFT.
8 Milliarden Individuen unter Notstrom!
UNTER NOTSTROM
UNTER NOTSTROM
UNTER NOTSTROM
UNTER NOTSTROM
UNTER NOTSTROM
UNTER NOTSTROM

Sonst nichts.
Heisst:

Rund 70 % unserer Entscheidungen sind unumgänglich FEHLENTSCHEIDUNGEN.

Wir denken bloss – klar, braucht kaum Energie! –, ohne eine Ahnung, was wirklich nützt.

Rundherum die andern Tiere, die herumstehen, -liegen; bloss losrennen – weg oder zu – wenns überlebenswichtig ist. 100 % lebenstüchtig.

Und wir mittendrin, als peinliche Gattung, die sich dank ihrer Kopfprodukte als überlegen wähnt. Ha! Homo kaputt!

Unfassbar! Unfassbar, was wir dadurch alles vergeben; WAS MÖGLICH WÄRE, würden wir mit 100 % Lebensenergie arbeiten. Stattdessen drücken wir irgendeinen verdammten Schalter …

Aber WIR halten uns für die überlegene Gattung. Obwohl wir kaum mehr können … Notstrom eben.

Pah!

Ach ja, haha, ganz aktuell: **Ende Januar 2018 (!)** gibt es in einem der reichsten Länder der Welt – wie heisst es schon wieder? Schwitz? – einen ‚von den Bürgerlichen breit unterstützten' Vorstoss, inklusive darauf folgenden Parlamentbeschluss, für Angestellte die erlaubte Arbeitszeit auf 17 Stunden auszuweiten – pro Tag! Und das 7 Tage die Woche! Wow, ist das nicht toll? Das Argument: ‚Der Familie zuliebe' (Homeoffice). Völlig klar, wenn du 17 Stunden am Tag arbeitest (Ja! Eine Stunde Mittagszeit inklusive!), hast du endlich Zeit für die Kinder und was sonst noch so anfällt. Die kommen wirklich draus, die Megamatrixler.

Und überhaupt: Das ist echte Freiheit! Heisst, für ein so armes und von den unerhörten Fortschritten gebeuteltes Land wie die Schweiz ganz wichtig: Endlich darf man nicht nur in China, Japan, …, …, sondern auch im weltweit bewunderten Paradies Schweiz **an Karoshi** (Überarbeitung) **sterben**; ganz legal. Wenn das nicht modern und fortschrittlich ist, wenn nicht gar revolutionär …

Ruhepunkte
Aus der täglichen Praxis

Jeder einzelne **Powerrest** markiert zuverlässig ein Highlight meines Tages. Das tut einfach sooo gut! Unzählige Male schon legte ich mich nieder, stellte rasch fest, wie müde ich in Wirklichkeit bin; sagte mir erleichtert: ‚Stell dir vor, du hättest einfach weitergearbeitet, so wie es alle andern machen, so wie du es selber Jahrzehnte gemacht hast – Horror; so etwas von *gegen dich*'; und begann dann dankbar abzusinken. So sagen denn auch viele, mit dem E-Management noch nicht Vertraute: „Ich lege mich lieber gar nicht hin, sonst bin ich danach noch müder als vorher". Dabei haben sie sich dann bloss wenigstens ein bisschen gespürt, und von innen vernommen, was Sache ist.

Der Powerrest bedeutet tiefes Absinken ins bewusstlose ‚Nirwana' – für uns Kopfmenschen öfter erst nach einer ‚Kopf-Phase', in der verarbeitet wird, was grad vorher war –; bedeutet, nach dem tiefen Ruhen, nach 15 bis 20 Minuten (für Erfahrene nach ziemlich genau 17 min) zuverlässig wieder zu Bewusstsein zu gelangen; erholt, erfrischt, energetisiert; in der Regel auch gleich versehen mit der Klarheit, was (tatsächlich) als Nächstes ansteht. – Also, nicht einschlafen! Nichts da von *‚Powernap'*, oder gar *‚Powersleep'*! Wer einschläft, erfährt bloss ein Stück Realität, nämlich, dass er/sie total übermüdet ist; na ja, für die meisten eine Alltagserfahrung.

Die *Ruheräume*, die wir einrichten, nennen wir «**Powerraum**». Dort wird unsere Energie tagsüber (re-)generiert. Wer sich – chronisch übermüdet – Zeit schenkt und dort mal ein, zwei Stunden schläft, no problem!

Die **Mikropause** lege ich, Augen zwingend geschlossen, in der Regel so lange ein, bis ich unwillkürlich tief durchatme; wie in der «short-list» geschrieben, nach wenigen Sekunden bis etwa anderthalb Minuten. Das ginge selbst für die Kassierin im Superstore. Für die leuchtenden Augen, die sie dann empfangen, würden die KundInnen bestimmt gerne ein paar Sekunden warten.

Das **Timeout** dauert so lange, bis ich wieder ganz bei mir angekommen bin; mein Körper sich unwillkürlich entspannt, aufrichtet, und was auch immer sonst noch; mein Bewusstsein wieder ganz in der jetzigen Wirklichkeit ist, die Sinne nach innen wie nach aussen offen. In der Regel stehend oder sitzend durchgeführt.

Alles neu ...

Mai war bereits. Mit Blick auf die Zukunft darf ich in Bezug auf das in unserer Situation geradezu ungeheuerlich wirkende E-Management sagen: Keine Sorge bei der Anwendung von 50:50! Diesen ganzen Aktivitätswahn brauchts gar nicht. In diesem oben postulierten neuen LEBEN ist Wohlstand garantiert, sobald dieses LEBEN sich ausbreitet. Und dies binnen nützlicher Frist, für alle! Beim aktuellen Niveau bezüglich Schöpfen von materiellen Ressourcen ganz selbstverständlich. Zum Beispiel sind LEBENDIGE Menschen genügsam; schätzen (nur) höchste Qualität; und davon wenig. Gruss an *Oscar Wilde*. Sie arbeiten hocheffizient; ruhen dann grosszügig; lassen sich treiben. Sie verdauen auch hocheffizient. **Ein Viertel der Nahrung, die wir in den reichen Ländern verzehren, würde mehr als reichen** *(später mehr)*. Ein LEBENDIGES Leben ist ein einfaches, überschaubares Leben. Und in seiner häufigen, wunderbaren Leere:
Voll! Intensiv! Dicht! Spannend! Atemberaubend schön!

Regeneration – das ungeheure Dreierpack

1. Dieses ganze Buch lebt von der Information, dass die soziale NormalRevolution, bzw das persönliche NormalProjekt, bzw das Verfahren Atembombe-PrimärProzess in der Lage sind, bzw darauf aufbauen, unsere verdrängten und weggesperrten ursprünglichen, natürlichen Ressourcen wieder zugänglich zu machen; darauf beginnen, in ungeahntem Mass unser Leben zu befruchten; echt LEBEN eben. Es handelt sich da um die vollkommen tief greifende Regeneration der urmenschlichen Lebenskraft, getränkt mit der ebenfalls urmenschlichen Lebensintelligenz.

2. Dann ist es eine der zahlreichen fantastischen Begleiterscheinungen des MEGATOOLS Atembombe-PrimärProzess, welches für die gefragte Zeitenwende bekanntlich die zentrale Rolle spielt, dass jeder einzelne gelungene Prozess eine tief greifende Regeneration des gesamten Organismus, heisst eben auch eine regelmässige Verjüngungskur bewirkt.

3. Schliesslich hast du soeben erfahren, dass echtes, uneingeschränktes LEBEN die fortlaufende, heisst tägliche vollständige Regeneration der unserem täglichen Handeln sowie unserer Lebensqualität zugrundeliegenden Lebenskraft so zwingend wie selbstverständlich erfordert. Perfektes E-Management, um ganz NORMAL zu LEBEN, eben. Um dies zu schaffen ist aus genannten Gründen nicht nur zwingend ein NormalProjekt vorausgesetzt, sondern ebenfalls die Neuorganisation des individuellen, schliesslich unseres gesamten Lebens. Wow, da freue ich mich dermassen drauf! Ich habs privat bisher zu rund 80% geschafft. Was da dann auf der ganzen Welt frei wird an Ressourcen, ist schwer zu beschreiben; unfassbar eben. *(Einen Versuch unternehme ich trotzdem, in der «Vision21», in einem meiner nächsten Bücher, das immerhin bereits weit gediehen ist).*

So haben wir es in diesem Dreierpack mit der Regeneration auf drei Ebenen, oder, wie es meiner Betrachtungsweise eher entspricht: in drei Räumen zu tun.

Der erste, tiefste und grossartigste: der dringend angesagte Turnaround für die Menschheit.

Der zweite, mittlere, für mich eine wunderbare Überraschung.

Der dritte, oberste, die eigentlich selbstverständlich geforderte.

Doch bedenke, mit dem Willen ist in keinem der Räume irgendetwas Nachhaltiges zu erreichen.

Schmankerl
Wille und Ziel

- **Wille** als pure Überlebenskraft ignoriert logisch Bedürfnisse und Grenzen.
  Ziele ignorieren die Bedingungen.

- Organisationen, die sich auf Ziele fixieren und den Willen zur Motivation missbrauchen, schaffen genau diese lebensfeindlichen Bedingungen der kollektiven Selbstausbeutung.

- Konsequenz: Ohne akute Überlebensnot **ersetze den Willen durch den Wunsch.**
  Ziele ersetze durch Orientierung.
  Lasse dich treiben und wähle, was gerade optimal der Orientierung entspricht. Gibts nichts, dann warte; eventuell überprüfe die Orientierung.

Der Mensch ist wie er ist1
nämlich ganz anders

Nur wenn die Wahrheit dir Angst macht, ist sie etwas wert.
    Das erste Mal, beim GROSSEN Tabu, hast du's überlebt; bleibe also zuversichtlich, dass du in der Lage bist, auch diese Wahrheit zu verdauen.

Der Mensch ist wie er ist2
nämlich ganz anders

Denn, wies da drin aussieht ... und wieder ein fulminanter Tabubruch.

Ist ja gut, geb ich halt doch in Ultrakurzform zum Besten, wies in uns drin ausschaut; und dies erst im Nachgang zur Sesshaftigkeit; heisst, seit unser Leben sich fast vollständig von Illusionen nährt – über uns selbst, über Gott und die Welt. Heisst, wir Homines sapiens haben uns in den letzten 15'000 Jahren vollständig umgebaut. Immerhin, ne hübsche Leistung.

Nun denn, **das sind wir nun:**
In uns drin gehts gaaanz einfach zu und her.

Ich weiss, das ist furchtbar enttäuschend; kann nur unseriös sein = typische Männermatrixhaltung (Albert hätte mir da definitiv zugestimmt).
Unsere innere Struktur besteht – *tut mir echt leid* – aus ganzen drei, d r e i Elementen. Alles, was wir tun und lassen, lässt sich ganz einfach diesen dreien zuordnen, voraussagen, nachträglich verstehen ... und lösen. ALLES.

Zur deiner Entlastung, Mann, kann ich sagen, dass sämtliche anderen Lebewesen über eine noch einfachere Struktur verfügen. Sie dienen mit all ihren Kräften bloss dem Einen: dem Lebenssinn. Und den musst du bitteschön in der «*Quintessenz – Trilogie vom Sinn des Lebens*» ergründen. So mag es dich trösten, dass du, Mensch, etwas komplizierter – nein nein, nicht komplexer! – gestrickt bist. Na, sind wir also doch etwas Besonderes; eben dies: unglaublich ineffizient, was diesen alles bestimmenden Lebenssinn angeht; aber sowas von!

Im Detail:
1. Dein Leben besteht aus einem **«Scheinprojekt» (Sp)**, bzw aus zweien; eines mit **+** das andere mit **–** ausstaffiert. **+** ist grundsätzlich lebensfreundlich ausgerichtet; **–** lebensfeindlich. Letzteres sich daher als ‚Sch...projekt' etabliert hat; du verstehst schon. Dein(e) Sp(s) verkörpern das, wo du gleichsam offiziell hinstrebst. Das, was du als deine Lebensaufgabe betrachtest. Je nachdem

dominiert bei dir das Sp+ oder das Sp-. Dieses Duo ersetzt, exklusiv bei uns Postneolithen, den Lebenssinn; daher ‚Schein-'; verfolgt jenen in Pseudomanier, sabotiert ihn regelmässig oder zerstört ihn ganz.
Das eine Sp ist stets inhaltlich mit dem anderen verbunden.
2. Dann bestehst du zweitens aus «**Nebenprojekten**» **(Np)**. Sie umfassen das, womit wir uns im Alltag so befassen und auseinandersetzen. Das auch, was wir üblicherweise als unsere individuellen Eigenschaften bzw Fähigkeiten definieren. Sie füttern ua die Gesundheitsmaschinerie, füllen die Psychotherapie- und Psychiatriepraxen und nähren auch die ganze Unterhaltungsindustrie. Eben halt: *Drama*; mit oft durchaus ernsten Folgen, wie zB Krieg. Die Nps erfüllen als Ganzes den Auftrag, uns vom LEBEN fernzuhalten. Machen sie doch ganz effizient, nicht? Wir befassen uns mit Nebenschauplätzen, investieren in Pseudolösungen, errichten mittels Mindkonzepten wasserdichte Dämme gegen das LEBEN. Konkret besteht die Aufgabe der Nps darin, den Sps zuzudienen; oder eben dem Eigentlichen:
3. Dies – und jetzt ist fertig lustig –, worauf dein/unser Leben tatsächlich hinausläuft, nenne ich «**DEIN/MEIN Projekt**» **(MP)**. Es basiert stets auf dem allumfassenden UWE. Das heisst, du planst deine Variante eines vorzeitigen Todes; was, trotz Überlebenskraft, gar nicht so selten umgesetzt wird; natürlich wiederum – peinlich! – exklusiv bei uns Menschen.

MP ist meist verborgen; jedoch in mindestens drei Phasen des Lebens definitiv an oder nahe der Oberfläche; mit sieben, beim Lösen aus der *primären* Obhut; beim Übergang ins Erwachsenenleben, wo du die Obhut verlässt und gleichzeitig noch nicht definitiv verpflichtet bist (daher die Suizidnähe); sowie dann, wenn das Sp vorbei ist, die Illusion, dass es dich ins LEBEN bringt, erloschen; die Kinder erwachsen, du pensioniert ...
Okay, als Gattung existieren wir noch; so etwas in der Art. Und dies allein **dank der wunderbaren, nackten Überlebenskraft; das Einzige, was wir Menschen noch unverfälscht mit den andern Lebewesen teilen**. – Na ja, wird wohl Zeit, zum Thema ein Buch zu schreiben.

Na also

Vielleicht verstehst du ja jetzt diese IS-Jungs und ab und zu -Girls etwas besser. Würde ihnen und der uns allen gemeinen Sache gut tun. Ist nämlich nichts Aussergewöhnliches, wenns zu jenem Zeitpunkt, dem Übergang ins Erwachsenenleben, von den religiösen ‚Vätern' erlaubt, ja intensiv gefördert wird. Die bereits erwähnte (Pseudo-)Rache für tausend erlittene Schläge und Entwertungen in der Kindheit – wohlgemerkt, auch durch die Mütter! – inklusive. Mit dem herbeizitierten Überbau hat das rein gar nichts zu tun. Kein Esel – wörtlich – würde sich dafür hergeben. Sie geben sich selbst bloss recht damit: „Ich bin unwert, verdiene den Tod, und (als kulturell gepflegtes Opfeler) alle anderen auch"; und bringens ins Handeln. Das lässt du besser sein; kriegst dafür vom NormalProjekt dein LEBEN (zurück).

Hinter all unserem Tun
steckt eine verborgene Absicht

Was für ein Idiot muss einer sein, der auf rund zehn viel bis sehr viel versprechende Karrieren verzichtet, bloss, um etwas Einmaliges zu entdecken und daraus etwas Erstmaliges zu entwickeln – Ausgang zudem bis vor Kurzem offen –, und sich damit auch noch in Richtung Armut treibt?! Was bewegt also jemanden wie mich zu diesem unvernünftigen Tun?

All das Gute in Ehren – oder auch nicht –, doch muss hinter diesem Wahnsinn ein Antrieb stecken, der jegliche Lebensvernunft vertreibt. Selbst die reizvolle Tatsache, dass auch ich als Erster profitieren musste, damit das NormalProjekt schliesslich für alle gelingen kann, kompensiert den Un-sinn nicht vollständig. Bis jetzt.

Tatsache ist, da gibt es im Raum der Scheinprojekte keine Handlung, hinter der nicht eine ganz anders gerichtete Absicht steckt. Scheinprojekte (Sp) orientieren sich an unserem Restverständnis des biologischen Lebenssinns; sind also **grundsätzlich sozial ausgerichtet,** dem Weiterleben eines Ganzen gewidmet (Sippe, Gruppe, Volk, Gattung – je nach Kulturentwicklung). Dies gilt in der Matrix selbst für die absurdesten Formen von Sps; ja, kruderweise sogar für die Sch…projekte, wie die Gilde der zahllosen Profiverbrecher, die sich gleichsam als solche fortpflanzen, eindrücklich demonstriert. Um das zu verstehen, musst du bloss beachten, dass primär-lernende Säuglinge da nicht unterscheiden können.

Diese verborgene Absicht allerdings soll faktisch **bloss dem Überleben eines/einer Einzelnen zudienen;** und dies erst noch in unrealistischer, ja, unerfüllbarer Manier. Ein narzisstisches Unterfangen also durch und durch. Denn da steckt in Wahrheit die Sehnsucht dahinter, durch irgendeine Leistung – das kann auch erfolgreiches Morden sein – die im tiefsten Kern fehlende Anerkennung doch noch zu erhalten, welche uns dann das Recht auf LEBEN und Zugehörigkeit geben soll. Da dieser existenzbedrohende Makel jedoch bereits in den Genen sitzt und durchwegs durch die primäre

Lernumgebung verstärkt und konkretisiert wird, kann auch noch so grosse Anerkennung die Sehnsucht nicht stillen, da erneutes primäres Lernen biologisch nicht vorgesehen ist (bis eben dieser seltsame Typ da kam …). Applaus im Lebenstheater wird kurz genossen, dann weggesteckt und entwertet; beim nächsten Auftritt beginnt das Ganze von vorn; inkl. Lampenfieber (= UWE). Die innere Verfassung, durchtränkt vom UWE, bleibt konstant erhalten. **Ungeheure Investition in eine Illusion** also. Bekannt?

Hätte ich das früher gewusst, hätte ich auf dieses riskante Solo verzichten und einige der Karrieren durchziehen können ☹. Dann hätte ich jedoch nie das herausgefunden und entwickelt, was jetzt vor dir steht.

Tja, armes Opfer wäre da doch der angezeigte Status; der Hass auf die Menschen, die sich echter Lebensfülle bislang verschliessen. Nun ja, echte Stärke, die ja vielleicht irgendwann mal Platz nimmt, ist mir da doch noch lieber.

Sex

Eine der erbärmlichsten Folgen der durch die Sesshaftigkeit geforderten und komplett missratenen Neuregelung der Mann-Frau-Beziehung, also der Matrix, ist ihr Umgang mit Sex. Kaputt machen, wos nur geht. *Ich habe schon hunderte Seiten über Sex geschrieben. Ich werde mich hier nicht näher dazu äussern. Es ist mir zuwider.* Eins ist jedoch sicher. Wenn du dein NormalProjekt und mit ihm zwangsläufig dein E-Management allmählich auf die Reihe kriegst und deinen Alltag entsprechend neu geregelt hast, werden nicht nur die Hormone in dir explodieren, auch deine übrigen körperlichen Voraussetzungen für erfüllten, megageilen, liebestrunkenen, bombastischen Sex tagaus tagein – **Sexbombe** eben – werden gewachsen sein. Und du wirst innerlich frei sein, dafür ganz selbstverständlich den richtigen, endlich natürlichen Kontext zu schaffen. Ich wünsche dir bloss, dass du dann nicht der/die Einzige bist auf der Bildfläche. Und mach dich darauf gefasst, das wird dauern. 12'000 Jahre Entwertung und Instrumentalisierung der Sexualität in widerlicher Absicht, das wirkt. Eine leise Ahnung vom Paradies hingegen, oder gar erste Schritte dahin, sind mit deinem NP vermutlich schon bald möglich.

He, Alter!
Sex ohne Nummer

Wie hast *du's* mit Sex, alter Mann? Immerhin, neben dem Essen die wichtigste Aktivität des *ganzen* Lebens; mitnichten bloss der Jugend. Geht gar nichts mehr, nicht? Aha, mit Potenzmitteln. Du willst dich weiterhin bescheissen, wie dein ganzes Leben schon? Geht gar nicht.

Komm, nimm teil! Wir arbeiten bereits auch mit über 70-jährigen. Und deine Potenz wird wieder erwachen. Aber hallo! Vielleicht wie nie. Ganz natürliche, echt geile Sexualität! Worauf wartest du noch? Auf Gott? Der kommt erst nach deinem Tod.

Die Frage des Alterns
in mehrfach neuer Dimension

Immer älter werden allein ist noch keine attraktive Zukunftsvision; bei einem Leben, das nicht wirklich lebenswert ist, gar eher eine Horrorvision. Damit wissenschaftlich ungeniert zu prahlen, dabei auch noch künstliche Hilfsmittel anzupreisen, halte ich für in höchstem Mass verwerflich; typisch Matrix eben, die nicht nach der tatsächlichen Qualität des Lebens zu fragen wagt.

Das NormalProjekt (NP) hingegen eröffnet gänzlich neue Dimensionen, was das Altern betrifft. Nicht nur werden Menschen mit einem NP erst ihre wahre Vitalität und somit ihre Alterungsfähigkeit in einer neuen Dimension kennenlernen. Sie werden von der Jugend bis ins Alter auch ungeahnt gesund und vital bleiben. Und sie werden das vollkommen ohne künstliche Hilfsmittel erreichen. Ihre wieder geweckten ursprünglichen Lebensressourcen, im Verbund mit den kulturell geschaffenen Sicherheiten und Annehmlichkeiten, reichen dafür aus.

Das NP ist noch zu jung, um diesbezüglich bereits präzise Aussagen machen zu können. Doch reichen bereits die bisherigen Erfahrungen für begeisternde Aussichten. Daraus zu extrapolieren und Schlüsse zu ziehen ist wahrlich nicht schwierig. Wie wird das also erst sein, wenn jetzt noch junge Menschen, zB Kinder, bereits ihr NP praktizieren und sich später auf ihr Alter zubewegen. Und wie erst, wenn dereinst NormalMenschen, vollständig befreit vom UWE – Homines normalis eben –, Kinder zeugen. Heureka!

AB-PP LIVE
Ursula (52)

mit dem konsequenten hinunteratmen wird meine sexuelle lust immer stärker, immer unbändiger. um diese zuzulassen, muss ich mehrere tabus in mir brechen: frauen dürfen nicht wirklich sexuelle lust empfinden. höchstens soviel, dass die männer immer noch dominieren können. das wäre noch, wenn die sexuelle wucht der frauen befreit würde! ha! dann würden nämlich die frauen die totale schwäche der männer auf-decken! aber sowas von! doch dafür hat man(n!) seit jahrtausenden erfolgreich gesorgt, dass dies nicht passiert! indem man(n) die sexualität der frau entwertet. ha! falls sich die normalREVOLUTION durchsetzt, können sich die herren schon mal auf die wahrheit gefasst machen. oioioi. wenn ich mann wäre, würde ich mich bereits jetzt im ‚mich verneigen' üben. hmmm.

Schmankerl
Scham

Scham ist eine ‚jö'-Sackgasse; allein dem UWE geschuldet – ich plädiere, tiergerecht, für Schamlosigkeit.

AB-PP LIVE
Bernhard

Ein Beispiel für Kopf-PP – oder auch ‚Sex2'; na ja, dann halt …

Ich liege, wie während intensiven PP-Phasen häufig, frühmorgens wach im Bett; atme ruhig und tief ins Becken rein; fülle langsam den Raum bis oben zum Mund; lasse aufkommen, was kommen mag … Wow! Damit habe ich nun wirklich nicht gerechnet. VA und A (Vorankündigung und Ankündigung → siehe VAT+) gingen natürlich bereits über die Bühne. Doch nun steht es unvermittelt als klares Fazit vor mir: Als perfekter Anpasser und Allesnehmer hätte ich stets mit 80 % der Frauen, denen ich irgendwo begegnete, Sex haben können und wollen. Bloss 20 % fielen ausser Rang und Traktanden. Ein Verhältnis von 80:20 also. Und nun stelle ich fest, dass sich klammheimlich meine grundsätzlich ebenfalls recht gut ausgebildete Fähigkeit zu unterscheiden ganz unüblich durchgesetzt hat – notabene nicht nur hier, klar; wunderbar! –, und sich das Verhältnis nun genau umgekehrt präsentiert: 80 % der Frauen animieren mich nun gar nicht; bloss 20 % regen meine erotische Fantasie an. 20:80 ist jetzt also angesagt. Cool! Ich lächle entspannt, fühl mich ruhig und, wer glaubts denn: tatsächlich ein bisschen stark; und ziemlich unabhängig. schlafe wieder ein.

Raus aus der Kiste!

Die extrem hohen Scheidungsraten sprechen für sich. Noch bedeutend höher – Untersuchungen und ebenso meine Erfahrung sagen 90 % und mehr – sind *die Raten der faktischen Trennung*; selbst da, wo pro forma noch das Bett geteilt wird. Da machen die vehementen Töne gegen die Ehe, die neuerdings auch in der Wissenschaft, ja sogar in der bürgerlichen Presse erschallen, durchaus Sinn. Was unterscheidet die Zweierkiste denn punkto Beziehung von der Sargkiste? Eine starke Beziehung benötigt keine offizielle Absicherung. Sie riskiert und verlangt die tägliche Bewährung; inklusive erotische Ausstrahlung! Das und nur das führt zu echten, starken und anhaltend äusserst lustvollen Bindungen.

Die offizielle Absicherung hingegen befreit die Partner davon, sich permanent als gute Wahl bewähren zu müssen. Tatsächlich geraten die Ehen, sobald **das einzig Echte, das Verliebt-Sein**, verflogen ist, rasch zur Zwangsgemeinschaft, in der beide Partner sich gleichsam gehen – oder besser: fallen – lassen und ungestraft den kontinuierlichen Abstieg zelebrieren können. Diese Zwangsgemeinschaft verläuft zuweilen ganz friedlich; sie steht selbstverständlich unter chronischem Notstrom, was den Kontakt krass reduziert und so paradoxer- oder eher dummerweise hilft, den Verlust des Echten erträglicher zu machen. So erfüllt die Ehe als Zwangsgemeinschaft ihre prioritäre Aufgabe, als *der* Hort für die garantierte Bestätigung des Pseudoselbstwerts zu dienen; gleichzeitige heimliche, und bei jedem Beziehungsstreit auch offene Entwertung übrigens durchs Band inklusive. Dies läuft so, Stunde für Stunde, Tag für Tag; gelegentliche Lichtblicke, wo die Liebe kurz wieder aufflammt, eingeschlossen. Wehe, einer der beiden bricht aus! Sollte ein Partner sich in irgendeiner Form aus den Fesseln lösen, das UWE des Partners damit bestätigen und gleichsam öffentlich machen, entflammt die Vehemenz, die rasch zu Gewalt, ja, bis zur Tötung führen kann. Das gilt natürlich besonders beim sg ‚Fremdgehen' und der darauf folgenden Eifersucht. Der/die Untreue beweist damit der Öffentlichkeit, dass ein anderer/eine andere attraktiver ist und der/die Angeheiratete somit unwert. Denn, was bitte hat Eifersucht mit Liebe zu tun? Entwertender Streit und Liebe – das geht nun gar nicht zusammen. **Eifersucht ist niemals Liebe!** Vielmehr blosser, billiger Besitzanspruch, der die enorme Persönlichkeitsschwäche dahinter, sprich, **das allumfassende UWE der Betreffenden, entlarvt**, wie kaum etwas Anderes. Die Formel lautet hier: ‚**Ein starker Mensch kennt keine Eifersucht**'. **Echte Liebe bindet und befreit zugleich.** Warts ab! Du wirst es erleben, hast du erst dein NormalProjekt! Da kommt mir grad Suppé's Boccaccio in den Sinn: „Hab ich nur deine Liebe, die Treue brauch ich nicht." So tönts da bereits im 19. Jahrhundert. Wir haben Verspätung!

Jeden Tag beweisen 5 Milliarden Homines – alle Gebundenen! – mit ihren offen oder versteckt begehrlichen Blicken auf dritte Geschlechtspartner ganz wissenschaftlich, was Sache, heisst Natur ist. Gäbe es so etwas wie ein Treue-Gen, würde das nicht passieren. Die Treue-Moral ist in Wahrheit genau dies: ein Krieg gegen die Natur; allein dem UWE geschuldet; ein lebensfeindliches Produkt von zutiefst schwachen, daher besitzergreifenden Menschen. Also, raus aus der billigen Zwangskiste!

Du hast es doch immer schon geahnt, dass deine entsprechenden Regungen und Handlungen (inklusive Onanieren mit Bildern von dritten Geschlechtspartnern) eigentlich ganz natürlich sind, nicht wahr? Recht hast du. Egal, was du nun machst, du kannst deine diesbezüglichen Schuldgefühle guten Gewissens über Bord werfen.

Schmankerl
Moral

Moralregeln schaffen ein Gefängnis, mit Stäben aus Angst.

Konterrevolution3

Bindung in der ver-bindlichen (!) Form, wie wir sie heute erfahren, ist eine Kulturerrungenschaft. Eine Kulturerrungenschaft, die eine Erweiterung der früheren, bindungsärmeren kollektiven Beziehungsräume bedeutet.

Ihr den angemessenen Respekt zu zollen heisst, sich zuerst vom UWE-bedingten Besitzwahn zu lösen, der unsere Kultur kaputt macht; und unvermeidlich die durch und durch kaputte Existenz – oh, wenn ich durch die Strassen gehe …! – formt, konserviert und absurd idealisiert; puh! Denn, sobald auf die Liebe Bünde geschmiedet werden, beginnt das Glück unvermeidlich zu schwinden. Zum Schluss ist es bloss noch das Zelebrieren, heisst formell ‚Lieben' einer Form – ohne Inhalt.

Die ganz NORMALE Liebe kann mittlerweile durchaus intensive Bindungen generieren. Das hat mit den kulturell komplexen Begebenheiten zu tun, die uns heute zur Verfügung stehen. Ich kann und möchte aufgrund der vielfältigen kulturellen Möglichkeiten möglichst viel Zeit und Ereignisse mit der Person oder auch Personen verbringen, die gleich mehreres davon, oder gar alles zufälliger- und glücklicherweise mit mir teilt/teilen. Zum Beispiel in meinem Fall, neben enthusiastischem Sex, das konsequente E-Management; gutes, aussergewöhnliches, ja, überragendes Essen/Trinken; körperlich intensive Aktivitäten – kurzzeitige zuhause, sonst vor allem in den Bergen, sommers und winters –; gepflegte, schöne Kleidung; ohne Plan durch spannende Städte schlendern; und: Musik! Neben klassischer Rockmusik auch Aktuelles, zB Muse; dann die Klassik; da bevorzugt die Oper und die Operette. Letztere punkto Inhalt die matrixmässig schrecklich dramatische – trotzdem zT unendlich schöne – Oper überragt. Hör dir doch mal Suppés «Boccacio» an! Neben der bereits erwähnten ‚Treue-Arie', zB „Rebellion ist erste Bürgerpflicht", „für Monogamie das Talent mir fehlt." Und so weiter. – Operetten sind häufig überraschend unmatrixmässig komponiert – eigentlich ein Skandal; daher natürlich von Kulturoberen geringgeschätzt.

Wann jedoch Beziehungsalternativen auftauchen, gilt es zuzugreifen. Die vielfältigen (Ver-)Bindungen dauern weiter; doch öffnen sie sich weiteren, anderen Attraktionen; darunter natürlich prominent: dem SEX.

Schmankerl
Liebe

Echte Liebe bindet und löst zugleich.

Wie tiefes Lernen funktioniert
VAT+

Die aufs Ganze gesehen ernüchternden Erfahrungen mit den oft spektakulären Ergebnissen meiner früheren therapeutischen Arbeit, was deren umfassende Wirkung auf den menschlichen Organismus sowie auf die menschliche Persönlichkeit betrifft – einmal mehr auch meine aufrührende Erfahrung mit meinem eigenen Prozess –, riefen nach vertieftem Verständnis. Nein, schrien! Dies besonders, wenn ich an meine stets wache Vision für die Menschheit dachte, die mich antrieb. So begann ich nach und nach zu verstehen, wie tiefes, strukturelles Lernen vor sich geht; zB eben primäres Lernen von Lebewesen. Eine so desillusionierende wie ungemein entlastende Entdeckung. Es erwies sich als nichts weniger, denn das offenbare Entschlüsseln eines biologischen Codes.

Also, hier: **Friss und LEBE!**

Tiefgreifendes, absolut nachhaltiges, zum Beispiel biologisches Lernen, wie wir das zu Beginn unseres Lebens haufenweise erfahren (danach ist fertig damit; ist von der Natur aus ökonomischen Gründen nicht vorgesehen), findet in verschiedenen, voneinander deutlich unterscheidbaren Stadien statt. Nur wenn diese Stadien, inklusive deren jeweilige Anforderungen, vollständig durchlaufen werden, etabliert sich das Neue nachhaltig.

    Die meisten Menschen, so sie sich denn als Erwachsene überhaupt auf wirklich Neues einlassen, begnügen sich mit dem ersten, spektakulärsten Stadium und halten sich beharrlich an der Illusion fest, sie könntens nun. Ja, ja, die explizit menschliche Kraft der Fantasie … Die krass widersprechende Wirklichkeit wird dann zu übertünchen versucht, mittels den üblichen, vollkommen untauglichen, da gegen sich selbst gerichteten ‚Verbesserungs'-Methoden, wie sie überall erfolgreich verkauft werden.

Hier kurz und bündig die Lernstadien:
«**Vorankündigung – Ankündigung – Tatsache» – «VAT+»** eben.

1. **Vorankündigung:** Die erste, meist spektakuläre, jedoch keinesfalls nachhaltige Begegnung mit etwas ganz Neuem.
2. **Ankündigung:** Der oft harte, langanhaltende Prozess, das Neue allmählich in die innere Struktur zu integrieren. Gelingt im substantiellen Bereich nur mittels primärem Lernen, bzw PP.
3. **Tatsache:** Die schliesslich beiläufig erfahrene, vollständige Integration des Neuen ins alltägliche Leben. Heisst, das Alte ist, kaum bemerkt, gänzlich entschwunden.

Und das ‚**+**'? Es steht für das Phänomen, dass selbst mentale Vorgänge, wie wuchtige Erkenntnisse, strukturelles Lernen anstossen können. Bloss, sie schaffen im besten Fall die innere Bereitschaft, sich etwas ganz Neuem zu öffnen. Immerhin.

(Mehr über VAT**+** in der «**Quintessenz**» und wohl mal in einem Buch).

Lernen hoch 9
Die Lernrevolution für den Alltag

Bereits Ende der 70er Jahre verband ich die Kompetenz aus meiner Erstausbildung zum Pädagogen mit der zweiten zum Psychotherapeuten sowie mit der dritten zum Skilehrer, und profilierte mich mit einer ganz neuen Pädagogik; genauer mit einem ... ich denke, ich sollte da wirklich sagen: revolutionären Lernverfahren. Dieses bewährt sich in allen Bereichen, in denen gleichsam gewöhnliches Lernen gefragt ist, also nicht unbedingt strukturelles Lernen.

Die Ski-, Wander- und Bergsteigerseminare – **3x3 Outdoor** –, wo ich die Aktivität in der Natur stets mit gleich im Feld angewandten therapeutischen Interventionen verband, waren die perfekte Inspiration, um die innere Mechanik des Lernens zu erforschen. So entstand allmählich das **«3x3 PowerSystem»**, anwendbar in sämtlichen Lernumgebungen. Die Menschen lernen damit nicht nur 3x lieber, 3x leichter und 3x umfassender, sondern auch noch mindestens 3x3 so schnell. Lernen[9] eben.

Ein Hinweis soll hier genügen:
Lernen beginnt mit Entlernen.

(Auch dazu gibts anderswo mehr Futter (3x3outdoor.ch); das geschuldete Buch habe ich jedoch nie als Ganzes veröffentlicht; trotz eines ‚Vorabdrucks', den eine populäre Zeitschrift (Annabelle) veröffentlichte; eine der ‚Karrieren' eben. Hast du zufällig grad Zeit, rund 500 Seiten Manuskript – zum Teil wörtlich verstanden – zu sichten?).

AB-PP LIVE
Bernhard

VAT mit Grippen; ein bisschen NormalHumor

sie wurde mir à la bond-old-style zugefügt, die grippe: „from ursula, with love, päng!".
  und ich bin ihr schlussendlich richtig dankbar dafür!
  nämlich für diese super erfahrung von VAT:
  ein 2-tagesticket gelöst, für das «matter of taste» im dolder grand, zürich. über 400 weine, alle von parker mit 90–100 punkten bewertet – mithin also ein sammelsurium der weltbesten weine, versammelt in zwei schlichten, na ja, räumen.
  da kämpfst du dich also, wiederum in bond manier: ‚gespuckt, nicht geschluckt', durch diese phalanx, wo einer locker mal 1000 kostet, und spuckst jeden schluck, den du sorgfältig gekostet hast, wieder aus, manchmal zögernd, jedoch möglichst, bevor er deinen schlund kontaminiert; und fragst dich trotzdem, wenn dann von samstag auf sonntag zickige symptome auftreten, ob es sich nun um eine alkoholvergiftung oder doch bloss um eine grippe handelt ...
  ähnlich wie ursula sich bereits tags zuvor fragte, ob ihre identischen symptome nun ein produkt des pp vom vorabend waren oder vielleicht doch grippe, und sich für ersteres entschied; was seinerseits unweigerlich – wer würde sich da weigern!? – zum quasi unschuldigen ... nein, nicht gruppen-!: grippen-! sex führte; und dies ganz ohne luftwaffenjet. wie gesagt: „from russia, with love, päng!"

zurück zum thema dankbar, bzw vat: während ich am ersten tag des tastings, noch gesund und busper, beiläufig und mit genugtuung feststellte, dass ich vor den ständen automatisch stets aufrecht auf beiden beinen stand, stellte ich als havarierte mumie (na ja, so schlimm wars vielleicht nicht) am sonntag ebenso beiläufig fest, dass ich vorzugsweise mein gewicht auf das rechte bein abstützte; as usual before. eine grossartige erfahrung, weil beides

ohne jede kontrolle, bzw bewussten eingriff meinerseits ablief;
sowie eine weitere lehre, dass sich in fortgeschrittenem stadium
der ankündigung das neue, vorausgesetzt du bist in optimaler
verfassung, bereits automatisch durchsetzt, während das alte
durchaus noch in der tiefe lauert; getreu der bondschen losung:
„you will miss me" – „I never miss, päng!"

Schmankerl
Bescheidenheit

Bescheidenheit ist eine soweit ganz angenehme Eigenschaft von Menschen, die sich selbst nicht mögen.

Santé

„Santé!" sagen wir, wenn wir auf französisch anstossen. „Gesundheit!" sagt man in verschiedenen deutschsprachigen Regionen. Ja, unsere Gesundheit ... Die Gesundheitskosten nehmen jedes Jahr eminent zu. Weshalb wohl? In der Schweiz zB jährlich zwischen 3 und 4 Prozent. Macht in zehn Jahren mehr als ein Drittel. Wie war das noch mit der sich rasend beschleunigenden Devitalisierung?

Na dann, prost!

Ab ins neue LEBEN

Keine Frage, unser Leben muss von A bis Z neu organisiert werden. Damit sind alle konfrontiert – oder doch eher beglückt? –, die den Wandel durch das NormalProjekt erleben. Doch sie haben ja Zeit. Niemand stellt Forderungen. Das hängt fast nur davon ab, wie weit sie das Leben in der irren, lebensfremden Matrix mit ihrer laufend wachsenden neuen Verfassung noch ertragen. Und, natürlich: Wir müssen uns verbinden. Allein ist es hart. Hab ich selber erlebt. Persönlich geniesse ich nämlich das Privileg, dass ich der einleitenden Aufforderung konsequent nachkam, stets dem jeweiligen Stand meiner inneren Verfassung gemäss. So habe ich mir bereits in der Ausbildung zum Volksschullehrer geschworen, in meinem Berufsleben niemals weniger als 12–13 Wochen Ferien zu machen (und natürlich: niemals Noten zu verteilen!). Dies habe ich dann, als alsbald selbständig Erwerbender, auch konsequent eingehalten. Oft machte ich gar noch länger Pause von meiner Alltagsarbeit.

Als zuerst persönlich Beglückter, und schliesslich bald internationaler Experte für die konkrete Umsetzung des lebensfördernden Umgangs mit unserer eigenen Energie, konnte ich ab 1985 dieses neue Regime, von mir später «E-Management» getauft, sofort in meinem Privatleben, in meiner Therapiepraxis sowie an meinen Seminaren einführen, plus, mit leider beschränkter Vollzugsgewalt, bei meinen Businesskunden.

Die überwältigende Wirkung des NormalProjekts und die sich daraus ergebenden umfassenden Konsequenzen ermutigten mich schliesslich, dieses persönliche Privileg nun auch ohne Rücksicht auf meine finanziellen Bedürfnisse durchzusetzen. Gleichsam ohne Rücksicht auf Verluste. 100 % NORMAL LEBEN eben: JETZT!

Das fühlt sich gut an und stärkt mich paradoxerweise. Geht das Geld aus, ist es eben aus. Lieber kürzer GELEBT, als länger vegetiert.

Schmankerl
Sicherheit

Sicherheit gedeiht allein im Bewusstsein der Ohnmacht.

Wie das Gute nehmen

Voraussetzung, um mit dem NormalProjekt Erfolg zu haben, ist die Fähigkeit, das Gute zu nehmen.
Dumm, geht nicht.
Wir sind so voll mit Selbstentwertung, dass wir uns schlicht verbieten, das wirklich Gute zu nehmen. Daher gibt es auch keine wirklich guten, nachhaltigen Lösungen, seit wir sesshaft geworden sind und das bekannte Megadrama mit zahllosen Opfern inszenieren, darunter nicht zuletzt ein ganzes Geschlecht.

Was nun?
Eine weitere der für das NP typischen, vollkommen verrückten Paradoxien, die Bedingung sind, um den PrimärProzess zum Laufen zu bringen. Diese gehört gar zu den wertvollsten Paradigmen des NP: Du entwickelst *mental* die grundsätzliche Bereitschaft, das Gute zu nehmen; im Wissen, dass du das gar nicht kannst. Gleichsam: ‚Das wäre okay, wenn ich das könnte.' Dann öffnest du dich deinen Widerständen, deinem Hass auf das Leben, auf dich, auf ... deinen Schwur: Niemals werde ich das Gute, das LEBEN nehmen! Und du erträgst diese ungeheuerlichen Empfindungen. Schlicht und einfach ertragen. Und emotional austragen. Das Ergebnis wird dich belehren. Und erfreuen.

Ab in die Quarantäne

Stelle ich meine Dienste zur Verfügung, geht es stets zur Sache. Ob ich eine Geschäftsleitung, einen Vorstand, ein Projektteam berate, oder ob ich ein Rudel NormalProjektler in die PP-Hölle schicke, das Grundsetting ist seit einigen Jahren stets dasselbe. Um das, was da besprochen oder anderswie ausgedrückt wird, nach aussen zu schützen, muss der Raum akustisch sowie bezüglich elektronischer Verbindungen abgeschirmt sein. Dieses Setting nenne ich «Quarantäne». Wer sich da hinein begibt, soll sich frei fühlen, dort zu äussern, was auch immer ansteht. Und zwar ohne beobachtet zu werden *(Ausnahmen im Kapitel «Ein Traum»)* oder Konsequenzen von nicht involvierten Dritten fürchten zu müssen. Es ist dann an mir, bzw der jeweiligen Vertretung des NormalTeams, für Ausgleich zu sorgen bzw allenfalls Grenzen zu wahren.

Doppelte Wertschätzung

Was ich unter Wert-Schätzung verstehe, weisst du bereits. Wer auch nur die geringste Chance haben möchte, die ungeheuren, fantastischen eigenen Ressourcen zu befreien, der/die lerne allerdings gar die *doppelte* Wertschätzung.

1. Du hast 15, 20, 30, 40, 50, 60, 70 oder mehr Jahre damit verbracht, dich gegen das LEBEN in dir zu wehren. Du hast dir jedwede Mühe gegeben, die entsprechenden Regungen zu unterdrücken; und wenn sie sich doch mal durchsetzten, diese alsbald zu entwerten. Was du dich geschämt hast! Übrigens eine der offensichtlichsten und untrüglichsten Äusserungen des UWE. Andere Tiere können sich nicht schämen. Schämen kann sich nur, wer sich als unwert betrachtet. Dasselbe gilt, wie erwähnt, auch für Hemmungen.

Dieses unermüdliche, brachiale, im Wesentlichen lebensfeindliche Werk, dessen Ergebnis du nun verkörperst, verdient deine volle Wertschätzung. Ja! Deine nüchterne, heisst illusionslose Wertschätzung ist gefordert, egal wen oder was du nun verkörperst! Das gilt selbst für das Lebensfeindliche, das du durch dein *Handeln* zwischenmenschlich, bzw in der Welt angerichtet hast, und drückt sich aus in deiner nüchternen Anerkennung; heisst auch, im Übernehmen deiner hundertprozentigen Verantwortung dafür, egal, in welchem Alter das jeweils passiert ist. Wir wurden einst als Fachleute gerufen, um ein 6-jähriges Kind zu betreuen, das bei unserm Dorf eine riesige Scheune, mit Stall und Tieren drin, angezündet hatte. Der Auftrag erwies sich als einfach. Wir muteten ihm die Verantwortung dafür zu und erklärten ihm altersgemäss, dass die Zeit kommen wird, da er Wiedergutmachung leisten wird. Das Kind stimmte sofort zu, war entlastet und entspannte sich. Als Zeichen der Verbindlichkeit fertigte es eine Zeichnung an von der Tat und die Betroffenen schrieben dazu ein paar Sätze auf.

Bedenke, du hast natur-gemäss stets dein Bestes gegeben. Lebewesen können gar nicht anders; egal, welch absurden Charakter dieses ‚Beste' allenfalls annimmt. Bist du dumm oder gescheit, fleissig oder faul, sozial oder asozial – egal; du hast dir so oder so jede erdenkliche Mühe gegeben, genau das zu werden. Und das verdient deine Wert-schätzung; sonst wird sich dein System gegen jede Öffnung wehren. Bedenke, wenn dein Rootset dich nicht reinlässt, hast du keine Chance – null. **Gegen dich geht gar nichts.** Nur der widerspruchslose Einklang öffnet die verschlossenen Tore deiner Festung.

2. Die andere Wertschätzung verdient dein Entschluss, dich zu entrümpeln und dich dem LEBEN – das ja auch du bist (!), bloss weggesperrt in den Bereich deiner Wurzeln – zu öffnen. Dies selbstredend in aller Konsequenz im Dienst für die erfolgreiche Zukunft der Menschheit. Auch diese Wertschätzung, umgesetzt in Engagement und Bereitschaft zu Konsequenzen, muss in deinem Alltag Fuss fassen.

Diese doppelte Wertschätzung ist somit die ganze Wertschätzung deiner selbst und deiner Lebensaufgabe. Sie hilft; garantiert!

Das GROSSE Paradoxon

Daraus abgeleitet gleich das GROSSE Paradoxon des NormalProjekts (NP). Das heisst, genau genommen hat das nicht direkt mit dem NP zu tun, sondern mit der Logik, wie LEBEN funktioniert.

Therapien aller Art, so, wie sie in der Matrix praktiziert werden – medizinische Therapien, Psychotherapien usw –, sind zumeist auf Vermeiden, Verhindern bzw in der Regel gar Bekämpfen ausgerichtet; auf jeden Fall stets und immer auf *Veränderung*! Eine Ausnahme bildete im Raum Psychotherapie *Milton Erickson*. Leider ist er vor meiner Ausbildungszeit verstorben. Doch ich lernte in der Ersten Ausbildungsgruppe Europas, wo sich die Crème de la Crème der Szene traf, unter anderen als Ausbildner Ericksons Ziehsohn, *Jeff Zeig*, intensiv kennen (ebenso meinen Energiemanagement-Vater *Ernest Rossi*). Ein besonders schönes Kompliment widerfuhr mir – nach einer Übung ‚hypnotherapeutische Intervention' – durch Trainer *Steve Lankton*: „Merlin has spoken."

Das Verändern macht, was die Medizin betrifft, teilweise durchaus Sinn; dann nämlich, wenn dich ein ‚Feind', wie etwa eine Infektion, befallen hat. In der Mehrzahl der Fälle allerdings ist dieses Vorgehen absolut kontraproduktiv; dann nämlich, wenn es bloss um dich geht, so wie du (nun mal) bist. **Sobald du dich oder etwas an dir verändern möchtest, bedeutet das, *du wendest dich gegen dich*, so wie du jetzt bist**. Die Reaktion deines «Rootsets» – deiner inneren Regie, die über dein einst gelerntes primäres Lebenssetting wacht – heisst Verteidigung. Es wehrt sich mit allen Mitteln gegen den ‚Angriff' auf die/der du (nun mal) bist. Es verschliesst sich bzw *dich*, lenkt ab, weicht aus, macht dich kleiner statt grösser, führt dich noch weiter von dir weg, bis du rein gar nichts mehr davon spürst, wer du wirklich bist.

Dabei beachte, primäre Bedürfnisse wie körperliche Fitness, gute Ernährung oder Lernen kommen aus dir selbst; sie zu befriedigen – Achtung jetzt kommts! – ist grundsätzlich richtig; doch wenn du diese Bedürfnisse, warum auch immer, bisher nicht oder nur eingeschränkt beachtet hast, hilft kein mentaler Entscheid weiter! Er wird als gegen dich gerichtet betrachtet und aktiviert die Abwehr.

Das gilt also auch für das Zu- und Abnehmen, bzw Diät sowie für hundert weitere Ambitionen in Richtung Veränderung.

Der Schluss daraus: Echte Entwicklung in Richtung Lebenstüchtigkeit – der Rest liegt ausserhalb meines Interesses – funktioniert nur im vollkommenen Einklang mit dir, mit dem gewordenen Sein.

Darin eingeschlossen ist allerdings die (mindestens) hundertprozentige Verantwortung für die Person, die du jetzt bist; inklusive sämtliche Handlungen und anderen Konsequenzen, die sich daraus zwangsläufig ergeben haben.

Kurz:

Du kannst dich nur verändern, wenn du aufhörst dich zu verändern.

(Damit hast du eine typische Leitplanke kennengelernt).

So zeigt sich das GROSSE Paradoxon, bezogen auf DAS GROSSE TABU, sprich, das UWE, bzw das UV21 auf folgende Weise:
 Statt diese ‚Viren' zu bekämpfen, gehst du mutig (oder wie auch immer) darauf zu, findest in – durchaus qualvollen – Einklang damit, und tust sonst gar nichts; ausser mit aller Wucht die «Quarantäne» zu nutzen. Und das, was du dort tust, nämlich die Atembombe praktizieren, ist bis auf Weiteres wiederum lediglich ein ‚lustiges' (na ja) Experimentieren; ein Erfahrungen sammeln mit der Sauerstoffaufnahme. Auf gar keinen Fall tust du das, um irgendetwas zu erreichen oder gar zu verändern. Auf gar keinen Fall!
 Auweia, jetzt, wo du das weisst, wirds schwierig, das einzuhalten. Vielleicht hättest du besser mit dem Kapitel «Gleich einsteigen» aufgehört, und dich einfach nichtsahnend reingeschmissen ins NormalProjekt. Zu spät! *Ab jetzt gehörst du zu den Avantgarde-Praktizierenden, die einem höheren Anspruch genügen müssen.*

Das GROSSE Paradoxon2
Ein Beispiel

Eine Frau beschreibt den Einstieg in einen PrimärProzess folgendermassen:
„Der Satz taucht auf: ‚Man nimmt mir alles weg, bis ich nichts mehr habe.' Der Boden unter meinen Füssen gibt nach. Ich falle abgrundtief und es gibt nichts mehr, woran ich mich halten könnte. Ich bin erledigt."
Meine Antwort darauf: „Sorry, nichts von PP. Wann immer du vor einen Satz, der auftaucht, einleitend sagen kannst: ‚*Ach, ich Arme(r)* …', befindest du dich in der Opferverfassung."

Solche Sätze tauchen auf; sie lassen sich nicht vermeiden und sollen auch nicht vermieden werden. Das richtige Vorgehen ist dann allerdings Folgendes: Statt beim Absinken in Selbstmitleid zu zerfliessen, sagst du: ‚Geschieht mir recht; hab ich verdient; ich bin unwert.' Dann lässt du dich fallen, ins Nichts …

Tja, LEBEN gibts nur, indem du dein altes Leben riskierst. Das GROSSE Paradoxon eben.

AB-PP LIVE
Bernhard

wieder mal atembombe pur; heisst, ohne pp. heisst, beim erreichen von ak, kein ausagieren; alle solchen regungen ausatmen. nach wenigen zügen bin ich tilt; still, regungslos. nach zehn sekunden gehts weiter mit ak ...
    da tönts in mir plötzlich: „durch alles hindurch! durch alles hindurch!" ich sprechs nicht aus, bleibe bei der ab-pur. doch die kraft, der drang, der da in mir wirkt, ist ungeheuer. das drängt unzweifelhaft durch meine struktur hindurch; durch alles, was da schon war und was dann geworden ist. durch alles hindurch.
    am ende der folgenden nacht fühle ich mich mies. es steht einerseits so klar vor mir, wie das bett unter mir, ruft leise: „du kannst nun befreit, ohne einschränkung atmen und deine struktur ganz offen lassen; du verbirgst nichts mehr." ich atme ruhig und tief; und ja, ich fühle mich nicht mehr unwert. soweit okay. und? was bleibt? ich bin unwert! meine gene sagen mir nicht, wie ich mich fühle, sondern wie ich bin.
    selbst wenn das eine lüge sein sollte. mies und absolut trostlos fühle ich mich trotzdem. was nun?

AB-PP LIVE
Bernhard

kurz darauf wieder ab pur. dann, nach etwa einer halben stunde den pp zulassen, statt ihn konsequent auszuatmen.

als ich ruhig werde, liege ich weit ausgebreitet da und habe 'keine ahnung von gar nichts' (eben: vorn auf meiner VC ☺); bin leer. da sprichts aus mir heraus: „ich kann mir nicht vorstellen, dass das ganze etwas bewirken soll."

und genau das erscheint nun, für mich als pionier und promotor überraschend, als das ultimative loslassen der kontrolle und spielt ein lächeln auf meine lippen. nicht einmal das spielt jetzt eine rolle – eher im gegenteil.

klar! lassen wir alles so wies ist und ziehen einfach dieses ding durch.

Körperlich das Ganze

Meine liebste Herausforderung an den PrimärProzess ist die unumgängliche Notwendigkeit, dass sich primäres, mithin umfassendes Lernen auch im Körper zeigt. Zeigen muss! Dies nicht bloss, weil die Hauptverfahren, die ich als Psychotherapeut einsetzte, Bioenergetik und Verwandte waren. Sondern weil körperliche Veränderungen objektiv überprüfbar sind. – Entscheidend: Diese Veränderungen passieren durchwegs jenseits jeglicher Absicht, geschweige denn Kontrolle, noch bewusster Einflussnahme!
Nicht nur die Körperhaltung beginnt sich unvermeidlich an unserer natürlichen menschlichen Haltung zu orientieren – na, kennst du die? Wer überhaupt? –; auch das naturgemässe E-Management beginnt sich durchzusetzen. Und natürlich auch das gesamte Innenleben, wie der Stoffwechsel, die Hormonausschüttung oder der Kreislauf stellen sich auf die neuen Verhältnisse natürlichen LEBENS bzw ursprünglicher Vitalität ein. Dazu kommt der unglaublich wachsende Kontakt zu deinem Körper; zu deinen Füssen, deinen Fingern, deinem Hals, deinem Bauch ...; zu deinen Bewegungen; zu allen deinen Regungen! Stell dir das mal vor! Was da in dir abgeht. Ist die innere Erlaubnis erst mal da, ist jede Zelle scharf darauf, jeden Befreiungsschritt sofort zu nutzen und das LEBEN in dir auszubauen, irgendwann zu etablieren. Schliesslich sind wir gewöhnliche Tiere! Und du darfst mit deinem Bewusstsein staunend und entzückt – okay, öfter auch schmerzverzerrt *(siehe Kap. «Fair»)* – an dieser Revolution in dir teilnehmen.
Ist dem nicht so, ist der ganze Prozess nobis; Drama eben. Ein bisschen emotionale Öffnung; ansonsten bleibts beim Alten. Prüfs also regelmässig nach. Ich machs auch so; versetze mich mental regelmässig in die Verfassung: Hats wirklich was bewirkt bei mir? Was denn?
Auch die Beziehung zu dir selber entwickelt eine völlig neue Dimension; nämlich einen zutiefst, ja bedingungslos praktizierten Respekt vor diesem merkwürdigen Wesen, das du verkörperst; auch vor dem grössten Mist, den du installiert hast; selbstverständlich inklusive das Bekenntnis zur Schuld, die du in deinem Leben auf dich geladen hast.

AB-PP LIVE
Ursula

vor etwa einem halben jahr begann ich wahrzunehmen, dass mir meine körperstruktur in der AB grenzen setzte: mit der intensivierung des atemvolumens stiess ich schnell an meine verhärtete muskulatur und spürte, wie mein system das volle LEBEN schon rein körperlich begrenzte. ich konnte diesen umstand nicht willentlich beeinflussen, so dass mir nur die möglichkeit blieb, den fühlbaren widerstand meines körpers zu respektieren.

mittlerweile hatte ich sogar vergessen, dass mein inneres damals klar fühlte, dass noch viiiieeel mehr volumen möglich wäre.

unverhofft hat nun meine struktur begonnen nachzugeben, als wenn sie mir sagen würde: „ok, du hast mir nun lange genug bewiesen, dass du für mehr bereit bist, also helfe ich nun mit, die tore zu öffnen und die grenzen zu erweitern."

zunächst tat sie dies nur in seltenen momenten, so dass ich lange zeit nicht wagte, darüber zu berichten. die erfahrung war zu schön und zu kostbar! begonnen hat es im becken: eine unbeschreiblich schöne erfahrung, vollkommen anders als ich das da-sein bisher erfahren oder mir auch nur vorgestellt hatte. ich finde fast keine worte dafür, es ist wie ein ‚ankommen' oder ‚endlich-die-vorbehaltlose-liebe-zu-mir-finden'.

gestern hat mich ein pp überwältigt, der durch diese öffnung des körpers ausgelöst wurde: ich fühlte, wie ich als neugeborener säugling (ziemlich) VOLLKOMMEN war: durchlässig, offen, nichts was hätte hinzugefügt oder weggenommen werden müssen, ganz einfach perfekt. und trotzdem reichte diese vollkommenheit nicht zum leben: da war zu wenig liebe, zu wenig zuwendung, zu wenig ‚nahrung' und ‚wärme' im übertragenen sinn. dies löste in mir nicht nur unendliche verzweiflung und trauer aus, sondern auch absolutes unverständnis. da lief zu beginn meines lebens das wesentliche total schief! mein tadelloses dasein war dem tod geweiht.

diese primäre erfahrung war damals der nährboden für den aufbau meines scheinprojektes, welches mir dann das über-leben ermöglichte: ‚ich erfülle alle erwartungen.'

nach diesem pp liess die struktur auch im brustbereich nach.

AB-PP LIVE
Bernhard

Auch im ‚Symptombereich' gehts lustig zu und her – oder Sex3/4/5

Ach, ich kenne sie, die mehr oder weniger versteckte Entwertung des Gegenübers oder auch meiner selbst beim Sex; ein stetes Ringen um Selbstbestätigung und stark erscheinen. Daher eine stets latente Anspannung beim Exerzieren. – In diesem Fall konnte ich für einmal über Jahre bewusst beobachten, wie davon immer weniger wurde. Immer mehr durchgehende Wertschätzung, wiederum für beide Seiten; und somit Entspannung.

Parallel intensivierte sich der Kontakt, das Spüren in unfassbarem Ausmass; wiederum beide Seiten betreffend. Resultat dieser Kombination, oder wovon auch immer: Die Tabus purzeln; jeder Körperteil gerät in den Fokus der vorbehaltlosen Lust. Die Lust herself nimmt zu und zu ... fantastisch. Gibt es einen Bereich, wo das Schwinden des UWE deutlicher wahrnehmbar ist? Ich glaube nicht. Üblicher Sex: In der Tiefe der Kampf ums Image. Normaler Sex: Befreite, grenzenlose, wertschätzende Lust pur.

Und noch ein unglaubliches Resultat: Vor vier Jahren, nach einer zwei Jahrzehnte dauernden Sexwüste, gabs einen abrupten Wechsel. Täglicher Sex war plötzlich gefragt. Soweit so gut; das genoss ich. Doch hatte ich stets Stress, wenn es mal mehr sein sollte als ein-, zweimal pro Tag, ob ich dann ‚kann'. – Und heute, seit drei Jahren bzw wieder drei Jahre älter? Brachialer Sex geriet zum gelösten, ganz selbstverständlichen Ereignis. Bei passender Gelegenheit gern 5, 6 ... mal pro Tag; manchmal mit grossem Orgasmus, manchmal mit ‚kleinem', nach dem ich gleich weitermachen kann; oder auch ohne, bloss plötzlich, unverhofft, tiefe Entspannung; ist doch egal. Und es geht bei mangelnder Gelegenheit ohne Weiteres auch mal ein paar Tage ganz ohne; wahrscheinlich Testosteronmangel ...

Kurz: Ich galt doch schon immer als recht potenter Kerl; doch was damals war – auch mit 25 – erscheint als Witz gegenüber dem, was jetzt ist. Ähm, wie alt bin ich jetzt …? Ist das normal? Ja, vielleicht eben NORMAL. Oder ist das erst die Ankündigungsphase? Du meine Güte …

Freie Liebe? Ach was!

Also Sex6; muss ja sein

Solange Bestätigungsversuche des Selbstwerts, bzw mindestens ebenso oft die Bestätigung des SelbstUNwerts zwanghaft die Ausübung von Sex mitbeeinflussen bzw dominieren, werden sowohl der Ablauf als auch die Beziehungsergebnisse sexueller Handlungen unweigerlich verfälscht, ja, bis ins Groteske verkehrt. Kaum etwas wurde in der Menschenwelt derart systematisch entwertet und zum Instrument von Herrschaft, Besitz, Unterdrückung und Verfolgung gemacht, wie seit Jahrtausenden die Sexualität. Jedes politische Drama um Sex – zur Zeit gerade #MeToo – ist zuallererst Ausdruck von bzw mündet stets in die grundlegende Entwertung der Sexualität; egal, welches Geschlecht grad den Ton angibt.

Zusätzlich werden wir im Zug der unglaublich weit fortgeschrittenen Devitalisierung immer unfähiger für ein vitales Sexualleben – das betrifft auch die Jungen! –, inklusive die schwindende Fortpflanzungsfähigkeit; das mit der ausbleibenden Mens habe ich bereits erwähnt.

Dazu kommt die krass zunehmende generelle Körperfeindlichkeit – wie absurd ist denn das?! –, die sich logischerweise im ‚gruusigschte' (widerlichsten) Bereich Sex (wäk!) am deutlichsten auswirkt; aber auch 10'000 Euro Busse für einmal öffentliches Urinieren sind nicht schlecht (Italien, April 2017); oder das Leeren eines ganzen Wasserreservoirs aus demselben Grund (USA 2016). Unfassbar dumm! Es geht dabei schlicht und allein um die Abwertung der Vorgänge ‚dort unten'.

Von freier Liebe können wir erst sprechen – und deren Wesen ergründen! – wenn die sexuellen Handlungen frei sind von Unwertempfindungen, bzw von der – biologisch verständlichen, im menschlichen (Matrix-)Zusammenhang jedoch mit Selbstentwertung verbundenen – Angst zu versagen oder nur schon als ungenügend abgewählt zu werden!

Logischer Schluss: **Freie Liebe gibts gar nicht in unserer menschlichen Welt des durchgängigen UWE.** Das gilt selbstredend auch für die Phasen der ‚freien Liebe', die in der jüngeren Geschichte immer wieder mal ausgerufen wurden (68er!).

Da in mir seit einiger Zeit unverhofft, aber immer wieder mal, gänzlich unkontrolliert und ungesteuert, ganz sanft das Wort ‚frei' auftaucht, wenn Sex ansteht – eine schöne Eingebung, die den bereits ziemlich entspannten Akt nochmals zusätzlich entspannt und ... eben: befreit – wage ich es nun, die dabei gemachten Erfahrungen als so etwas wie prototypisch auf die eventuelle, kulturell beeinflusste Wesensmässigkeit des Sexualaktes zu untersuchen.

Eine Frage, die mich seit Jahren animiert: Wer befriedigt wen?

Die Antwort erscheint mir immer zuverlässiger, bestätigt sich auch über die Zeit, je vorbehaltloser und zugleich selbstwertschätzend, folglich ... na ja, naturgemäss, jedoch getränkt mit bester Kultur(!) sich das Ganze vollzieht.

Für die Frau gegenüber steht klar meine Lust und schliesslich orgiastische Befreiung im Fokus; für mich ists genau umgekehrt; meine Lust und Freude steigern sich proportional mit der Luststeigerung der Frau. Zugleich wünsche ich mir durchaus, überall liebkost zu werden. Und genau so ists offenbar für die Frau. – Klingt doch irgendwie sinnvoll, ziemlich kooperativ; beziehungsorientiert; für alle Beteiligten wird ebenbürtig gesorgt; und eben: nicht narzisstisch. Die Ergebnisse jedenfalls sind betörend, sprechen die gewünschte Sprache.

Und dann dominiert doch die Biologie; halt so, wies ist. Das Ganze steuert schliesslich auf den – auf den männlichen – Orgasmus zu; auf den biologischen Sinn der Sache. Er löst erstens einen eigenen Lustschub bei der (sexuell zumindest einigermassen freien) Frau aus, unabhängig von ihrer momentanen Lustkurve. Und ist er passiert, ist die Frau zweitens rasch bereit, den Akt auslaufen zu lassen, mit meiner tiefen Entspannung mitzugehen.

Umgekehrt findet mittlerweile bei mir recht häufig, unabhängig von meinem Weg zum Orgasmus, eine spontane tiefe Entspannung statt, wenn die Frau einen tollen Orgasmus erlitten (☺) hat; dann kann ichs tatsächlich ebenso einfach ausklingen lassen; auf bald!

Aus aktuellem Anlass
#MeToo

‚Es geht nicht um Sex, es geht nur um Macht'.
Wie kann man – zB als Professorin (Zitat) – nur so menschlich-naiv sein?! Beziehungsweise, sich weigern hinzuschauen.

Also HINSCHAUEN!
Bei diesem mittlerweile typischen (Opfeler-)Drama geht es NUR UM SEX! Und dann erst noch ganz anders ...
Tatsache ist: Die Macht ist nicht das Problem. Sie spielt in der jeweiligen Beziehung bereits, und zwar in allen Belangen. Sie ist in besagten Fällen von Erwachsenen beidseits akzeptiert und ganz (Matrix-)üblich. Dank der ihnen erteilten Macht – Geld ginge auch – sind die entsprechenden Homines auch davon befreit, männlich attraktiv zu sein; also auch bei Hässlichkeit dazu er-mächtigt, überhaupt Sex zu kriegen. Ergo: In dieser vorzugsweise im Internet ausgetragenen Schlacht «#MeToo», mit den nun zuhauf angeprangerten Männerexemplaren – zB im Schauspielbusiness – liegt die Verantwortung ebenbürtig bei den beifallbedürftigen Frauen. Wollen sie vom Mächtigen profitieren, gehört nun halt mal häufig Sex dazu; auch wenn er ein Grüsel (Widerling) ist. So what? Eine sexuell intakte Frau würde sagen: „Wow, ein bisschen Sex für eine Weltkarriere; aber gern!" Das ist (in der Matrix) halt oft der Preis für die Befriedigung eigener narzisstischer Bedürfnisse. **Die Frauen würden solche Männer und deren faktische Schwäche besser gezielt benutzen.** Auch in diesem Kontext angewandte sexuelle Gewalt würde dadurch krass vermindert (ansonsten habe ich mich zu diesem No-Go bereits deutlich geäussert). Sich nun zu beklagen, bedeutet Opfelerverfassung, sprich ... eben: verantwortungs-los. Ist er ihr allzu widerlich, kann sie ja sagen: „Da verzichte ich lieber auf die Karriere oder versuchs woanders."

Kurz: Das ganze Aufbegehren wendet sich de facto gegen Sex. Tja, wenn es um die Verunglimpfung des Sex geht, ist jedes Mittel, bzw jede Dummheit recht. Das gilt nb für sämtliche krass männerdominierten Gesellschaften. Na zähl mal auf!

Schöne Aussichten: In der sich emanzipierenden und schliesslich NORMALEN Gesellschaft kriegen lebensunfitte Menschen keine Macht über Menschen. Auf gar keinen Fall! Niemand will etwas von denen. Niemand! Wollen solche Exemplare Anerkennung und zwischenmenschliche Dinge wie Sex müssen sie sich um ihre Vollfitness kümmern, sprich um ihr NormalProjekt. Dadurch kriegen sie dann noch viel mehr Gutes, als sie sich überhaupt vorstellen können. Punkt.

Okay, dann halt noch die Nummer 6a
Für eine gute Nummer

Sex klappt auch, nachdem ich mal nur sieben Stunden geschlafen habe. Wenn ich jedoch nachts zwischendurch kurz erwache, spüre ich, wie die Lust mit jeder Schlafstunde wächst, meinen Körper, mein Wesen zunehmend durchtränkt, bis sie nach den üblichen zehn Stunden schliesslich unbändig ist. Eine andere Dimension. Reicht für den ganzen Tag und den Abend. Ha! Gibt es ein besseres Argument für langen Schlaf?

AB-PP LIVE
Ursula

seit langem orientiere ich mich daran, ganz nach unten ins becken zu atmen. seit eh spüre ich, ich komme nicht ganz hinunter, durchflute nicht den ganzen (becken-)raum. zu viele köperliche und emotionale barrieren. diese nacht ist es mir das erste mal gelungen: das ist es! ich fülle ALLES mit vollem atem. eine ungeheure wucht! und gleichzeitig taucht auf: ‚oioioi, wenn das tatsache wird. oioioi, dann muss die welt mit mir rechnen. aber sowas von!' – die realität: es war eine vorvorvor-vorankündigung. immerhin.

einige zeit später …
in der AB vom letzten samstag: mein beckenraum öffnet sich, lässt nach, lässt gehen. eine unbeschreibliche offenbarung. es ist mehr als reine lust, mehr als reine erlaubnis, mehr als ein geschenk! es ist ‚GANZ MIT MIR SEIN', grenzenlos und trotzdem selbstverständlich und unspektakulär.

in den darauf folgenden tagen der kontrapunkt: (an-)spannung der bauchmuskulatur und damit keine wahrnehmung des beckenraumes möglich, im sinne von ‚ja nicht loslassen, es kann und darf nicht einfach gut sein, mein leben, nachdem alle meine vorfahren und –innen! darauf verzichtet haben'. grauenhaft.

wenn es mir zwischendurch ausnahmsweise gelingt, ganz loszulassen, spüre ich die unendliche liebe damals zu meinen eltern; bereits als ganz kleines kind nahm ich ihre innere not wahr und der entscheid war klar: ich tue ALLES, auch jeden unsinn (zb dazu beitragen dass DAS GROSSE TABU nicht ans tageslicht kommt), um sie zu retten, ihnen zu dienen, ihnen meine grenzenlose liebe zu zeigen. es ist grauenhaft und wahr.

in der AB vom folgenden freitag dann überraschend wieder ganz selbstverständlich und einfach, den beckenraum, die bauchmuskulatur, mich selber aus der inneren kontrolle loszulassen. es fühlt sich vollkommen und simpel an, ganz anders als ich es mir vorgestellt hatte. zum schluss fühle ich mich schwerelos, losgelöst und doch verbunden. ein unbeschreibliches, wunderschönes, erfüllendes gefühl.

Atme den Duft
Nahrung1

Mal was ganz Anderes.

Um nebenbei klar zu machen, dass es sich hier weder um esoterischen, noch veganen, nicht einmal vegetarischen oder sonst einen lebensfremden, in Wahrheit zutiefst LEBENsfeindlichen Klamauk handelt, die nächste **Trinkrevolution**:

Mit der Nouvelle Cuisine – war das nun vor oder nach *Brillat-Savarin*? – Pardon *Paul Bocuse*, mein sanfter Freund, war ein Witz – sprangen auch für das gewöhnliche Volk (na ja) die Vielgänger aufs kulinarische Tablett. Bald schon fand ich jedoch, so viele verschiedene Gänge und bloss zwei Weine? Das geht nun gar nicht. Was soll daran Haute Cuisine sein? **Hallo, wie stehts mit der Gleichberechtigung im Restaurant?** Zu jedem Gang gehört ein eigener, speziell abgestimmter Wein! Ich erzählte es rum; auch an quasi öffentlichen Diners. Doch ich publizierte es nie. Selber schuld. Mit den Jahren wurde es dann auch ohne mich eingeführt. Le menu avec vin, oder auf gutdeutsch Wine Pairing. Für mich blieb nicht mal ne Einladung eines befruchteten Sterne-Restaurants. Doch immerhin das Vergnügen, etwa mal mit einer Sterneköchin und ihrer gesamten Restaurant-Crew ein «*3x3 snow*» Wochenende durchzuführen.

Seis drum, starten wir die nächste Revolution! Oder vielleicht gar zwei? Oder drei?
 Bereit? Bitte dreimal *leer* schlucken!
 Zweifellos inspiriert durch die unzähligen wunderbaren Häppchen, mit denen Spitzenköche der nach-molekularen Ära ihren Gästen aufwarten – darunter *Christian Kuchler*, ganz in meiner Nähe –, begann ich, als notorischer Perfektionist, zuhause auch den unterschiedlichen Geschmacksnoten eines einzigen Ganges Respekt zu zollen, indem ich bei jedem Gang unterschiedliche Weine auftische, passend zu den einzelnen Bestandteilen; oder gar zu bestimmten Ingredienzien unterschiedliche Weine. Dazu kommt das Experimentieren mit unterschiedlichen Gläsern für einen Wein! So

betörend, wie ich mir das Essen wünsche, soll auch das Trinken sein. Das ist bei Weinen noch viel zu selten der Fall; und die sind dann meist sehr teuer. Die ganze Hingabe an die Weinbereitung, verbunden mit dem entsprechenden Know-how, ist noch zu exklusiv. Da steckt noch viel Potenzial drin. Immerhin bringen es die zufälligen Umstände mit sich, dass gerade in meiner Wohngegend mehrere Winzer arbeiten, die sich ganz selbstverständlich und ohne Aufhebens dem Besten widmen. Und für mich das Beste vom Besten: Einer davon – *Urs Haag*, ein wahrer Freund im Geiste – pflegt seine Trauben unmittelbar unterhalb unseres Grundstücks! – Zurück zum Essen. Ein, zwei Schlucke jeweils reichen für ein himmlisches, hochdifferenziertes Erlebnis. Den modernsten Konservierungsverfahren für Wein seis gedankt. Neben meiner Küche steht eine stattliche Flasche, gefüllt mit Argon Gas.

Ach ja, sorgfältige, respekt-, wenn nicht gar liebevolle sowie kompromisslos LEBENSzugewandte Haltung und Verarbeitung von Tieren und Pflanzen kann nicht wirklich verordnet werden. Für LEBENDIGE Menschen ist sie ohnehin selbstverständlich.

Wen wunderts, dass es zu den Fantasien des NormalTeams gehört, AB-PP nicht bloss, wie bis anhin, mit einem Apéro Riche zu beschliessen, sondern eine richtige *NormalBeiz* zu eröffnen, wo nach AB-PP entsprechend gespiesen und gemeinsam das LEBEN gefeiert wird. Selbstverständlich nackt.

AB-PP LIVE
Bernhard

Nahrung2

Auch beim Essen und Trinken macht es einen Unterschied, wie ich atme. Wenn ich richtig atme, also auch beim Essen tief in den Beckenboden hinein, wird das Kauen langsamer, die Bissen kleiner, und der nächste folgt erst, wenn ich geschluckt habe. Dazwischen immer wieder Zeit, nachwirken zu lassen, einen Moment einfach da zu sein. Ich rieche automatisch an den Speisen auf dem Teller. Die Augen schliessen sich beim Kauen und Trinken oft unwillkürlich; auch wenn ich den Duft eines Weins einatme.

Dabei werde ich ruhig, konzentriert; bleibe bei mir. Der Kontakt zum/zu den Gegenüber ist intensiv, kraftvoll. Geredet wird wenig. Dafür bleibt zwischen den Gängen Zeit.

Ausnahmen okay.

Einfach und gut
Nahrung3

Es braucht nicht immer opulent zu sein.
Es geht auch gut und einfach.
Und ohne Wein; na ja, wenns sein muss ...

Eine überraschende Vision
Nahrung4

Bereits seit meiner ersten intensiven Therapiephase (70er-Jahre) esse ich noch rund **DIE HÄLFTE** dessen, was ein Matrixmann mit meinen Proportionen in unsern Breitengraden in etwa verschlingt. Doch auch ich kenne das von früher, nach mehreren Feiertagen eine Fastenzeit einzuschalten, um meinen Organismus wieder zu entlasten.

Vor etwa fünf Jahren nun, als der PrimärProzess eingermassen zu funktionieren begann und sich anschickte, meinen eigenen Alltag zu durchdringen, hat sich mein Stoffwechsel nochmals in ungeahntem Mass optimiert – oft hatte ich schon spätmorgens 3–5 mal gekackt; vom Pissen nicht zu reden. Die offenbar, dank NormalProjekt, weiter optimierte Nahrungsverwertung führte auch dazu, dass ich schliesslich noch rund die Hälfte dessen ass wie früher. Ohnehin bloss zweimal pro Tag. – Macht zusammen **EIN VIERTEL des Üblichen**. Selbst auf grossen Bergtouren ass ich, möglichst nach einem reichhaltigen Frühstück, tagsüber rein gar nichts. Die Zwischenhalte widmete ich allein dem Trinken und vor allem: dem Ruhen. Kannst dazu das Buch «**Das 3x3 der Ernährung**» geniessen, welches (logo!) Wandern/Bergtouren als Beispiel behandelt.

Aber hoppla, seit dem konsequenten, hochdifferenzierten Einsatz von AB-PP, seit knapp drei Jahren also, benötige ich nur noch **die Hälfte der Hälfte der Hälfte**. Das vorher stets reichhaltige Frühstück tritt in den Hintergrund, weil ich nach dem Abendessen, das bitte möglichst früh stattfindet (wunderbar bei Besuchen in Spanien, wo im Restaurant noch nachmittags um vier ausgiebig zu Mittag(!) gegessen werden kann; ein Überrest der ansonsten längst abgeschafften Siesta), am Morgen noch keinen Hunger verspüre. Fast ein bisschen schade. Ob zuhause oder unterwegs auf Tour macht mittlerweile kaum noch einen Unterschied.

Das heisst, Summa summarum esse ich heute noch rund **EIN ACHTEL** des durchschnittlichen Mannes von meiner Grösse; und dies, obwohl mein Körper kräftiger ist – und auch ausschaut –, denn je. Kannst es gern überprüfen. Letzteres nebenbei ebenfalls ein markanter Paradigmenwechsel (PW), der von einer neuen inneren Regie zeugt. Merke: ich praktiziere bereits seit 45 Jahren regelmässiges Krafttraining; daran kann es nicht liegen. – Dass ich mir angesichts dieser, relativ gesehen, geringen Essensmenge sowie meinem Organismus zuliebe, ausschliesslich beste Produktequalität und -verarbeitung zuführe, versteht sich wohl von selbst. Soweit alles klar?

Daraus ergibt sich überraschend **eine weitere Vision** – oder gar ein Tabubruch? – betreffend den garantierten allgemeinen Wohlstand im Zuge der NormalRevolution. Es sind nicht nur 1. die *so faire wie konsequente Verteilung der materiellen Ressourcen* sowie 2. *der verallgemeinerte Qualitätsbedarf*, die das allgemeine Wohlergehen kraftvoll unterstützen, sondern es ist 3. schlicht *die krass verringerte Menge – in diesem Fall an Nahrung –*, die sowohl das Abschaffen des Aktivitätswahns unterstützen als auch endlich den Verzicht auf diese scheussliche sg ‚Massenware' ermöglichen. Auch die ‚Masse' isst dann einen Bruchteil von vorher; auch die ‚Masse' fordert dann selbstverständlich Topqualität!

Kurz: **LEBENDIGE Menschen von morgen fressen oder saufen sich weder mit egal was voll, noch hungern sie sich einen ab, noch knechten sie sich mit pseudogesunden Ideologien. Sie sind so genügsam wie anspruchsvoll, und: kolossale Geniesser; aber hallo!** – So heisst denn der Untertitel des oben erwähnten Machwerks folgerichtig *‚Sich richtig ernähren ist einfach'*. Dein NormalProjekt reicht. Punkt.

Atme dich fit

Wenn wir bedenken, dass die männlichen Gattungsmitglieder mit dem zunehmenden Verlust ihrer ursprünglichen biologischen Funktion körperlich immer schwächer wurden und an Lebensintelligenz verloren – einen Computer zu bauen ist genial, hat aber nichts mit Lebensintelligenz zu tun – und so für die weiblichen Gattungsmitglieder immer weniger attraktiv waren; während die Frauen ihrerseits immer autarker, sprich unabhängiger wurden von den Männern, braucht es nicht allzu viel, um sich das daraus entstehende Drama auszumalen ... Dazu gehört die schreckliche Tatsache, dass wir Männer innerlich und die meisten auch äusserlich ziemlich schwach dastehen; und, falls äusserlich stark, dann meistens sehr verklemmt. Und zwar je moderner die Kultur, desto mehr. Logisch! Zum Glück – na ja – haben die meisten Frauen mit der hingebungsvollen Pflege ihres UWE ebenfalls einen erheblichen Teil ihrer Attraktivität aufgegeben, stehen ebenfalls ziemlich schwach und/oder verklemmt im Raum und entwerten fleissig ihre Sexualität. Okay, in letzterer Hinsicht stehen uns die Kulturen, noch in früheren Stadien lebend, in nichts nach. Mist!

Soweit so bekannt. Nun ist es eben so, dass auch die Normal-Revolution, bzw die Human-UP! Bewegung, an dieser logischen, quasibiologisch begründeten Entwicklung nichts ändert. Kurz: **Wir Homines sind für alle Zukunft aufgefordert, unsere körperliche Fitness künstlich herzustellen**, so wir zuerst mal wieder lebenstüchtig werden und dies dann bleiben wollen – immerhin Basisvoraussetzung, um als Gattung langfristig weiterzuleben. Auf diesem Hintergrund, im Verbund mit der sich mit dem NormalProjekt wieder entwickelnden Lebensintelligenz, bedeutet dies:

> **Vollfitness wird für alle Gattungsmitglieder selbstverständlich verbindlich und zum fundamentalen Kulturgut.**

Was den **Kraftteil** betrifft, bin ich meinem Freund *Werner Kieser* dankbar, weil er das Krafttraining aus dem narzisstischen, die tatsächlich enorme innere Schwäche kompensierenden Kultstatus herausgelöst hat und dieses zur beiläufigen Alltagspflicht erklärte. Nicht bloss erklärte, sondern das ganze Training auch entsprechend aufbaute, inklusive der passenden Geräte. Hier ist die Basis für die Zukunft also bereits gelegt. Danke Werner! Leider sind die gegenwärtigen Affichen von ‚*Kieser Training*' (dem Nachfolger von WK) extrem Matrix, daher der Sache eher abträglich. Seis drum. Die ursprüngliche Philosophie: ‚Stärke deinen Körper; und tu das möglichst effizient' kann dort weiterhin umgesetzt werden.

Ein anderes Beispiel: **die Ausdauer**. Der freie Atem vervielfacht die Sauerstoffaufnahmekapazität. Täglich gepflegt befähigt er uns zu erstaunlichen Ausdauerleistungen. Weder waren, noch müssen diese biologisch gesehen ‚überirdisch' sein. Unsere Vorfahren sind selten gerannt. Seit Jahren begnüge ich mich, neben AB-PP, mit häufigem, kurzem Aufrütteln des Kreislaufes sowie mit regelmässiger konkreter Anwendung in der Natur. Dabei passiert es immer häufiger, dass sich – vor allem beim Aufwärtsgehen – spontan der PrimärAtem einstellt. Wunderbar! Ich erinnere mich auch gern an eine ziemlich anstrengende und nicht ganz harmlose Bergtour vor gerade mal zwei Jahren. Sie dauerte 16 Stunden und forderte über weite Strecken anspruchsvolles Klettern auf (ungeplant) meist schneebedecktem, mit zahlreichen Türmen bewehrtem Grat, rauf und runter, rauf und runter, rauf und runter, stets in rund 4000 Metern Höhe. Resultat: Vergnügen pur. Läuft wohl unter Altersturnen.

Der GAP

Wer einmal für eine Weile auch im Alltag einen einigermassen ‚freien Atem' erlebt hat – entspanne dich, das schafft bloss der PrimärProzess, der regelmässig bis zu deinen Wurzeln vordringt – kann diese Erfahrung in Zukunft benutzen, um eine sichere Diagnose bezüglich persönlicher Verfassung zu treffen, ohne Genaueres darüber zu wissen. Seit über vierzig Jahren, seit meinen ersten echten, jedoch eher zufälligen Primärerfahrungen, benutze ich meinen Atem als verlässlichen Hinweis, wie offen, durchlässig – oder halt eben wieder verschlossen – ich bin. Das bedeutet allerdings auch, die mittels psychotherapeutischer Verfahren allenfalls bewirkte Öffnung ist reversibel. Jahrelang habe ich jeden Morgen unter der kalten Dusche meinen Atem getestet – und war, häufiger als nicht, enttäuscht von meiner ganz persönlichen Wirklichkeit; jedoch immerhin auch angespornt.

Schliesslich führte die reiche persönliche und berufliche Erfahrung – später selbst mit NormalProjektlerInnen! – sowie die alltägliche Beobachtung im ‚Feld' zur mittlerweile lapidaren Einsicht, dass sich das nur mittels beharrlichem, total engagierten NormalProjekt ändert. Auch dort gilt allerdings die nüchterne Tatsache, dass erst, wenn du jenseits des **«GAP»** (Kluft, Spalte, Abgrund) anlangst, das heisst, dein Alltag unkontrolliert, also automatisch (heisst, mindestens fortgeschrittene ‚Ankündigung' oder gar ‚Tatsache') von einer neuen Regie, einem modulierten Rootset also, reguliert wird, die Öffnung irreversibel bleibt. Vor dem Überschreiten des GAP ist nicht nur diese, sondern sind sämtliche relevanten Errungenschaften reversibel; bleibt dein NP somit gefährdet.

Das Überwinden des GAP führt dich zum *‚Point of no return'*. Das bedeutet, du bist dann *unumkehrbar* unterwegs ins LEBEN. Bis es soweit ist, bist du in der **«Bewährungsphase»**; und die kann mehrere Jahre dauern; schliesslich müssen wir dich und deine vielleicht ungewollten, trotzdem gigantischen Widerstände respektieren und einberechnen. – Erst seit gut zwei Jahren darf ich persönlich erleben, wie jedes kalte Duschen auch diesbezüglich zur puren Wohltat gerät. – Okay, allein schon mir, dem Oberguru seit Kindheit, diese Tatsache einzugestehen, und diese dann auch noch zu verbreiten, ist wohl ein Beweis für den Sprung – na ja, vielleicht eher das Kriechen – über den GAP. Kurz: Mein Atem bleibt offen; mittlerweile gar unter Stress. Alles andere vorher war demnach: ‚Komm endlich auf den Punkt und konzentriere dich konsequent auf das Richtige! Und dann, mute das auch andern zu; sonst bescheisst du sie um das Eigentliche – um das Beste! Angsthase!'

Deine Verfassung

Welche Verfassung hat dieses Land?
In welcher Verfassung ist dieses Land?
Zwei Fragen. Die Antworten dürften öfter unterschiedlicher nicht sein.

„Wie gehts dir?" „Danke, gut." Übersetzt: In welcher Verfassung bist du?
Das Tor weit offen für die alltäglichen Lügen.

Im NormalProjekt sprechen wir von der ‚inneren Verfassung'. Die lässt sich anhand der Leitplanken sowie der Grunddaten zum UWE relativ leicht selber erfassen. Mit entsprechender Erfahrung kann man davon ableiten, wo man sich auf dem Weg zum vollkommenen, gnadenlos nüchternen Einklang mit sich selbst und damit der inneren Erlaubnis zur endgültigen Befreiung vom UWE in etwa befindet – und dies auch schnörkellos kommunizieren.

Änderungen in der inneren Verfassung – *Paradigmenwechsel* eben – bringen dieses hier mehrfach beschriebene ungläubige Staunen hervor. Für einen selbst sind sie weit spektakulärer als Symptome, die verschwinden. Jacqueline zB hat im Laufe des NP ihre aggressive, lebensbedrohliche Fischallergie verloren. Das ist, abgesehen von der Dankbarkeit, selbst ihr kaum der Rede wert; während sie gern und eindrücklich über die, eben tatsächlich ungemein bedeutenden, Nuancen in der Vorwärtsentwicklung ihrer inneren Verfassung berichtet; stets eingeleitet durch gnadenlose selbstkritische Wahrnehmung (siehe AB-PP LIVE).

Ach ja, noch dies: Dieser Wandel der inneren Verfassung folgt allein biologischen Regeln. Er passiert automatisch, wenn du das Richtige tust. Bewusste Einflussnahme unmöglich. Zum Glück! Wir würden es sofort vermasseln.

AB-PP LIVE
Ursula

ich lege mich für AB hin. nicht in der quarantäne, sondern bei mir zuhause. zunächst alle möglichen ausflüchte, die mir eindrücklich verdeutlichen, wie wenig wichtig ich mich nehme. das hätte noch gefehlt! dann doch: also los! tief atmen geht fast nicht. alles in mir wehrt sich. dein satz, jacqueline, ‚ich wertschätze das kleine volumen' kommt mir in den sinn. ich bleibe eng im kontakt mit meinen widerständen, nehme sie ernst. es ist ungeheuer. gerade das ‚ernst und wichtig nehmen' führt mich weiter: das darf nicht sein! ich berühre eine tiefe wucht, eine unbändige kraft, die mich unabhängig und frei macht. und gleichzeitig habe ich angst davor. frauen dürfen niemals richtig frei sein. niemals! dies würde die welt auf den kopf stellen. das geht nicht und das hat es bisher nicht gegeben. ich spüre, dass wir paar community-frauen die ersten sind, die sich hier vorwagen. pionierinnen. ein unerhörtes privileg! und eine ebensolche pflicht! es war eine vorankündigung, vielleicht auch eine ankündigung. jedenfalls spüre ich: der weg zur tatsache ist noch lang. wir haben da ganz grosses vor.

Atemlos

Habe ich schon erwähnt, dass es sich beim Unwertempfinden UWE um den grössten und folgenreichsten Irrtum der Menschheit handelt? **Das wahre Falsche** eben. Allerdings mehr oder weniger bewusst inszeniert und über Jahrtausende konsequent ausgebildet. Ich nenne das im Kontext der Auflösung sämtlicher Illusionen auch **«die letzte Illusion»**. – Frag dich doch mal, streng muslimischer Mann, wie denn deine Grundverfassung ist, wenn du ‚deine Frau' vor den andern Männern versteckst. Okay, ein ‚Vorteil' daraus, dasselbe anzeigend: Da du die ganze Macht hast und die Frau keine freie Wahl, brauchst du dich nicht um deine Attraktivität zu kümmern. – Sorry, war bloss ein ganz kleines Beispiel; das offensichtlichste vielleicht; und vielsagend, weil man gleich die tatsächliche innere Verfassung einer ganzen Kultur erhellt; merkwürdig, dass ich noch kein Wort in dieser Richtung gelesen habe. Ist zudem vor allem dies: ein Beispiel für den Homo sapiens insgesamt; seid in dieser Hinsicht ja nichts Besonderes dort. Diese ungeheuerliche Anmassung ‚meine Frau' teilst du ja mit unserer Kultur; mit Männern *und* Frauen!

Wieso immer die Moslems? Ich würde ganz gern mal einen ‚Atembombe-Work-Shop' *(www.atembombe.jetzt)* mit orthodoxen jüdischen Männern machen. Orthodoxe jüdische Frauen gibts ja nicht, bloss Frauen von orthodoxen jüdischen Männern, oder? In diesem Sinn äusserlich genau umgekehrt wie bei den Moslems. Schauen ja nicht grad wahnsinnig sexy aus, jene Männer. Stell dir vor, ein Löwe würde sich so verkleiden und auf Partnerin-Suche gehen ... Wenn die sich nackt (!) auf den Rücken werfen und wie verrückt atmen würden; was da wohl herauskäme ... du meine Güte! Spannend auf jeden Fall. Seid willkommen, Millionen! Von mir aus auch mit euren Millionen ...

Das UWE bestimmt entsprechend unsere innere Verfassung von Geburt an, bzw bereits im Mutterleib. Es verursacht einen Grundstress, der stets vorhanden ist und uns antreibt; mal offensichtlich, mal im Hintergrund; stets droht die innere Ernüchterung: **Du kannst dich anstrengen, wie du willst, du verweigerst dir das Recht zu LEBEN**; mehr als grad Überleben ist selbst im besten Fall nicht drin. Gruss von Sisyphos. **Wir gehen also gleichsam atemlos durchs Leben** – oder wie auch immer man diese Form der Existenz dann bezeichnen will.

Der Wandel der inneren Verfassung dank des NP geht dann so magisch wie logisch einher mit der Abnahme des UWE; so du dich nicht durch dein Handeln *tatsächlich unwert* gemacht hast (Verstösse gegen die Mitmenschlichkeit); was, wiederum exklusiv bei uns Menschen, doch ebenfalls recht häufig vorkommt; und bezeichnenderweise den täglichen Nektar für die gierigen Schlagzeilen der Weltpresse bildet. Im letzteren Fall hast du dann einen neuen Lebensjob: die Wiedergutmachung; falls Weiterleben überhaupt noch drin ist.

Das endgültige Verschwinden des UWE beschreibt dann den bedeutendsten Paradigmenwechsel überhaupt – sowohl individuell als auch für die ganze Gattung. Das bedeutet unter anderem und folgerichtig, dass mit dem erfolgreichen NP auch der innere Stress verschwindet; wir freier und schliesslich frei werden, wo und wie wir unsere Energie gewinnbringend für die Gattung einsetzen; und dabei endlich angemessen ruhen, grundsätzlich ruhig und tief atmen und unsere Energie laufend regenerieren. Dies im Raum angenehmer globaler Sicherheit und ebenso globalem Komfort. Puh! Wird doch langsam Zeit, nach 15'000 Jahren ... Was hätte denn die Neolithische Revolution anderes bewirken sollen, wenn nicht genau dies?! Leider haben wirs bisher gründlich vermasselt; trotz allem Respekt vor den technischen und organisatorischen Errungenschaften ... die wir perfekt für die endlich ganzheitlich erfolgreiche Entwicklung unserer Gattung gebrauchen können.

Gleichzeitig ist es unsere so selbstverständliche wie tägliche Pflicht, uns in optimale Verfassung *in jeder Hinsicht* zu bringen. Ich nenne das eben **«allumfassende Fitness»**, oder kurz **«Vollfitness»**. Dazu verhilft der logische und schöne Umstand, dass du in der Bewegung «NormalRevolution für Human-UP!» als Erste(r) profitierst – profitieren musst.

Nachdem nun klar ist, worums geht, geniesse ich das unerhörte Privileg, der Menschheit sagen zu können: **Jetzt können wir das auch erreichen!** Also, los, Homo caput – **auf zum Homo normalis!**

AB-PP LIVE
Bernhard

Ich bin weniger der Typ, der im PP vor sich hinredet. Doch mitten im Prozess rufts aus mir mit vehementer Stimme:

- „Nur noch das totale Leben – Nur noch das totale Leben – Nur noch das totale ...
- kompromisslos – kompromisslos – kompromisslos – kompromisslos – ...
- alles andere weg – alles andere weg – alles andere weg – alles andere weg – ...
- nur noch kompromisslos leben – nur noch kompromisslos leben – nur noch kompromisslos ...
- weg – weg – weg – weg – weg – weg – ...
- nur noch das totale Leben – nur noch das totale Leben – nur noch das totale Leben – nur noch ..."

Und das ist dann eine Vorankündigung, noch lange nicht Tatsache. Doch, wenns um tiefes, strukturelles Lernen geht, hier um (wieder) primäres Lernen eben, dann gilt: Ohne Vorankündigung keine Ankündigung und ohne Ankündigung keine Tatsachen; VAT eben.

Homo normalis

Die neue Dimension Mensch

AB-PP LIVE
Bernhard

Es ist fantastisch, im Alltag stets den vollen Atem verfügbar zu haben; Tag und Nacht. Dabei regelmässig den PrimärAtem zu pflegen; so ganz nebenbei. Das tut einfach gut. Und ich bin in Kontakt mit meinem Leben. Spüre ich auch nur die geringste Einschränkung, nehme ich mich zurück und atme ruhig durch, in Richtung PA. Das ist dann gleichbedeutend mit einem wunderbaren Timeout (siehe «short-list»).

Fassen wir mal zusammen

Das grosse No-Go.
Und das noch ein schönes Stück grössere Anything-Goes.

Fassen wir das Ganze mal zusammen:

No-Go:
Der Homo sapiens postneolithisch ist durchwegs dem Unwertempfinden, UWE, unterworfen. Als solcher hat er sich nach und nach zum Homo caput gemacht, zum Kopfmenschen; und wurde als solcher tatsächlich zum völlig kaputten Tier, das von sich selbst wenig bis gar keine Ahnung hat und kaum mehr echte Vitalität besitzt; Sport und andere Dinge hin oder her.

Mit diesem UWE in uns ist es schlicht unmöglich, echte, nachhaltige Lösungen im Dienste des (Zusammen-)Lebens zu finden (unmittelbare Hilfeleistungen sind wirksam, aber nicht nachhaltig). Egal, wie sozial jemand eingestellt ist und/oder handelt, es endet schliesslich im Schein. Ergo, kein einziger Kampf rechtfertigt sich; weder für noch gegen etwas oder jemanden.

Anything-Goes:
Erst, wenn sich das UWE aufgrund des Normalprojekts – in ihm enthalten das MEGATOOL – vollständig aufgelöst hat, und unsere individuelle und schliesslich soziale Lebenstüchtigkeit regeneriert ist, sind Lösungen im Interesse des Lebens dieser Gattung überhaupt möglich. Irgendwie logisch, nicht?

Doch es kommt noch viel besser: Dann passieren sämtliche Lösungen automatisch, ua mit Hilfe unseres dann endlich wieder lebenstüchtigen Kopfes. Ja, AUTOMATISCH! Die Natur kann gar nicht anders, denn lebenstüchtig sein und stets die bestmögliche Lösung zu finden, auch in Bezug auf das Zusammenleben. Also müssen wir bloss diese Natur in uns befreien.

Summa summarum:

Das, was für unsere Gattung JETZT ansteht, ist das Auflösen des Unwertempfindens. Der Rest kann warten; bzw löst sich dann von selbst.
OHNE GEHT GAR NICHTS; MIT GEHT ALLES.

Konsequenz:

Egal woher in dieser Welt und wohin: Die absolut einzige sinnvolle INVESTITION für die bevorstehende Zukunft heisst NormalProjekt, mit der Orientierung «NormalRevolution für Human-UP!».

AUF ZUM HOMO NORMALIS!

Einsteuern Richtung Homo normalis

- Homo sapiens/Homo caput – Ende Feuer. Perspektive null.

- Homo deus – Nein danke. Der Abgrund.

- Homo normalis – Das ist es! Der Ausweg.

By by Psychologie

Neben ihrer schliesslichen Funktion als Startrampe für die Human-UP!-Rakete – mussten aber lange warten; über hundert Jahre –, was in Bezug auf die Menschheitsgeschichte doch von erheblicher Bedeutung ist, haben Psychologie, Psychotherapie, und Psychiatrie auch fleissig dem Matrix-Versteckspiel zugedient. Wir liessen mit unseren vielfältigen Analysen und Profilen die menschliche Persönlichkeit, damit die Menschen als Ganzes, und schliesslich das (zumindest menschliche) Leben als hochkomplex erscheinen. Dadurch auch schwierig behandelbar. Man kann ewig darin herumwühlen, sich darin verstricken – und dabei recht Geld verdienen. Okay, diesbezüglich gehts den Anwälten, die die doch so hochkomplexen zwischenmenschlichen Angelegenheiten ‚bearbeiten', noch viel besser. Tatsächlich führt das ganze Spiel bloss an der Sache vorbei. Nein, schlimmer: verhindert nachhaltige und kraftvolle Lösungen! Dies immerhin in bester Absicht.

Nun, was die Psychologie/Psychotherapie betrifft, können wir die hundertjährige, durchaus wertbemühte Geschichte nun abschliessen. Für den PrimärProzess ist die persönliche Biografie ziemlich irrelevant. Was du oder ich für ein Problem haben, spielt keine Rolle. Alle haben wir eh dasselbe Problem; in letztlich unerheblichen Varianten. „Du hast ein Problem, ich nicht!" klingt damit genau so lächerlich, wie es das im Verborgenen schon immer war. Die tatsächliche innere Struktur des Homo caput ist entschlüsselt und erklärt endlich zu 100% sein Verhalten. Zudem ist sie erfrischend einfach. Ab sofort können wir uns daran ausrichten und endlich hocheffizient dienstleisten, egal, wie der Beruf demnächst heissen wird; heisst, mit jeder ‚Behandlung' den ganzen Menschen durch und durch erfassen und entsprechend sofort aufs Ganze hin wirken; so wies bereits 1977 als ich meine erste Praxis eröffnete, vor 40 Jahren also, zur Vision wurde, die mich stets leitete. Das bedeutet, alle Probleme, die sich in der Psyche abspielen, werden konsequent mittels PP verarbeitet. Dies solange, bis wir als Homo normalis schliesslich stark genug sind, entsprechende, dann nur noch seltene Traumata im Interesse des Erhaltens der Lebenstüchtigkeit selber zu verarbeiten und aufzulösen.

Bye bye Psychotherapie

Das oben Geschriebene gilt also auch für die Psychotherapie. Die Psychotherapie hat es sich zur Aufgabe gemacht, die Schein-/Nebenprojekte sowie MEIN Projekt zu *optimieren*; alles selbstredend im Rahmen der Matrix. Wirkung, auch wenn sie durchaus mal handfest ist, gibt es nur im Raum der Illusionen. Die Degeneration und die innere Lebensfeindlichkeit wirken ungestört weiter. Das UWE bleibt 100 % erhalten.

Im Unterschied dazu *demontiert* das **NormalProjekt** all die genannten Projekte. Es handelt sich dabei um einen kompletten Rückbau. Alles wird neu definiert, im Interesse des tatsächlichen Lebenssinns. Dies selbstverständlich ganz von alleine; ohne jegliche bewusste Kontrolle von den befreiten Ur-Ressourcen dirigiert. Die wirklich nachhaltige und für das echt erfolgreiche LEBEN vorausgesetzte Wirkung beginnt erst mit folgender Erfahrungskette: **Der komplette Bruch des GROSSEN TABUS; das Aufgeben sämtlicher Illusionen; das Überschreiten des GAP; schliesslich der GROSSE Paradigmenwechsel.**

Anders als in der Psychotherapie wird im NormalProjekt nichts optimiert. Im Gegenteil! Der Prozess geht auf und ab; manchmal wie unter Drogen; ohne, dass du eingreifst. Wehe, wenn du beginnst all die Spannungen in dir, all die Schmerzen zu spüren; gleichsam in jeder deiner Zellen; selbst im Mentalen – du veränderst nichts. Du hörst mit jeder deiner Fasern auf, dagegen zu kämpfen. Du erträgst dich. Nein, du verstärkst das Ganze mit deinem Atem noch! Riskierst alles; gibst dich dem UV21 mit all seinen Symptomen hin. Erst dann bildest du die geforderte vorbehaltlose Einheit mit dir. Erst dann findest du die Verbindung zum LEBEN. Und dies lässt dich schliesslich all die Schmerzen und unendlichen Nöte vergleichsweise locker und gern ertragen. Zudem bist das doch einfach du! So what? Das ist das, was ich mit praktizierter Liebe zu dir beschrieben habe; zu fühlen brauchst du diese vorerst nicht. Mit dem

UWE im Leib kannst du die Liebe zu dir nicht fühlen, sondern sie lediglich is der Logik praktizieren.

Als weiteres Beispiel für das grundlegend unterschiedliche Vorgehen mag die Atembombe dienen; sprich, der vehemente, gleichsam grenzenlose und schliesslich jegliche Kontrolle (auch allfälliger Begleitpersonen) auflösende Atem, von der Brust runter zur Basis, in den Beckenboden, und dann hinauf, wo er die Verbindung des Beckenbodens herstellt mit dem Kopf, und schliesslich dem Bewusstsein. Dort unten im Becken findet sich bekanntlich auch das Geschlecht, und somit irgendwann unweigerlich die Konfrontation mit dem Genderkampf, dem Urgrund von UWE und Matrix. Solches soll in der lediglich Matrix-optimierenden Psychotherapie bitteschön vermieden werden. Das bedeutet für das NormalProjekt dann eben auch: Vor der ungebrochenen Lust und Lebensfreude erscheinen bei den Frauen der ungeheure, ohnmächtige Hass und ebensolche Wut, vermischt mit deren Schuldanteil am ganzen Desaster. Bei den Männern erscheinen ihre bodenlose Angst, dann ihre ungeheure Gattungsschuld und schliesslich die unermessliche Trauer über das zerstörte Leben.

Schmankerl
Neues

Das Neue baut auf dem was vorher war.

Fenster auf!

Es braucht weder Philosophie, noch Religion, noch Politik, und auch keine Psychologie.

Das sind durchaus verständliche Versuche, der Situation, in die wir geraten sind, beizukommen. Doch sie entspringen samt und sonders der Ohnmacht. Der Ohnmacht zu erkennen, was es wirklich braucht. Nun gut, wenn keine wirkliche Lösung, kein wirklicher Ausweg in Sicht ist, versucht man's halt mal; tut, was man kann. Das hat sich nun jedoch geändert. Nun ist er da, der Ausweg; der Ausweg für die Gattung Mensch. Ganz konkret, im Grunde einfach zu verstehen sowie einfach zu handhaben; und vollkommen wirksam. Und, sobald er mal lanciert ist, ganz unabhängig von hehren Protagonisten wie Heiligen, Gurus, Anführern, Fachleuten, Autoren(!), usw. Punkt.

Schmankerl
Charisma

Charisma ist die Kraft, Gerngläubige von den eigenen Mythen zu überzeugen.

Wers glaubt wird selig

Ob du glaubst oder nicht, was in diesem Buch steht, spielt keine Rolle. Glauben bewirkt nichts, ausser Illusionen. Erst, wenn du's selber unter kundiger Anleitung ausprobiert hast, kannst du irgendwann frei entscheiden.

Die LEBENSuniversität

Endlich frei von den unzähligen Illusionen, denen der Homo caput nacheifert, sind Lehre und Forschung des Homo normalis fokussiert auf das, was das LEBEN in jeder Hinsicht kompromisslos fördert; auf das, was dem LEBEN tatsächlich dient. Darüber hinaus sollen pure Neugier und Spass, die reichlich vorhandenen Mittel sowie das ebenso reichlich vorhandene Personal die dem Lebenssinn dienende Forschung ergänzen und bereichern. Das Leben an und mit der Uni ist dann Befriedigung und Freude pur. LEBENDIGE Menschen können dort ihren wertvollen Beitrag zum erfolgreichen Weiterleben der menschlichen Gattung leisten.

Die Revolution der Revolution
Revolution ganz normal

Einfach eine gewöhnliche Revolution, das wäre ja langweilig – Matrix eben.

Das bedeutendste Paradigma der «NormalRevolution für Human-UP!» ist der **vollständige Verzicht auf das Streben nach Veränderungen.**

Also, Revolutionierung, bzw NORMALisierung auch der Revolution.

Die grosse Visusion

Ein paar Elemente, enthalten in meiner grossen Vision21:

- Machtstreben: null
- Konkurrenz: null
- Gewalt gegen Mitmenschen: null
- Illusionen, Glaubenssysteme: null
- Kompensationen, statt LEBEN: null

Dafür jede Menge spontane **Liebe**. Und vor allem dies: *Grossmut* im Umgang mit den Mitmenschen und sich selber. **Grossmut** ist die Losung für die zukünftigen regionalen, nationalen (was ist das?) und globalen Verhandlungen. Stell dir vor, was passiert, wenn eine ganze Volksgemeinschaft einfach aufhörte, andere zu beargwöhnen, zu konkurrieren, zu entwerten oder gar zu bekämpfen; stattdessen den andern mit Grossmut begegnete! Die Russen oder die Ukrainer, die Amerikaner, die Chinesen, die Juden, die Araber/Muslime, … die Schweizer! Stell dir das vor! Im Nu würde diesem ganzen Desaster jeweils der Wind aus den Segeln genommen und ruhiges Dahingleiten wäre angesagt. Na ja, vielleicht ein bisschen Rudern …

Sowie **Kooperation total**, im gemeinsamen Bestreben, die ganze Gattungssache zum Erfolg zu führen. Alles andere ist pure Idiotie! Punkt.

Ja, so einfach wären Lösungen. **Aufwand praktisch null!** Einfach den Mist beenden. Und dieses hier angesagte MEGATOOL kann das. «Normalrevolution für Human-UP!» bringt das. Neues Handeln von ganz zuinnerst; 100 % nachhaltig.

Mag sein, dass meine grosse Vision sich schliesslich als Illusion erweist. Ist doch egal. Jede und jeder, der/die in ein NormalProjekt eintaucht, profitiert sofort und ungeheuer – ja, es wird dir manchmal tatsächlich ungeheuer vorkommen –, vorausgesetzt, sie/er versteht das eigene NormalProjekt als soziales Engagement und schliesslich als Beitrag; im Sinne von: Es dient dir zwar, ist jedoch keinesfalls bloss für dich persönlich. Dann wird auch die Umgebung rasch profitieren. So wächst mit jedem NP der Erfolg des Human-UP!, egal wo; plus, wie weit das schliesslich reichen wird.

Für mich sind das ausreichend schöne Aussichten.

Was zerstört die Welt?

Menschen fühlen sich schwach und unwert, tun jedoch so, als ob sie stark wären.

Das zerstört die Menschen und die Welt.

Was bringt die Welt in Ordnung?

Die Menschen öffnen sich über das NormalProjekt ihrem Empfinden, schwach zu sein sowie ihrer tatsächlichen Schwäche.

Das macht sie schliesslich stark und somit fähig, sich selbst sowie die Welt in Ordnung zu bringen, soweit wir das vermögen.

Summa summarum
Und noch kürzer

Was ist die (Er-)Lösung für uns Menschen?
Das Unwertempfinden verschwindet vollständig.

Klar nun, weshalb ich mir erlaubte DAS GROSSE TABU zu brechen?

Gibs weiter

Nun kannst du's in zwei Sätzen formulieren und weitervermitteln: Was ist das Problem der Menschheit? Und was die Lösung? Du weisst das nun. Gib das weiter.

Erste Samen

Erste Vorbereitungen im Hinblick auf die Bewegung «NormalRevolution für Human-UP!» sind im Gang; und sei das nur die Reservation von Domains, die signalisieren, dass sämtliche Institutionen sich neu definieren und orientieren werden; ganz zwanglos. Neben den bereits aktiven normalrevolution.com/normalrevolution.ch und atembombe. jetzt etwa normalbank.com/normalbank.biz/lebensuniversitaet. com/human-up.info/normalkasse.com/lebenskasse.com (Krankenkassen)/quarantaene.com usw Dahinter stehen stets mehr oder weniger detailliert ausgearbeitete Konzepte, wie denn eine solche Bank, Uni, Kasse aussehen könnte. Auch das Zusammenleben bedarf neuer, LEBENSgerechter Formen. Auch hierzu existieren diverse Essays zusätzlich zur bereits bestehenden «Genossenschaft NormalWohnen» und den Domains normalwohnen.rocks/normalwohnen.cool, plus, fast noch wichtiger: normalleben.com.

Im Übrigen lassen wir uns gern treiben und überraschen; im Mittelbaren, wie im Unmittelbaren. Dieses Sich-treiben-Lassen *(shortlist!)* bestimmt ohnehin mittlerweile in meinem Leben praktisch jede Minute, die meiner eigenen Regie unterliegt. Wunderbar! Das befähigt mich u. a., mich auf fast beliebige Situationen optimal einzustellen; nun endlich fast ausschliesslich in höchst funktionaler Weise; und führt entsprechend zu häufigen Ausrufen: „Wow! Ist wieder perfekt aufgegangen".

Und, wie ich in meiner projektbezogenen Biografie auf meiner Website (2-b.ch) schreibe, ist die normalrevolutionäre Konsequenz im persönlichen Umgang mit der Matrix folgende:
 ‚ich gehe vollkommen offen, mit tonnenweise wertschätzung, liebe und humor auf die menschen zu; matrix hin oder her. das weckt in den menschen jeweils deren ‚beste version' *(noch so ein begriff...)* und führt auf beiden seiten zu freude, spass, engagement, gegenseitigen geschenken sowie oft zu spontaner nähe' ... oh shit! #MeToo ☹ ☺

Ist vielleicht auch ein Hinweis darauf, dass diese unmittelbaren, praktisch durchgängigen wunderbaren Reaktionen Zeichen sind für die irgendwo in uns wache Wahrnehmung *von*, bzw die Sehnsucht *nach* LEBEN.

Investieren

Dieses ungeheure, umfassende, globale Projekt steht ganz am Anfang.
- Du gehörst zu den Ersten, die davon erfahren.
- Du gehörst zu den Ersten, die davon profitieren können; die bereits bestehende Erfahrungsgrundlage reicht, um dir das zu garantieren; so du die damit zwangsläufig verbundenen Herausforderungen bestehst.
- Du gehörst zu den Ersten, die wieder ganz von unseren ursprünglichen Lebensressourcen zehren und damit ihr eigenes und schliesslich unser aller Leben unglaublich bereichern können.

Ganz am Anfang heisst, **das Projekt «NormalRevolution für Human-UP!» benötigt – und verdient! – jede Art von Förderung.** Was also liegt näher, als **auch finanziell in dieses Projekt zu investieren?** Im anschliessenden Glossar findest du nähere Angaben; ebenso auf den aktuellen Hauptwebsites normalrevolution.com und normalrevolution.ch, jeweils unter der entsprechenden Affiche.

Ready, steady, go!

Und wie vorgehen, um selbst aktiv an der Lösung teilzuhaben? Wo auch immer du lebst/ihr lebt, wir kommen und informieren, demonstrieren, instruieren das MEGATOOL, das alles möglich macht. Oder du kommst zu uns.

Konkret:
Du meldest dich/ihr meldet euch über normalrevolution.com, deutsch oder englisch. Die Leute dort werden euch weiterhelfen.

Grundsätzlich besuchst du/besucht ihr einen der international angebotenen «Work Shops» (ja du kaufst Arbeit; allerdings vom Feinsten!). Oder ihr wendet euch an die bestehende lokale/regionale NR-Community, bzw gründet beim Fehlen einer solchen selbst eine; die internationale Community wird euch schulen und beim Vorgehen unterstützen.

Über die Website(s) normalrevolution.com/ .ch gelangst du/gelangt ihr auch zu weiteren Informationen.

Auf bald!

AB-PP LIVE
Bernhard

Der Schmerz scheint unendlich. Lausche gerade der ‚Lucia'. Ich weine zuerst still; den Mund weit aufgerissen, den Kopf im Nacken. Dann rufts; und schliesslich schreits. Ähnlich ein andermal beim Schluss von Aida. Ich schreie, schreie, schreie; tränenüberströmt. Dieses Unrecht. Diese unendliche Dummheit. Diese unfassbare Schwäche.

Wenn es nicht mehr bloss um dich geht, vielmehr um das Falsche, das unendlich Lebensfeindliche, das wir Menschen produzieren, dann geht der Schmerz über dein NormalProjekt hinaus weiter, tränkt sich mit Ohnmacht und scheint unendlich. UNENDLICH!

Post Skriptum

Dieses Buch ist ein echtes Produkt des Sich-treiben-Lassens. Es gab keinen Plan, nichts; bloss den Anstoss dazu. Gleich tags darauf benutzte ich die zufällig bestehende Gelegenheit – ich wollte eigentlich an einem andern Buch schreiben – und reiste für eine ‚Schreibklausur', wie ich das seit eh und je nenne, in die sogenannte schweizerische Sonnenstube, ins Tessin nach Muralto, in die Wohnung von Markus (danke!). Neben dem Schwimmen im See – durchaus auch im Winter; diesmal jedoch bei 35 °C Hitze! – und dem fein Essen, hample ich zur Abwechslung jeweils in den dortigen Bergen rum; schlafe, ruhe viel, und gebe mich ansonsten der Inspiration hin.

Gibts noch was zu sagen? Okay, vielleicht dies.
Regelmässig machte ich mir einen Spass draus, mich einen Bluffer zu nennen.
Also musst du sofort schreien: BEWEISE, DASS ES FUNKTIONIERT!
Nun gut, wenns denn sein muss: an DIR!
Doch zuerst musst du bezahlen; sollte ich nun sagen.
Doch das liegt mir einfach nicht; nicht mehr.
Ich nehme persönlich nur noch, was mir aus freien Stücken und gern gegeben wird; und am liebsten von Leuten, die eh (zu)viel haben.
Ciao!

PS zum PS: Die obigen Worte stammen vom Juni 17. Jetzt ist Februar 18. Dies ein aktueller Zusatz:
 Es scheint, ich habe meine im Buch erwähnte verrückte, aus dem UWE geborene Bestimmung nun tatsächlich erfüllt. Eben: verrückt! Parallel dazu wirkt es so, als ob sich mein Scheinprojekt unverhofft in DIE Aufgabe verwandelt hat *(siehe »Wozu bist du hier?»)*. Das sinnlose Bemühen ist jedenfalls vorbei. Obwohl voller Kraft und Engagement bin ich innerlich ganz gelassen. Ich verneige mich vor der Menschheit, wie sie ist.

Ach, zum Schluss noch dies: Ich wollte eigentlich einfach ein Buch schreiben. Wie mir nun erste LeserInnen anvertrauen, ist es scheints *das* Buch geworden.

Glossar

Ist ja eine Zumutung, so viele neue Begriffe in die Welt zu setzen. Doch, was kann ich dafür? Ich bin einfach gut darin. Bekenne mich also schuldig.

Hier somit die wichtigsten Begriffe, damit du im fortgeschrittenen Zeitalter des Internets, wo man einfach alles nachschlagen kann, deine noch verbliebene Aufmerksamkeit, dein Gedächtnis und deine Reflexionskraft schonen und auch hier jederzeit nachschlagen kannst.

- **Human-UP! (UP!)**: Wiederaufstieg des Menschen zum normalen Tier; die dazu passenden kulturellen Errungenschaften integriert; sowie losgelassen was dem Lebenssinn schadet.
- **Human-down**: Seit 10 – 15'000 Jahren – je nach Gattungsteil später – zunehmende Entfremdung vom Leben der mittlerweile gesamten Gattung Homo Sapiens.
- **Unwertempfinden (UWE)**: So logisches wie tragisches globales Ergebnis des missglückten Genderkampfes; über Gene, Erziehung und Kultur weitergegeben.
- **UV21**: Alternative Bezeichnung für das UWE: Unwertvirus, entdeckt und aufgelöst im 21. Jh.
- **DAS GROSSE TABU**: Das global durchgehend verdrängte Unwertempfinden, ersetzt durch leben in und mit Illusionen.
- **Matrix**: Ein aus Not, Angst und aggressivem Kleinmut entstandenes Fantasiekonstrukt, genannt ‚Wirklichkeit'.
- **Homo caput**: ‚Mensch', ‚Kopf'; steht für Kopfmensch. Praktisch nur vom Kopf, statt vom gesamten Wesen dirigierte Existenz.
- **Homo normalis**: Das wieder normale = vollvitale, lebensintelligente Tier Mensch.
- **Vollfit**: Allumfassende Fitness, fit in absolut jeder Hinsicht: körperlich-emotional-mental.
- **Lebenstüchtig**: Vollvital und lebensintelligent zugleich.
- **NormalRevolution (NR)**: Soziale Bewegung in Richtung Homo normalis.

- **NormalProjekt (NP)**: Persönliches Projekt in Richtung Vollfitness und Homo normalis.
- **Leitplanken**: Ungewohnte, bis krass paradoxe soziokulturelle Wegweiser, Voraussetzung für das erfolgreiche NormalProjekt.
- **Das GROSSE PARADOXON**: Tiefgreifende Änderungen in der Persönlichkeit sind nur möglich, wenn wir Absicht und Wunsch aufgeben, uns zu verändern. Eine typische Leitplanke.
- **NormalRaum**: Das gewöhnliche, eben: normale Leben ausserhalb der Matrix; im Verbund mit sämtlichen andern Lebewesen.
- **MEGATOOL**: Die Kombination Atembombe-PrimärProzess; wirkt bis an unsere Basis, plus in die Gene hinein.
- **Atembombe (AB)**: Alle inneren Grenzen überschreitendes Atmen; Auslöser des PrimärProzesses.
- **PrimärProzess (PP)**: Der grenzen- und absolut vorbehaltlose Weg zu sich selbst; schliesslich inklusive Zugang zu den seit tausenden von Jahren verschlossenen menschlichen Ressourcen; plus erneutes primäres Lernen.
- **Primäres Lernen**: Frühestes Lernen jeden Lebewesens zur Sicherung des individuellen wie sozialen Überlebens.
- **Rootset (RS)**: Ergebnisse des Primären Lernens, die im Verbund mit den Genen das Leben lenken.
- **Normalatem (NA)**: Der natürliche Atem, kaum noch praktiziert.
- **Primäratem (PA)**: Element2 der Atembombe; reinnehmen bis zum ‚Geht-nicht-mehr'.
- **LEBEN**: Leben, genährt von, plus im Einklang mit den ursprünglichen Lebensressourcen des Menschen.
- **Opfeler**: Akut lebensfeindliche (Opfer-)Haltung.
- **VAT**: Vorankündigung – Ankündigung – Tatsache; steht für die Logik des strukturellen (zB primären) Lernens.
- **GAP**: Der ‚Graben', dessen Überschreitung den ‚Point of no Return' im NormalProjekt bildet.
- **E-Management**: Naturgemässer, ‚normaler' Umgang mit unserer Menschlichen Lebensenergie.
- **NormalRevolution für Human-UP!**: Leitsatz für das Einläuten einer neuen Epoche.

- **www.normalrevolution.com:** Zentrale Website der internationalen Bewegung, englisch/deutsch.
- **www.normalrevolution.ch:** Die erste regionale Website der Bewegung, und ein bisschen 2b's Residenz, deutsch.
- **www.2-b.ch:** Die private Website von 2b.
- **www.normalrevolution.com:** Weitere Bücher und Essays von 2b.

Inhaltsverzeichnis

Tabubruch 7
**Echte Lösungen bedingen die Bereitschaft
Tabus zu brechen**
Für wen 9
Bevor wir beginnen 10
Der Boden für die Zukunft 11
Vom Homo caput zum Homo normalis 12
Lies dich! 13

Auf gehts! 15
Zögern heisst verlieren
Die schlechte Nachricht 17
Die gute Nachricht 18
Zu gut, um wahr zu sein 19
Et voilà 21
... Nützts nichts, so schadets nicht 22
Das Erste 23
Gleich einsteigen 24

Human-down 27
Der zunehmende Verlust des LEBENS
Also denn, für die Nimmersatten 29
Meinst du, du schaffst das? 30
Da simma man jespannt 31
Back and forth 34
Versteh doch! 35
Leider nein 37
Freut euch des Lebens 39
Ja ja, freut euch des Lebens 40
Not macht erfinderisch 42
Sisyphos lässt grüssen 43
Schau hin! 44
DAS GROSSE TABU1 45

DAS GROSSE TABU2	46
DAS GROSSE TABU3	48
DAS GROSSE TABU4	49
DAS GROSSE TABU5	50
DAS GROSSE TABU6	51
DAS GROSSE TABU7	52
Vielleicht gehts auch so	54
Das recht haben wieder ins Recht eingesetzt	56
Respekt, bitte!	58
Human-down	59
Begonnen hats schon vorher	62
Konsequenz: die Matrix	63
Das zweite GROSSE TABU	64
Künstliche Intelligenz (KI)	65
Energiesparen hat eine lange Tradition	66
Energie vergeuden auch	68
Und Sie, Herr Brändli?	70
Lieber Albert	71
AB-PP LIVE	73
AB-PP LIVE	74
Überleben, was denn sonst?	75
AB-PP LIVE	76
Schmankerl aus 2b's Küche	77
Schmankerl	78
Oh, Mann!	79
Kontrapunkt	80
AB-PP LIVE	81
Mann und Frau	82
Stark? – Angst!	83
Was zwischen Mann und Frau abging und abgeht	84
Auch du, Frau	85
Kurzschluss	87
Die Rache der Frauen	88
Angst macht Kontrolle leicht	89
Summa summarum	90
Ende Feuer	92

AB-PP LIVE	93
Her mit dem Ersatz	94
Schmankerl	96
Schmankerl	97
Hass macht dumm	98
Hass und Wut	100
AB-PP LIVE	101
AB-PP LIVE	102
Auf dem Weg zur asexuellen Gesellschaft	103
AB-PP LIVE!	105
Was darfs denn sein: herrlich oder dämlich?	107
Eben: Wer hat hier das Sagen?	108
Und du, 2b?	110
Kampf der Gleichberechtigung	112
Schmankerl	114
Aus unterstützen mach ersetzen	115
Die Festung	116
Kultur versus Natur?	117
Schmankerl	118
Bewege dich	119
Vollfit	120
Götterdämmerung	121
Wie Religion überhaupt entstehen konnte	122
Endlich: Die wahre Sekte	126
Ach, ich Arme(r)	129
Sogar den Opfelern winkt eine Lösung	135
Das Morden geht weiter	137
Dann halt gleich noch die Immigrationsfrage	138
Konterrevolution – go!	139
Schmankerl	140
Machen wir uns doch nichts vor!	141
Human-UP!	143
Die Weltrevolution ohne Opfer	
Die 68er	145
Fair	148

Revolution pur	150
Mensch sein?	151
Wozu bist du hier?	152
Ergo, hochpolitisch das Ganze	153
Schmankerl	155
Politisch?	156
Ein Traum!	157
Gegen nichts und niemand	159
Schmankerl	160
Kooperation auch über die Grenze	161
Das NormalProjekt (NP)	163

Atembombe 167
Die Startrampe zum durchschlagenden Erfolg

Keine weiteren Illusionen	169
Dein Atem zeigt die Wahrheit	170
Glaube!	171
Schmankerl	172
Die NormalRevolution baut auf der nackten Wahrheit	173
Atem, das Werkzeug	174
AB-PP LIVE	175
PrimärProzess, das Medium	176
Der freie Atem	178
Das grosse Versprechen	179
AB-PP LIVE	181
Schmankerl	183
Atme bis zur Atembombe	184
AB-PP LIVE	190
Die Megashow+	192
AB-PP LIVE	193
Durch die Atembombe zum PrimärProzess.	194
AB-PP LIVE	196
Die Quadriga kanns	197
Der eingeleitete PrimärProzess	198
AB-PP LIVE	199
No Control	200

Nimms rein! 201
Der vegetative PrimärProzess 203
AB-PP LIVE 205
Endgültig und weit über die Psychotherapie hinaus 206
AB-PPG, AB-PPE, ABS, AB-PP2, PPo 208
Basso Continuo 209
AB-PP LIVE 210
Der spontane PrimärProzess 211
Kopf-PP 213
Nichts 214
Wie oft? 215
Wertschätzung 217
AB-PP LIVE! 218
Wirkung 219
Das Primäre Lernen 221
Paradigmenwechsel (PW) 222
Das ist ja der Wahn! 224
Drama pur 226
Tabumubruschik 228
Grenzenlos? 229
AP-PP LIVE 230
AB-PP LIVE 231
AB-PP LIVE 232
Absicht? 233
Die Monster Show 234
Eines für alle 236
Die Magie des PrimärProzesses 238

Unterwegs 243
... zum Homo normalis
Etwas Geschichte 245
Die Grundbedingung, ebenfalls historisch 247
AB-PP LIVE 248
Betrifft Forschung 249
AB-PP LIVE 251
Dein Körper will LEBEN 252

AB-PP LIVE	255
Die tägliche Regeneration	256
E-Management – The short list	258
E-Management	261
Unter Notstrom	263
Ruhepunkte	265
Alles neu …	267
Regeneration – das ungeheure Dreierpack	268
Schmankerl	270
Der Mensch ist wie er ist1	271
Der Mensch ist wie er ist2	272
Na also	274
Hinter all unserem Tun	275
Sex	277
He, Alter!	278
Die Frage des Alterns	279
AB-PP LIVE	280
Schmankerl	281
AB-PP LIVE	282
Raus aus der Kiste!	283
Schmankerl	285
Konterrevolution3	286
Schmankerl	288
Wie tiefes Lernen funktioniert	289
Lernen hoch 9	291
AB-PP LIVE	292
Schmankerl	294
Santé	295
Ab ins neue LEBEN	296
Schmankerl	297
Wie das Gute nehmen	298
Ab in die Quarantäne	299
Doppelte Wertschätzung	300
Das GROSSE Paradoxon	302
Das GROSSE Paradoxon2	304
AB-PP LIVE	305

AB-PP LIVE	306
Körperlich das Ganze	307
AB-PP LIVE	308
AB-PP LIVE	309
Freie Liebe? Ach was!	311
Aus aktuellem Anlass	313
Okay, dann halt noch die Nummer 6a	315
AB-PP LIVE	316
Atme den Duft	317
AB-PP LIVE	319
Einfach und gut	320
Eine überraschende Vision	321
Atme dich fit	323
Der GAP	325
Deine Verfassung	327
AB-PP LIVE	328
Atemlos	329
AB-PP LIVE	332
Homo normalis	335
Die neue Dimension Mensch	
AB-PP LIVE	337
Fassen wir mal zusammen	338
Einsteuern Richtung Homo normalis	340
By by Psychologie	341
Bye bye Psychotherapie	343
Schmankerl	345
Fenster auf!	346
Schmankerl	347
Wers glaubt wird selig	348
Die LEBENSuniversität	349
Die Revolution der Revolution	350
Die grosse Visusion	351
Was zerstört die Welt?	353
Was bringt die Welt in Ordnung?	354
Summa summarum	355

Gibs weiter	356
Erste Samen	357
Investieren	359
Ready, steady, go!	360
AB-PP LIVE	361
Post Skriptum	362
Glossar	363

Der Autor

Bernhard Brändli, Jahrgang 1951, war ein erfolgreicher Psychotherapeut, Ausbildner und Institutsleiter. Doch das konnte ihn nicht befriedigen. Bereits seit seiner Jugend sehnt er sich nach einer Lösung der großen gesellschaftlichen Probleme, die umfassend und nachhaltig wirkt und die globale Wende zum Guten erfolgreich einleitet. Bei seinen diversen diesbezüglichen Engagements (siehe www.2-b.ch) musste er feststellen, dass sämtliche bisherigen Bemühungen weit von einer echten Lösung entfernt sind. Diese Sehnsucht war auch der Grund, weshalb er sich in den Folgejahren von mehreren attraktiven Karrieren verabschiedete, in denen er seine zahlreichen Talente verwirklichen konnte. Er widmete sein Leben schließlich ganz dieser Forschung. Solange bis das kompromisslos gültige Ergebnis vorlag. „HOMO CAPUT" ist das erste öffentlich zugängliche Zeugnis einer großen Pionierarbeit und eines einmaligen Dienstes an der Menschheit.

Der Verlag

*Wer aufhört
besser zu werden,
hat aufgehört
gut zu sein!*

Basierend auf diesem Motto ist es dem novum Verlag ein Anliegen neue Manuskripte aufzuspüren, zu veröffentlichen und deren Autoren langfristig zu fördern. Mittlerweile gilt der 1997 gegründete und mehrfach prämierte Verlag als Spezialist für Neuautoren in Deutschland, Österreich und der Schweiz.

Für jedes neue Manuskript wird innerhalb weniger Wochen eine kostenfreie, unverbindliche Lektorats-Prüfung erstellt.

Weitere Informationen zum Verlag und seinen Büchern finden Sie im Internet unter:

w w w . n o v u m v e r l a g . c o m

Bewerten
Sie dieses Buch
auf unserer
Homepage!

www.novumverlag.com